本书为北京市教育科学"十三五"规划课题"适合教育视域下工读学校课程设置优化研究"（课题编号：CDDB19217）的研究成果

名校名家丛书

适合的爱
给特别的你

肖建国　著

SHIHEDEAI
GEITEBIEDENI

学苑出版社

图书在版编目（CIP）数据

适合的爱给特别的你 / 肖建国著 . -- 北京：学苑出版社，2021.4

（海淀教育名校名家丛书）

ISBN 978-7-5077-6162-7

Ⅰ．①适… Ⅱ．①肖… Ⅲ．①工读学校—学校教育—研究—海淀区 Ⅳ．① G765

中国版本图书馆 CIP 数据核字（2021）第 070669 号

责任编辑：许　力
出版发行：学苑出版社
社　　址：北京市丰台区南方庄 2 号院 1 号楼
邮政编码：100079
网　　址：www.book001.com
电子信箱：xueyuanpress@163.com
联系电话：010-67601101（营销部）、010-67603091（总编室）
印　刷　厂：北京建宏印刷有限公司
开本尺寸：710mm×1000mm　　1/16
印　　张：20
字　　数：310 千字
版　　次：2021 年 5 月第 1 版
印　　次：2021 年 5 月第 1 次印刷
定　　价：65.00 元

序言：心会跟爱一起走

我对工读教育最早的印象，始于苏联教育家马卡连柯的高尔基工学团和我国当代女作家柯岩的一部小说《寻找回来的世界》。无论是工学团，还是《寻找回来的世界》，那些老师都是用真诚和爱心，把一些尚处于青春叛逆期的孩子引导上正道，让人感动不已。

教化育人，这原本就是教育的宗旨。而帮助懵懂的孩子，于国于家来说，则是功德无量的善事。于是，在我的思维中，把从事工读教育的老师定格为善良的人。之后，就一直想看看现实中的工读学校是什么样子。匆匆忙忙在全国各地采访，走进过各级各类学校，却唯独与工读学校无缘。不过，这个心结终于在七年前被打开了。

其时，友人说温泉镇有一所国内创办最早的工读学校——海淀工读学校，也就是在那时，我认识了肖建国校长和他的团队，并且连续几年一直关注这所特别的学校，追踪这所不一样的学校。

说其特别和不一样，是对应于普通中学而言的。

先说特别的作业。中小学的作业有现成的练习册，那里有算不完的练习题。这所工读学校孩子们的作业也有现成的练习册，但内容却不一样，里面没有一道数理化习题，而是"心情晴雨表"。当我随意翻开一位同学的"心情"练习册时，顿时惊呆了："暴雪，心情很糟……"再看旁边心理老师的批注："当日已约谈，暴雪已消融。"原来，这所学校潜藏着一支优秀的心理教师团队，每天像对待自己的孩子一样对待学生，润物无声，春风化雨。青春期孩子们点点滴滴的心理隐患，当天就化解掉了。而这里的沙盘、谈话室、心情宣泄室、心理剧场等设施配置，在北京市中小学里也是一流的。老师们的爱心，抚慰着曾经受到创伤的心灵。

再说不一样的老师。这所工读学校是寄宿制，要求很严，实行类似于军校生的管理，老师们晚上要轮流陪孩子们住宿，长年累月如此。一个班三间屋，学生睡两边，老师睡中间，既是安全值守，也便于和孩子们促膝谈心，增进情感。工读学校的学生原先学习基础较差，且学习进度不一，编班授课，难度可想而知。肖校长说，在这里当老师，首先必须有耐心。

在这所学校，我对一个镜头印象很深，时而在眼前萦绕。那是七年前的春天，我首次到海淀工读学校采访，从教学楼出来，迎面碰到一列列学生，排着整齐的队伍，喊着震天的口号，前往餐厅用餐。而走在队列最前面的，是俩长得一模一样的女孩子，好像是双胞胎，英姿飒爽，如风似的从眼前闪过。我心里纳闷，怎么双胞胎同时到了这所学校？那一刻，我的心情不佳，思绪繁杂……

如花的年纪，本应是朝着一级一级学校的台阶上升，但因为种种原因，或单亲家庭，或青春期茫然，或内心较劲，或智力尚在发育，或少年调皮等等，被定义为"另类"学生，离开了原来的中学。

这个时候，孩子们的心是苦的。

这个时候，家长们的心是急的。

我时常在想，假如没有工读学校接纳他们，又会是怎么样的情形？他们的心也许会在外面飘荡……

庆幸的是，海淀工读学校的老师们，用爱心，给那些心里孤寂的孩子们搭建了一个安放心灵的家，为他们搭建了一个彰显才华的宽阔平台。

在这里，我们看到，孩子们才华横溢，雕刻、画画、声乐、陶艺制作、计算机操作、智能机器人设计、担任咖啡屋经理等等才艺技能比比皆是，展示了不一样的青春风采。

在这里，我们看到，孩子们演出的情景话剧，丝毫不亚于重点中学的演出。

在这里，我们看到，孩子们组成的足球队在全国同类学校多次夺冠，比肩本市重点中学球队。

在这里，我们看到，孩子们在学校就成为电商高手，在市场大显身手。

在这里，我们看到，孩子们无忧无虑，笑靥如花，重新找回了自信和尊严。

这还是那些曾经被认定为"另类"的孩子们吗？是的，还是那些孩子，只不过在经过海淀工读学校这所熔炉淬炼后，他们终于找回了自己，成为大写的"人"，成为有责任感、有才艺的社会人。

肖校长说，他们的办学理念是办适合的教育。要我说，他们办的是有尊严的教育，尊重学生的心灵，尊重学生的人格，尊重学生的个性，尊重学生的特长，尊重学生的成长。因为有着整体的尊重，才有了个体的尊严。这其实就是因材施教最好的佐证，也是教育公平的另一种体现。

周恩来总理曾经说过，挽救和培养孩子同样重要。而我的理解是，挽救一个孩子，比培养一个大学生的意义更加重要。

肖校长说，海淀工读学校共培养了近万名学生。也就是说，这所默默无闻的学校，这些默默无闻的老师们，帮助了近万名孩子和他们的家庭。

救赎孩子们的心灵，帮他们迈过青春期的坎，无疑是做善事，结善缘。

做善事，自然会有好的报应。肖校长说，自己早些年得了一场大病，后来从死亡线上爬了回来，他因此认定，正是因为从事了工读教育这项工作，结了善缘，方能继续工作和奉献。

在我看来，肖校长和他的团队，是用心在做教育，真心、耐心、细心、信心、恒心，这"五心"，恰是这所学校内涵的浓缩。

"五心"的基础是爱，基于此，心爱相融，化为永久。

写到这里，忽然想起一首老歌里的一句歌词：心会跟爱一起走，说好不分手，春风都化成秋雨，爱就爱到底。借此来表达我对肖校长和老师们的敬意和祝愿。是为序。

李曜明

2021 年 4 月 8 日

（作者系中国教育电视台党委副书记、编审）

目录 适合的爱给特别的你

第一章
人生为一大事来：初识工读……………………………001

第二章
鹫峰山下是"战场"：我的教育人生 …………………019

第三章
微风拂尘生嫩绿：办适合我们学生的教育 ……………049

第四章
玉兰花开满庭芳：适合教育中的学生成长故事 ………113

第五章
温泉之花常呵护：奉献、坚守的海淀工读团队 ………185

第六章
心雨催成草木仙：学生转化中的30个"怎么办" ……233

后 记 ………………………………………………309

> 第一章 <

人生为一大事来：
初识工读

什么是工读学校？

工读学校的学生都是什么样的？

每当向别人介绍我是工读学校的校长时，总是颇费口舌。"工读"，这是一个对大多数人来说都比较陌生的词。

有人说："工读学校是对严重不良行为的未成年人进行教育矫治的场所。"还有人说："工读学校就是专门管调皮捣蛋的孩子的嘛！"但我会这样说："工读教育工作就是用爱来浇灌蒙尘的花朵，让蒙尘的花朵重新娇艳绽放。"

在北京市海淀区的西北角，距离颐和园近二十公里的地方有一个温泉镇。记得我刚来工读学校的时候，这儿通向城里的道路还是只有两个车道的渣土路，仅有两条公交线路，常常需要等待好久才能等来一辆车。

在某种程度上，这里像是一块被京城遗忘的角落，而在这块土地上，生长起来一所被"遗忘"的学校——北京市海淀工读学校。这是新中国工读教育的发祥地，这是一所致力于教育转化有严重不良行为或者轻微违法犯罪青少年的专门学校。

1959年10月1日，新中国走过第一个十年。中国大地的各个角落，人们聚在一起，透过黑白电视机那一小方屏幕，观看天安门前盛大的游行。游行队伍中，一群身着短袖衬衫的十几岁的孩子，鼓号喧天地列队走过天安门城楼，那是一个容易被人忽略的镜头，如果不是电视里画外音的介绍，他们看起来只是一群普通中学生。

然而他们并不普通，他们来自北京市工读学校（现名北京市海淀工读学校），他们把这次活动叫作"向荣誉进军"。

20世纪80年代末，"工读教育"从一个词变成了一部影视作品，1985年根据柯岩同名小说改编的电视剧《寻找回来的世界》热播。这部电视剧热播期间，工读教育那堵神秘的"高墙"被拆开了，原来，工读学校并没有缠着铁丝网的高墙、公安干警把守的铁门。这是一所学校，而非监狱，这里只有孩子，没有罪犯。

如同命中注定一般，我家就住在工读学校边上。新中国工读教育，从这所我童年记忆中的学校开始起步。而我和全国第一所工读学校的故事，也要从这里讲起——

一、一种全新教育形态的诞生：每一个人都是护花使者

> 谁知道工读学校是个啥玩意哩？哥儿们都说那是变相的监狱，大门上锁，墙上有铁丝网，夜里还通着电。
>
> ——小说《寻找回来的世界》

1955年7月1日，一群毛头小伙子站在解放牌卡车的后挂里，斗志昂扬，他们感觉自己像《青年近卫军》里的奥列格一样，正要启程去奔赴一场战斗。

卡车上同行的是51名学生和他们的老师。他们是一群拓荒者，他们要去距离北京市区约30公里的温泉镇，开办一所新的学校，准确地说，是开始一种全新的教育形态——工读教育。

1955年，中国第一所工读学校在这里应时而生，她是时代的呼唤，也是历史的抉择。新中国第一所工读学校是在怎样的时代背景下诞生的呢？

新中国成立之初，满目疮痍、百废待兴。连年战乱，留下了许多无家可归的孤儿和流浪乞讨儿童，他们为了生存，以自己的方式与命运抗争，有一些甚至会扰乱社会治安乃至违法犯罪。

1954年底，北京市人民政府责成市公安局对当时少年管教所（以下称少管所）解除管教的人员做了一项调查，发现：解除管教的青少年重新犯罪率高，少管所并不能使青少年从情感上消除反社会心理和完全杜绝犯罪现象。

"要把首都治理成水晶石玻璃板一样纯洁美丽。"当时主持北京市工作的彭真同志明确指示。1955年新年伊始，彭真同志与当时的公安部部长罗瑞卿和北京市公安局局长冯基平特别商讨了社会治安与青少年的违法犯罪问题。

三位领导一致认为：青少年违法犯罪是一种社会现象，会影响到社会的稳定和国家的发展。直接送少管所的教训应该吸取，特别是犯罪较轻、年龄偏低的青少年送少管所，不利于他们改过自新，健康成长。他们计划建立一所特殊的学校，对全市普通中小学中因违法或轻微犯罪，不适于在原校上学，甚至被开除的学生进行再教育。为此，彭真同志专门主持召开了市政府会议，会议决定：成立一所教育挽救有违法和轻微犯罪行为的青少年的特殊学校——工读学校。

1955年6月，曾担任北京市公安局刑侦大队副大队长、富有组织能力和开拓精神的赵敬堂校长，与当时从全市部分中小学抽调上来的十几名优秀教师一起来到了精心选择的校址——海淀温泉。

学校是位于显龙山北面的一座四合院，这座颇具北京特色的建筑曾是中法大学附属温泉中学的旧址。四合院内红廊碧瓦，秀美典雅。北面一眼清澈的温泉给这座古老的院落带来了生机和活力。西面可以遥望西山，冬时站在校园里即可欣赏到"燕京八景"之一"西山晴雪"。站在院内仰望，南面的显龙山绵延起伏，苍松翠柏茂盛。山顶矗立着一座白塔，是爱国将领冯玉祥将军为纪念滦州起义壮烈牺牲的英雄建造的。

工读学校一位老师曾经写过一篇《海淀工读赋》，赋中云："醉枕白塔山，古井温泉；醒卧运河畔，心灵乐园。曲径通幽处，四季花香为伴；翰墨飘香来，草木亦成神仙。"

建校初期，根据北京市人民政府有关规定，招收的学生是有违法或有轻微犯罪行为的青少年（含部分流浪儿童），年龄在11—18岁。学生入学方式有三种，一是由市教育局集中送来；二是由公安局派出所送来；三是由家长亲自送来。当时学校的办学理念是"以爱为核心，挽救孩子、造就人才、立足教育、科学育人"。教育目的是"把学生教育改造成为有社会主义觉悟、有一定科学文化知识和生产技能、遵纪守法、身体健康的劳动者"。学校设有初中和高中，学生在校期间边学习边劳动，故称为工读学校。

当时，除了搞教育的人，真正听过"工读学校"这个词的，大多是从苏联小说里。苏联建国初期，混乱而无序的城市乡村边缘，流浪着一群有违法行为的孩子，他们被一位叫作马卡连柯的教育家收留，一边劳动工作、一边读书学习。那里被称为"高尔基工学团"。

而中国的"高尔基工学团"的诞生却充满了艰难和戏剧性。

1955年7月1日，这个日期像是刻在杜梦麟老师脑子里一样。这一天，北京市工读学校成立。两个小时的颠簸，卡车在一座陈旧的四合院门口停下，杜老师随着卡车，一路尘土，来到陌生的工读学校。

同行的还有首批51名学生(其中20名女生)，他们的年龄大都在十四五岁上下，是因打架、偷窃等违法行为被学校处分的学生。中国的工读教育就这样开始了。

作为当时北京市工读学校的第一批老师，杜老师第一天报到就感觉自己进了"龙潭虎穴"。他一到教室，孩子们欢呼着"班主任来了"，呼啦就围上来了，有的掰着胳膊，有的揪着腿，样子很亲热。杜老师立刻发现来者不善，孩子们的力量越来越大，他的手脚动弹不得。"这可不是亲热的欢迎，而是要给我个下马威。"

当时第一批孩子基本上都是选问题严重的送，杜老师一点名，发现班里学生的诨号有"镇西单""镇鼓楼""牛魔王"……当时北京城各个区域最能闹事的孩子几乎都到了这里。他还记得那里面最严重的是一个叫"红桃K"的女学生，打起架来男生都害怕。

那时候，打架的事情最让人头疼，老师们看得紧，学生们就偷偷打，夜里打。"这样也不是个办法，不如放开让他们打。"杜老师向时任校长赵敬堂建议举行一个拳击比赛，来发泄他们过剩的精力。

拳击比赛的消息一宣布，学生们沸腾了，缠着白布条做腰带，登记挂牌。由体育老师做裁判的拳击赛，就安排在每天的课外活动课。一来二去，堂堂正正的较量就代替了私底下的争勇斗狠。

当时学生的情况非常复杂，表现出来的问题多种多样，有些还比较严重，但是赵校长和老师们从学生进校开始，就把尊重每一个学生作为开展工作的首要条件。白天，所有的领导和教师都与学生在一起，仔细观察学生的表现和变化；晚上，等学生都入睡之后，他们齐聚会议室，一起研究工作，共同学习《塔上旗》等教育名著。经过一段时间的探索，我国工读历史上第一个学生自治组织——"队长会议"成立了。

队长会议有常设机构，由学生担任队长会议主席、卫生部部长、学习部部长、生活部部长、劳动部部长等。队长会议的主要任务是研究、处理学生中出现的各种问题，研究策划学校的各项活动。建校初期，队长会议不仅确立了"问题学生"在学校中的主体地位，同时也在学校发展中发挥了积极的推动作用。

队长会议设立的背后是工读教育的一项重要的教育方式——同伴和集体教育。工读教育先驱马卡连柯集体主义教育理论的核心内容就是"在集体中，为了集体，并通过集体而进行教育"。

工读学校的校集体由全体师生员工组成，以学生为主体，教师为主导。队长会议是学生的权力机构，负责全体学生日常生活纪律、卫生保洁等检查评比工作，组织并主持全校性的活动，与教师一起接待来校参观、访问的来宾及家长，协助教师处理偶发事件等。队长会议学生干部有职有权，被同学称为"学生校长"。

队长会议这项传统一直在传承，我任校长以来，在老工读队长会议的基础上，组织成立学生会，每年一换届，至今已到第16届。

与普通学校的学生会不同，我们的学生会成员要参与到学生生活管理之中，目的是通过集体促进学生的自我教育。所以，在工读学校你会看到学生会成员在校园的各个岗位上发挥自己的作用——

寒冷的冬天，他们课间在校园巡视；天黑了，他们去操场关门；一日三餐，他们维持秩序，等所有同学打完饭才能吃饭；大型活动时，他们承担服务和管理工作；新生入校，他们找新生谈话沟通，帮着整理内务、练习队列、解决矛盾。这些同学是已经稳定并表现优秀的高年级学生，通过竞选成为学生会干部。能成为学生会干部，为同学服务，是学校相当一部分学生的价值追求。曾经有学生中考成绩足够上普高，但就是要留在本校职高加入学生会。学生会干部已经成为校内优质的教育资源，在学生教育转化与和谐校园建设方面起到了重要作用。

其实，发挥集体教育作用的不仅是学生会，学校的每一个同学和整体的教育氛围都有集体教育的力量。

从1955年婴儿啼到如今，工读教育已过壮年，同伴和集体教育的力量却历久弥新。每次跟别人讲起在工读学校中，如何把每一个学生都变成护花使者，我总会想起小 Z 的故事——

小 Z 是一名典型而又非典型的工读学校学生，说他非典型是因为他是一名小学生。按照惯例，工读学校是不收小学生的。说他典型，是因为他具有诸多严重不良行为：欺负同学、破坏公物，拿着棍棒在校园乱转，对老师的教育暴力抵抗，偷窃并变卖教师笔记本电脑，以至于高年级的同学见着这位三年级的同学都得绕着走。

接收这位同学，我一开始充满担心，小学三年级就有诸多不良行为，转化起来难度肯定会很大。但是，小 Z 来到学校后，一开始虽然表现出一些不良行为，但慢慢地都得到了转化，没有像原来那样"顽皮"，反而因为他年龄小，成为学哥、学姐眼中的开心果。

现在看来，小 Z 能够顺利转化，除了学校为他单独开班上课、给予全方位的关注外，更多的是源于集体教育的力量。在工读学校，有一项传统："老生让新生"，就是当老生和新生出现矛盾时，老生要主动化解矛盾，不能欺负新生。小 Z 是全校最小的学生，老师和学生都来关注他、帮助他。他能清楚地感受到，不再像以前那样不受人待见，能感受到集体的温暖，以前为了寻求关注而表现出的不良行为，就自然得到改观了。

我有一张和小 Z 的合影。那是 2018 年的春游，全校一起爬山。小 Z 爬得很卖力，最先一批到达目的地。为了表扬他和最先到达的同学，我奖励他们每人一根花脸雪糕。他拿着雪糕坐在我旁边，脸上笑开了花。

而这，是我最喜欢的一张照片。

二、点燃被雨水淋湿的"火柴"

"你的床离炉子远，在我这儿多烤会儿火吧。"

"我算是暖和不过来了。"谢悦瓮声瓮气地说。

"心里全结了冰？"

谢悦缓缓地摇了摇头："是冰就好了。我心里——是几座坟……"

——电视剧《寻找回来的世界》

那团篝火,一直烧着,烧着,在许多工读学校老师的记忆里,似乎整整烧了一宿。他们最初对工读学生的芥蒂和防备,被这一把火烧得精光。

1956年,王胜川刚刚来到学校担任教导主任,就组织了一场篝火晚会。学生们从显龙山上抱来柴火,在操场上燃起成火堆,他们围着跳舞、唱歌、摔跤,在噼里啪啦的火苗中,好老师、"坏孩子"的界限,老师与学生之间的坚冰一并融化了。第一次在学生们的脸上看到那种放肆的、毫无杂质的笑容,老师们意识到:他们也是孩子,心中充满了快乐。

王胜川指着火堆说:"每个孩子心中都有这样一团自尊之火,老师要善于点燃它,让这把火烧掉自身的肮脏。"

1957年,王胜川同志接任北京市工读学校校长。当时他对老师的要求只有三个字"爱学生"。一开始很多老师都接受不了,他们都是从各个区县里抽调上来的骨干,是抱着"干革命"的心态来教管学生的:"一个正常人,你怎么去爱有流氓行为的、有偷窃行为的、不服管教的人?"这反映了当时学生的教育难度,也反映了王胜川校长特有的工读情怀。

1957年6月28日,在庆祝工读学校建校两周年前夕,王校长用毛笔写下了这么一段话:

> 我来工读学校一年多了,我深深地爱上了她,我爱你们这些聪明勇敢的孩子,我爱这所由于你们的劳动而越来越美的校舍。以后,我愿和你们在一起,以主人的态度生活在这里,我们不断继续建设学校,还要在这里锻炼成为积极的社会主义新人。

带着这份爱,这位马卡连柯式的校长带领初生的工读学校,彻底摒弃了惩办主义,建章立制、艰苦创业,基本奠定了学校的软硬件建设格局,教师队伍建设明显加快,学校不断发展,从稚嫩逐步走向成熟。

后来,当我进入海淀工读学校工作后,每每梳理起这段历史,工读前辈的探索和努力都让我泪目。

建校初期,由于缺乏教育转化的工作经验,加之财政困难,办学经费异常短缺,对这些"问题学生"的教育转化异常艰难。校领导和老师们带领学生捡垃圾、卖破烂来补充办学经费。

但是，困难吓不倒英雄汉，海淀工读人以惊人的毅力、无私的奉献精神、拳拳的关爱之心和敢为天下先的胆识，克服了重重困难，边办学边摸索经验，到1966年的十年间，教育和转化了1000多名"问题学生"。

"工读学生是受了病虫害的花朵，需要爱的汁液滋补受到创伤的心灵。""发现学生身上的闪光点""点燃学生的进步火焰""开辟学生的进步道路"等等，在海淀工读最初的十年，这些教育箴言成为工读老师对待学生的内心准则。

在我真正进入工读以后，我才发现，这些朴素又真挚的话语不是"漂亮话"，而是在工读这亩"花田"里自然生长出来的一种对学生深沉的爱。

而当这种爱转变为教育方法，在当时的工读学校主要体现为"以立带破"："立"就是一般所说的"正面教育"，"以立带破"揭示出工读教育特殊性的实质及实施策略。以立为主，以立促破；立得坚固，才能破得彻底；破得深，才能立得牢。立与破的辩证关系就是工读教育矛盾转化的内在规律。

在工读教育中，个别教育与集体教育是平行的，就好像是由枕木承托的两条轨道一样，共同负载着飞驰的列车。个别教育特别能够体现教育智慧，在这个过程中，工读学校也总结出来一些教育方式和教育技巧：

1. 冷静五分钟

王升和小豆在宿舍里打架。李老师急步赶到现场，大声批评王升。王升怒气未消，就和李老师吵起来。李老师脑子里闪现出"冷静五分钟"五个大字。停一会儿，李老师面带歉意地说："我不对，没有问清情况就责怪你。"王升紧绷着的脸舒展了，说："老师，我错了，不该和老师嚷。"李老师说："那好！问题你自己去解决吧。"

王升回到宿舍一连说了好几遍"我错了！"然后去打来一盆温水给小豆洗脸，热敷小豆被打红肿的胳膊。最后，小豆说："我也不对。"

2. 迂回制胜

即从学生不"设防"的侧面，诱导他自觉地改变或消除不良的行为或影响。

李生是归国华侨，年龄比同班同学大两岁，意志较消沉。但同学们很爱听他说国外的一些传闻、故事。班主任杜老师在政治课上邀请李生上讲堂，李生愉快地接受了，积极地和老师共同备课，写下详细的讲稿。李生非常认真，举出许多生动的实例，课堂十分活跃，结束时，全班同学鼓掌称赞。

3. 扬长济短

工读学生也有长处，对没有明显长处的学生，老师更要精心培养，使之产生正诱导与正迁移。

刘某的真名几乎被大家遗忘，同学都叫他"瞎话刘"。老师让他替老师管理同学的零用钱，鼓励他一定要赢得同学的信任。他围绕管钱花费了心血和精力，像写日记一样记录用钱情况，"某年某月某日某时，某地，谁在场，说了哪些话，存取多少钱"，最后由本人签名。钱款最后汇总在老师宿舍的抽屉里。他担心钱被别人偷，提醒老师注意锁门并经常在门外巡视。两个月过去了，王老师让他总结一下管钱的情况。同学们感到他太认真，甚至有点死板，但是承认他管得好，称他为"会计刘"，从此"瞎话刘"的外号就逐渐地消失了。

这些老工读积累下的教育智慧，在我继任校长后也都保留传承了下来。

从1956年到1966年，中国的工读教育走过了最初辉煌的十年。在王胜川校长和老一辈工读教师的共同努力下，北京市工读学校已经成为一所名校。他们探索出一整套先进的教育理念和方法，整理出一套浓缩了当时教育思想和方法的文本，并通过电影、讲座、报告等形式向全市乃至全国推行。

工读学校教育转化了一批失足少年，培养出了大学教授、博士生导师、中小学校长、医生、画家、将军、厂长等社会各行业的中坚力量。这十年，工读学校还锻炼出一批教育专家，"文革"后分别在不同区县的大中小学、教育系统担任主要领导。这十年，中国的工读教育成为我国教育对外交流的重要窗口之一，英国、法国、德国、美国等十多个国家的专家学者先后多次来校参观交流。

社会对一个群体认知的变化，需要一个无比漫长的过程，在这个过程中，需要无数人付出艰辛的努力。

虽然早期工读学校取得了十年的辉煌成就,但社会上依然对工读学生存在偏见,认为工读学生很难转变,如同被雨水淋湿的"火柴"很难被重新点燃。谭老师也曾觉得要想改变社会对工读学校的认识非常困难。直到1959年10月1日的早晨,他看到那面写着"北京市工读学校"的白旗,在东单广场立了起来,终于相信这不再是梦。

"工读学生参加游行阅兵,这不是捣乱吗!"几个月前,当谭老师向教委领导提出希望工读学校的学生也能参加国庆游行时,对方倒吸一口凉气。同样,在公安局那里,他也得到了相同的答案。

就连工读学校的学生也觉得这是天方夜谭。只有老师们坚信这事能成,在那个满是尘土的操场,老师们带着学生一遍又一遍地练习,然后请来校外专家一遍遍指导,最后请来领导看他们彩排。他们用了几个月的时间等待奇迹的发生,奇迹最后也没有辜负这帮孩子。

"这是一次简单的行军吗?不,这是一次对他们自信心的检阅。"

工读教育60周年年会的时候,谭老师故地重游,感叹学校变了,原本残破的四合院翻修一新,新建了校史馆和专业教室,只有那一汪温泉,还一直温暖地流淌着。

三、家门口这所让我"畏惧"的学校

1966年,"无产阶级文化大革命"运动席卷全国,"文革"的锋芒指向了工读学校的大门。全校师生员工历尽千辛万苦创造起来的新中国第一所工读学校被解散了。

1969年6月,当时的北京市革命委员会公示撤销全市四所工读学校,北京市工读学校改为温泉中学,招收当地学生,教师留在原地任教。

工读学校真的没有存在的价值了吗?那些处于犯罪边缘的青少年由谁来挽救呢?许多人心中留下一大堆问号。

我出生在中国工读教育遭遇挫折的年代,那时候北京的工读学校纷纷关停。我家,就在中国第一所工读学校——海淀工读学校附近。而我与工读的缘分,似乎冥冥中早有天定。

海淀工读学校有一扇高高的铁门，黑黢黢，有着生铁的冷硬质感，它总是紧闭着，沉默地拒斥着每一个渴望了解门内生活的人。有时候串亲戚，我会偶尔从工读学校大门口路过，因为害怕，我都会尽量离大门远一点，快步走过。当时我总觉得这里的孩子比较"厉害"，这道铁门也似乎成为我童年的一个"阴影"。

彼时的我未曾设想过，十几年后，我会以教师身份进入这里，我更不敢想，几十年后，我会以校长身份管理这片"花园"。

但是到今天，我已经走进这所学校整整32个年头。从校门外扶着南墙走的儿时记忆，到敞开校门欢迎大家进学校看看的奋斗岁月，从小时候的害怕和畏惧，到而后如父如兄如师的深爱……

1967年，我出生在北京海淀西北部农村，父母都是典型的农民，成家以后就从大家庭分出来单独生活，日子相当清苦。母亲来自河北农村，没多少文化，斗大的字不识几个。父亲也只有初中文化，但父亲极爱学习，上学时成绩非常好，在班中是大队委，在学校是学生会干部，父亲是那时无数在泥土里求生计的农民的代表，有着朴素的愿望，希望通过读书走出农家，为自己和家族谋个好前程。

那时，父亲的兄弟姐妹都辍了学，靠打零工或干农活补贴家里生计，只有父亲一人还在上学。在家人眼里他就是个"吃闲饭的"，为此，他没少看家里人的脸色。

在家人的白眼下，父亲的读书生涯仅仅持续到初中二年级，家里人就坚决不让他上学了。父亲回忆说，当时老师几次来家里做工作："学习成绩这么好，不上学可惜了。"但没能说服父亲的家人。从此之后，没能继续读书上学成了父亲一生的遗憾。也正因曾经有过这样的遭遇，在父亲心中，教育比天大，生活再苦再难，他也要供我和两个妹妹上学，在他身上没有实现的愿望，他希望能在我们身上实现。

70年代初，大人们白天在生产队干活挣工分，晚上还要集中学习毛主席语录，回到家时已经很晚，基本顾不上孩子。没人照顾妹妹，我就得在家照顾她们。

村里的小学校离家很近，只有三五分钟的路程，那时的我特别羡慕能上学的孩子，我常会哄着妹妹到小学校里转悠，然后蹲在教室外面听课。那里的老师看到我，走出教室，冲我招招手："想听就进来听吧。"我瞥了一眼背后熟睡的妹妹，摇了摇头。

1976年，我终于进入小学，那一年我已经9岁。那时的小学是五年制，一到三年级在白家疃南山村读，四到五年级就要走三公里到山下的学校去上学。那时候班里一共11名学生，2个男生，9个女生，班主任教语文、数学和体育，其他学科有专门的老师到山上来授课。虽然当时班里人少，但是学习氛围特别好，大家都很认真、好学。

因为学校在山下，我每天都要早起走40分钟去上学，中午走回家吃饭，吃完饭再走回校，晚上放学再走回来，四五年级那两年每天如此。

通往学校的山路上，那一个个的步痕，压进我的童年，压进我的记忆里。多年以后回忆起来，那一路的艰辛和野趣，成为求学路上的一个小小的注脚。

当时我特别爱学习，成绩总是排在班里前三名，那时我只有一个愿望，努力考上市里的重点中学，但事与愿违，去了附近的九十九中学。

学校当时参考小学毕业考试成绩和中学入学考试成绩，分快班和慢班。我被分到了快班，一共三十五名学生，我的成绩一直排在前十名左右。一开始我学习很努力，但同村的孩子都不上学了，有的出去工作，有的回家务农。再加上学校离我家有5公里路程，家里没条件买自行车，上下学都是靠走路，原本有说有笑的上学路，走着走着就剩下我一个人，我突然像是失去了方向，上学也变得没意思。

我曾想过，如果那时我也放弃，或许会跟同村的伙伴一样，早早地工作，或许在90年代到城里去打工，或许一生都在侍弄土地。

如果人生存在某些改变命运的瞬间，那么对我而言，那场父子之间的对话改变了我随后人生的走向。

父亲看出我的变化，找我聊天。父亲在生产队放过牛，于是对我说："走，跟我放牛去。"沉默的父亲拍拍我肩膀。

"放牛就放牛，去就去！"我当时赌气道。

"你是不是瞧他们不上学心动了？要不你也别上了，放牛得了。"父亲一开始也赌气地说。后来，他态度缓和了下来，给我讲了之前从没说起过的他的过去，就在我这个年纪，当时他也准备放弃学业，但与我主动放弃不同，他的辍学是被迫的。

"你现在舍弃的，正是我梦寐以求的。"很少表露自己感情的父亲眼眶子红红的。

我的父母因为没有文化吃了太多苦，母亲一辈子勤勉能干、任劳任怨、起早贪黑、忙忙碌碌。父亲希望他的夙愿能够在我这一代实现，有知识、有文化，从农村走出去，拥有更好的前途。

从那以后，我再也没有动过辍学的念头。

四、复办后工读教育艰难起步

正当我在寻找读书和人生的意义时，中国的工读教育也在找寻自己的定位。

一场突如其来的"文化大革命"使工读学校被迫停办，"文革"十年的工读教育史成为一片空白。1976年粉碎"四人帮反革命集团"时，不少青少年由于受到"文革"期间打砸抢思潮的毒害，法制观念淡薄，未成年人违法犯罪率居高不下，社会治安形势十分严峻。

此时，工读学校的教师被分派到普通中学后，许多人仍然从事着偏常行为学生的教育工作，坚持进行偏常行为学生教育的研究。

"文革"结束，北京市公安局调查"文革"期间青少年犯罪情况，发现原就读工读学校的学生犯罪率极低，充分显示出了工读学校的办学效果。1978年12月，市政府决定，恢复工读办学，性质不变，校名定为"北京市海淀工读学校"。招生对象仍然为有违法和轻微犯罪行为的青少年，学校只设初中部。同年，全国各地110多所工读学校先后成立。

1979年，针对"文革"结束后青少年违法犯罪比较突出的问题，中央转发了中宣部等8个单位《关于提请全党重视解决青少年违法犯罪问题的报告》（中发〔1979〕58号），该《报告》指出，"工读学校是教育挽救犯罪学生的学校，要认真办好"。

1979年3月，海淀工读学校又恢复了昔日的生机。第二代工读人，在第一代工读人的精神、经验和智慧的引领下,结合时代发展的需要,继续着工读教育的探索。复办以来,学生的学籍保留在原校,学生档案中,不留下任何不利于学生发展的痕迹。

1980年春,刘锦春同志被派到工读学校任书记,主管全校工作。在恢复初期,学校重新明确了工读教育的性质、任务和办学指导思想,明确把思想品德教育放在头等位置,把工作重点放在学生班集体的建设上,建立了严格的管理制度,认真抓好教学工作,进行劳动教育,抓好教师集体建设……学校步入健康发展的轨道,工读教育在短期内得到恢复和重建。

1981年,国务院批转教育部、公安部、共青团中央《关于办好工读学校的试行方案的通知》(国发〔1981〕60号),该《通知》进一步指出,"工读学校是教育、改造违法犯罪青少年的一种好形式,办好工读学校不仅有利于预防和减少青少年犯罪,维护社会治安,而且对于树立良好的社会风气,培养和造就社会主义新人具有重要意义"。

1985年,《中共中央关于进一步加强青少年教育预防青少年违法犯罪的通知》(中发〔1985〕20号)强调,"在城市要继续办好工读学校……对有轻微违法犯罪行为的青少年进行职业训练,使他们掌握就业本领"。

1987年,国务院办公厅转发国家教委、公安部、共青团中央《关于办好工读学校的几点意见》(国发〔1987〕38号),指出,"工读学校是对有违法或轻微犯罪行为的中学生进行特殊教育的半工半读学校,是普通教育的一种特殊形式,是实施九年义务教育的一种不可缺少的形式"。

1990年以前,工读学校毕业生都回各自所在街道办事处等待分配工作。经调查,大部分毕业生由于年龄偏小,街道无法安置,造成毕业生无事可做。为了孩子的前途,根据海淀区中小学教育发展形势的需要,尊重学生升学的选择和家长对孩子的期望,学校从1990年3月起组织初三年级学生复习文化课,参加北京市中学生升学统一考试。

经过师生的共同努力,参加复习的全体初三学生在中考时都取得了较好的成绩,参加中考的六门文化课(政治、语文、数学、外语、物理、化学)平均414分,最高分486分。其中政治的平均分超过了全海淀区的平均分,政治、语文、物理三科的及格率也高于全海淀区。我校参加中考的全体初三毕业生全部考上了高一级学校。这件事极大地鼓舞了全校的师生，同时也赢得了非常好的社会声誉。

复办后的工读学校逐渐走上了正轨，我的人生轨迹也即将与工读学校相遇。

五、机缘巧合开启教坛生涯

如今看来，我当初选择读师范，似乎是一个偶然中的必然。

1983年我参加中考，当时考六门科目，每科满分100分，我考了481分。当时面临两个选择，一个是选择高中，以后上大学；另一个是上中师，毕业后直接上班。

在填报志愿时，我父亲希望我报考师范类学校，因为可以减轻家里的负担，毕竟我还有两个妹妹，以当时的家庭条件，我接着上大学，负担会非常重。我第一志愿报的是北京市第三师范学校，紧接着后边五六个志愿，全是能转户口的学校。当然，报师范学校除了能转户口，还有一个原因就是有饭补。上师范的时候，每个月饭补加交通补21.5元，家里基本不用花什么钱，省吃俭用，还能贴补一些家里的开支。

除了经济原因，我选择师范的另一个重要原因，是受到初中班主任崔静老师的影响。崔老师是城里人，衣着得体，学识渊博。正当我初中陷入迷茫的时候，崔老师的一席话也让我找到了学习的意义。

"你家在农村，又是农村户口，要想将来的生活美好，唯有好好学习，争取考出去，靠自己改变命运。"

那一席话让我重新找到了学习的意义，更重要的是，那是我第一次感受到老师对学生的言传身教，疏之导之，如阳光雨露般润泽心田，如灯塔界碑般指引学生的人生。

尽管如此，报考师范的选择在当时并不为大多数人理解。被录取后我告诉同村小伙伴我考上了师范学校，大家都嗤之以鼻。当时农村有个说法，"家有五斗粮，不当孩子王"，那时尊师重教的观念很薄弱，他们真正羡慕我的是可以农转非，转成城市户口。

第一章 人生为一大事来：初识工读

读书期间，每年放假我都去打工，给家里减轻负担。我去过黑龙江疗养院做拆墙工作，后来到胸科医院给电工打下手，装配电路。一个暑假我挣了 240 块钱，买了一辆自行车，后来那辆自行车在我家与工读学校间穿行了很多年。

1987 年，我从第三师范学校毕业，那时毕业包分配，根据户籍所在地原则进行分配，我被分到温泉中心学区的冷泉小学。

冷泉小学所在的冷泉村，在当时是"远近闻名"的村子。以前这里是国民党统治下的治安模范村，新中国成立后这里彪悍的民风保留了下来，外村人不敢靠近。村里的孩子普遍不爱学习，教育的难度也比较大。如果在教育上不跟孩子处理好关系，家长会立刻堵在学校门口讨说法。

80 年代农村全是泥路，一下雨就变泥塘，我每天骑自行车去上班。那一年我 21 岁，学校安排我担任毕业班班主任，并承担语文、数学两科的教学任务。尽管我与学生年龄差距不大，但我刚接班时，学生结结实实给了我一个下马威，班里的学生特别淘气，作为新人的我一开始根本压不住局面，我在上面讲，他们就在下面起哄，课堂教学一度陷入僵局。

那时班上有三位蹲班生，其中一个问题最为严重，因为和原来的老师较劲，他中途辍学了一段时间，再回到学校依旧对老师充满了敌意。他家就在冷泉小学的校门墙外边，每次他来上学不走正门，而是要翻墙进来。

那一年对我来说确实是个历练，可能因为我天生有一种亲和力，我很快就能够和孩子们打成一片，得到孩子们的认同。

当我再一次见到这名学生，已经是几十年后的一个教师节，他来学校看我。回忆起学生生涯，他说："肖老师，您知道为什么我能在您的班上一直读下来吗？我曾经遇到一位老师，他为人做事不公允，我看不惯所以顶撞他，他拿粉笔摔我，赌气之下，我把黑板砸碎，抬脚走后就再也不去学校了。家长很着急，催着我上学，正好赶上您来到这个班了，我觉得您够意思，有亲和力，不嫌弃我们，尤其是对我这么淘气的孩子，您那么有耐心，于是我就拿您当哥们儿了。"

毕业后，这个学生在冷泉村里开了一家美容美发店，生意特别红火，做成了连锁店。后来他加入了民革，现在是民革市委委员，事业上颇有成就。

如果按照现在的标准，当时这个孩子应该会进入工读学校。若总结我为什么能让他信服：第一，我给予他充分的尊重，虽然他有很多问题、毛病，但作为老师不嫌弃他；第二，我给予他更多的关注，他就会觉得我很亲近，愿意找我聊天，聊天的时候我再指出他的问题；第三，我给予他足够的平等，我与他的交流是建立在平等之上的交流，而不是自上而下的训斥。

如今看来，我做老师的第一份答卷成绩还算不错，学生都顺利毕业了，后来有三四个孩子也当了老师。但带过一年的毕业年级后，我又重回低年级当老师。对挑战的向往、对自身的要求，让我始终有种壮志难酬的无奈。这时，一个机会出现在我面前，一个改变我一生的机会。

中专毕业分配工作时，我们班两个同学徐红伟、张文发都被招进了工读学校。在冷泉小学当老师时，我经常去工读学校找他们小聚，因为在工读学校他们一周回一趟家，周一至周六都在学校，有时候晚上值班特别难熬，我就去找他们喝点酒、聊聊天。

有一次，正在晚间值班巡视的老校长刘锦春看见我，便问我："小伙子在哪里上班？"我答："冷泉小学。""那不如来工读工作吧。""好！"于是，我就决定来工读学校了。

1989年1月，在刘校长的协调下，我从冷泉小学调到海淀工读学校。在我还没来之前，别人说工读不能去，难度太大，天天熬着，不能回家，跟监狱一样，教师专业上没发展、没前途。

但基于多次来工读学校观察积累的经验，我想接受这个挑战。这里的孩子需要投注更多的爱，我又想起崔静老师对我的影响，这群孩子更需要这样的一位领路人。与此同时，童年时期对工读落下的"畏难"情绪也基本消失了。没想到从小对工读学校充满畏惧的我，后来会选择来工读学校上班。

那一刻，我命运的齿轮才真正与海淀工读学校咬合在了一起。从任课老师、班主任、教导主任、校长助理、副校长，一直干到书记、校长。这个人生的齿轮，一转就是32年，直到现在。

> 第二章 <

鹫峰山下是"战场"：
我的教育人生

迈入工读学校的这个决定虽然果断，但"开弓"之路却并非坦途。工读学校的学生构成，决定了师资队伍的能力水平——教师不仅资历深厚，而且各个在管理方面"身怀绝技"。如何与学生、与老师打交道，对于工读新人的我来说，面临着前所未有的挑战。

一转眼30多年，弹指一挥间，回望30多年的工读教育生涯，既是我的人生成长史，也是工读的发展史。如今的我更加坦然，也更加从容。因为，工读已经不再只是我的工作，而变成我生命的一部分。我将继续做工读教育的"探路者"，为每朵"蒙尘的花"开辟发展的天地，让那些暗淡下去的目光，重新绽放生命的异彩。

而我最初的工读故事，要从第一堂课说起——

一、"我肖哥！够意思！"

"上课！""起立！"

有的学生晃晃悠悠地站起来，有的依旧随意地坐着，仿佛没听见。尽管已经过去很多年，第一次站上工读讲台的情形，依旧历历在目。当时因为一位任课教师临时病假，我才有了这一声工读课堂的"初啼"。而这声"初啼"并不成功，我站在讲台上，面对学生的无视，内心紧张和沮丧到了极点。

1989年，我刚到工读学校时，被分配去教毕业班的语文。那时工读的学生还不参加中考，因此学校采取混班教学的方式，一个班里初一、初二、初三的孩子都有，很多班里的学生比我来工读年头还久，初登工读讲台就要教老生的我无比忐忑，总有种"新兵带老兵"的感觉，课堂秩序特别混乱，一开始根本管不住。但是作为工读学校的老师，得有自己的智慧和"武器"，见招拆招。

经过一开始的混乱后，我调整了状态，跟学生说："这是我来到工读后的第一堂课,希望大家给我个面子,大家在课堂上可以彼此过得去。虽然我是老师,但年龄上我和大家比较接近,希望大家好好配合我。"

"没问题,只要你别为难我们就行。"学生第一次听到有老师这样做自我介绍,没有一点说教味,觉得很新奇。我尝试把自己摆在很低的位置,告诉他们:"大家争取听一听,如果觉得对我的方式不适应,可以提出来。"这种反常的见面方式,拉近了我与学生之间的距离,学生不觉得我是老师,而是一名年纪稍长的兄长。

课堂上,我对学生的要求适度。所谓的适度,就是如果凭自己的"厉害劲儿"管他们,他们绝对不接受你,没准就和你较上劲了,只能循序要求。也正是我的适度的"低要求",在我代课的那些天,课堂上很少出现学生嬉闹的现象,反而与他们形成了一种默契。和学生平等对话,让我很快站稳了课堂,我的自信也在悄然生根发芽。

课堂怎么能不乱?孩子们怎么能听我的话?严格要求,怕学生受不了,不严格要求,又怕课堂乱……后来,我摸索到了一种方法,就是上课前、下课后,提前和孩子们多接触。我向班主任了解每一个学生的情况,也让孩子们对我这个语文老师有初步的印象。

通过课后的聊天谈心,我很快就了解了这些孩子的基本情况,班上十几个孩子都非常"社会",问题也比较严重。但是这样却给了老师教育和转化的契机,利用集体让他们的"霸气"在无形中相互内耗,他们在原来的普通学校是"霸王",但一堆"霸王"在一起,每个人无形中发生了变化,有的脱颖而出,有的就耗得没脾气了。

找出谁是班里最厉害的,先把最厉害的稳住。这些学生觉得之前学校的老师看不起他们,不尊重他们。逐渐地,他们觉得我跟之前的老师不同,我给他们面子,看得起他们,能和他们聊天,他们管我叫肖哥,他们总是说:"我肖哥!够意思!"

工读教育,是一种"互相给面子"的教育。首先,要放下老师的架子,以真正平等的方式和他们交往。打个比方,即使是上课让孩子们一起把课本读一遍,说话也带有商量的语气,而不是强迫的语气。"我们一起拿起来读一读""一起来看这个效果行不行"……工读学校的老师,需要不断地反问自己这样一个问题,"如果你是他,你接受不接受这样的说话口气?接受不接受这样的教育方式?"

在多年后,我又遇到了那一届学生,其中有位同学告诉我:"您很看得起我们,所以我们一定会给您面子。"

二、"如兄如父"常陪伴,师生同住暖心房

"鹫峰山下是战场,矿泉温水常洗尘。"这句诗,如今被刻在工读校内的石碑上,成为工读教师的人生和职业的写照。

这首诗的作者正是海淀工读学校第二任校长王胜川。在他身上,有着工读教师最明显的标签。在工读学校,这些含苞待放的花骨朵会因各种风霜雨露而蒙尘。工读学校的老师,与其说是传道授业解惑者,不如说是24小时贴身陪伴的引路人。

王校长精力充沛,夜以继日地工作,每天工作长达十四五个小时。每当夜深人静时,校长室里还亮着灯,他读书、写作或到学生宿舍查夜,为学生盖被子……早晨与学生一起出操、跑步。课外活动时间,只要没有特殊的事情,他就与学生打乒乓球、篮球或下棋,谈心聊天。每当他出现时,很多学生都围上去,争着与校长打场球或下盘棋,并以此感到自豪。他平易近人,深入学生,关心学生的身心健康,做耐心细致的思想工作,他能将全校200多名学生叫出名字来,其中大多数学生的性格特征都能说出一二。

他平和恬淡,豁达开朗,尊重他人的意愿,在学生中有着极高的威信。学生们爱戴他,称他是"大恩人""好校长""我一辈子都忘不了的好人"。

"文革"中当他受到冲击时,很多学生出来保护他、安慰他,没有一个人敢动他一手指头。时任全国人大常委会委员长彭真同志在一次关于青少年教育座谈会上说:"若选工读教授的话,我投王胜川一票!"

在王胜川校长身上,我学到的第一课,就是对工读学校的学生要偏爱、厚爱、深爱。爱,要让学生有感觉,这才叫成功的爱。什么叫有感觉,让他

们真心实意地感受到。他如果不接受你的爱,那就是无效的爱。

怎么真正了解学生?我来到工读后有一项创举——师生同住。

学校改造前大片都是平房,东跨院是教室,西跨院是宿舍,师生分开睡。晚上孩子们不好好睡觉,很长一段时间,学生晚上的"黑灯会"现象很严重。有些孩子白天有了矛盾,晚上打架报复,这种情况防不胜防。虽然有生活管理老师巡视,但宿舍里黑着灯,还有学生站岗放哨,老师一来,屋里就没动静了。

为了解决这个问题,我搬到学生宿舍和学生们一起睡。在此之前,老师有单独的宿舍,不要求班主任们陪孩子们睡觉。每次都是生活管理老师发现问题学生,然后班主任去认领。

我就这样成了第一个陪孩子们睡觉的老师,和20多个"闹腾"睡在了同一个屋。我这一住,原来的打打闹闹不见了,孩子们重新享受到了有人给掖被角的温暖;以前半夜的恶作剧没有了,起床上厕所有人陪伴了;曾经心事重重辗转难眠的孩子们也不用纠结了,促膝交流、彻夜长谈,让孩子们慢慢拨开云雾,重新绽放出灿烂的笑颜。

有时处理完一天的工作回宿舍已经很晚了,我会在宿舍里巡视一下。看谁把被子踹了,我就给盖好;孩子衣服破了,我就帮他简单缝缝;孩子病了,我大半夜带着去医院,怕孩子不好好吃药,盯着他把药吃完。这种同吃同睡的传统沿袭至今,孩子觉得老师真心为他好,这对于教育转化起到很好的作用。后来有学生告诉我,晚上老师给他们掖被角,他们是能感受到的。

国务院原总理温家宝同志曾为海淀工读学校题词:"没有爱心,就没有教育。"我校弘扬的工读精神写道:"爱生敬业、主动担当、团结协作、坚守奉献。"两者都提示着老师——师爱是教育的基础,而全天候全方位的陪伴是工读师爱的最集中体现。

工读学校的老师靠什么?靠的是24小时的陪伴,在这种陪伴中建立起如师如父、如兄弟姐妹的情感联结,弥补了学生原来在这方面的缺失,让学生切身感受到老师为他好,这样再教育学生时就能得到认可。

后来,师生同住的做法迅速被其他班主任效仿,并逐渐固化为学校的一大特色。时至今日，工读学校每班配备两名班主任，每班的学生在20人左右，保证每一个学生都能得到足够的关注。两位班主任白天上班，晚间轮流值班，与学生同吃同住、一起学习生活，24小时陪伴学生，建立起亲密的师生关系。

此外，心理辅导员找学生谈心，任课老师课余时间给学生补课，社团老师组织学生开展科技、舞蹈、体育等活动，学生始终浸润在老师的陪伴与呵护之中，师生间共同奋斗，在困难中支持关怀，分享流过汗水的喜悦。

亲其师，信其道。我们的学生，一些是真的缺少关爱，一些是缺少真正走进他们内心的关爱。工读老师的关爱，爱中有严、有公正、有进步激励、有价值教育，能让学生真心接受，奠定教育转化的基础。

用亲和力建立感情也罢，换位思考建立感情也好，在工读学校里，老师和学生如果前期没有感情基础，所有的教育方式都是白费的。

父母离异、单亲家庭、重组家庭……我们的孩子，很多来自这样的家庭。他们所缺失的爱，在工读学校是能找回一部分的。而找回这部分爱，就是我们工读老师最重要的工作之一。

这些孩子，是一些特殊的孩子，不给予他们特别的爱，不给予他们更多的爱，教育是不起作用的。我曾遇到一个孩子，上初一时就转来了，在原来学校里顶撞老师、时不时造成一些"事故"。但是现在这个孩子一边上学，一边利用寒暑假时间经营自己的公司，做水吧、网店等生意，自己创业，每年有几十万的收入。

这孩子刚来工读时，上课不爱听讲，就喜欢趴在桌子上睡觉，班主任过去提醒他，他回过头来就是一拳。现在每年暑假，去哪儿旅游回来，他都会给班主任和老师们带特产回来。有一次回来，说起过去的事情，他给班主任道歉："当年真不好意思，给您一拳。"老师笑着说："你不说，我都忘了。"这就是一种用爱换来的感恩。

如今，作为校长，我依然如从前那样经常走到学生中间，参加各项学生活动。我能像一个"大班主任"一样把握全校学生的动向。学生也特别喜爱我这个大家长。一位学生在班里受了一点委屈，直接跑到校长办公室，让我给评理。有一位非常有想象力的同学说:"如果发生了世纪大洪水,我只救三个人,其中第一个就要救肖校长!"

三、心灵注视不间断,修炼教育"平常心"

很快,我就迎来了人生的另一个重要挑战——在代课的同时,我有幸与一位资深班主任搭班,担任一个班的副班主任。

在这位班主任的帮助下,我的能力被多维"解锁",不仅挑起照顾学生日常起居的工作,更分担了学生活动策划、班级管理等属于正班主任范畴的工作。这一年,我的任务陡增,但成长也随之加快,并为不久后出任正班主任打下了坚实的基础。

这段时间,我跟一些老教师"偷师",他们对我要求比较严格。周日值班时,刘校长经常带着我巡视校园,告诉我学校哪个犄角旮旯容易藏人,哪块区域容易发生什么,要注意什么。

当时整个学校教育的环境比较紧张,学生以大欺小、恃强凌弱、顶撞老师、逃学旷课等各种不良现象在各个班都存在,大环境不好,小环境也很难扭转,完全处于头疼医头、脚疼医脚的状态。

当副班主任时,我第一次处理学生打架事件。当时两个孩子跑操时因为说话言语不和、发生口角,就在校门口打起来了。第一次遇到学生打架,当时我的心扑通扑通地跳,不知所措,本能地上前把两个孩子拉开,拉开以后,个高的孩子还要再打,我也急了,得控制住他们不再打了。我使了很大劲才把他摁在地上,问他还打不打,他开始还较劲,慢慢不动了,不打了,站起来跟我到办公室谈话。这就是我第一次处理打架,由开始的胆战心惊、不知所措到后来的制止、制服,心里也就踏实多了。

1992年,25岁的我开始出任正班主任,在人才济济的工读学校,这个年龄可谓刷新纪录。"我能做好吗?"在别人还没有投来质疑眼光之前,我先把自己好好审视了一番。回想起来,真是如履薄冰,唯恐干不好。那时工作强度大,压力也大,一周上六天班,周六中午回家倒头就睡,一觉睡到半夜。

那段时间我压力大到每周一踏进校门就感觉压抑。因为周一有早点名，一到那时我心里特别忐忑，生怕自己的学生不回校，别的班20多个学生全到了或缺勤一两个，如果自己班七八个学生不来，面子上挂不住。

工读班主任每到周一，全北京四九城儿地到处找学生是常事儿。当班主任时我也和大家一样，经常出去找学生。即便是在成为教导处副主任后，我也从未停下四处寻找学生的脚步。这也让包括我在内的每一位工读班主任，养成了把准备工作做在前面的习惯——每名学生入校一个月内，班主任都会逐一到学生家中进行家访，了解家庭情况、学生特点，同时，更要搞清楚学生平时的交往对象、活动场所等。

我经常到网吧、迪厅甚至到外省市寻找学生，因为学生不在校就有风险，找回来就有教育的可能。找回来只是第一步，带回学校后细致关怀和耐心疏导才是"留得住"的关键。

为了不辜负学校的期望，同时也为给学生、给同事，更是给自己一个交代，我当时可谓铆足了劲。这次，我不仅把"家"搬进了校内，更把床搭进了学生宿舍，与他们同吃同睡。

"不让问题隔夜！"这是我当时处理学生问题的经验，也是当时学校学生问题"当日事当日毕"的惯例。

学校每天晚上9点40熄灯，但我躺下时却经常是后半夜。凡是白天出现的学生问题，我都要一一处理，不把矛盾留到第二天。于是，晚上找学生谈心、和家长沟通，成了我的常态。特别是班中总有那么几位"钉子户"的时候，我的睡眠时间就会变得异常弹性。

曾经在我的班中有一位学生在情绪管理方面有严重障碍，又由于结交的朋友多为社会青年，这个处于青春期的男孩经常有"跑偏"的风险。于是，他便成了我夜间谈心室的"常客"——我为他疏解情绪、提供解决建议、分享人生经验……谈心往往都会持续到很晚。

这个孩子叫大海，他1993年6月毕业，直到现在仍然和我经常走动，当初他是班里教育难度最大的。他的父母当兵留在北京，在城建工作。大海从小没在父母身边长大，小学中途父母才从老家把他接到北京。这样的家庭背景导致他性格暴躁，容易情绪化，唯我独尊，什么事都得顺着他。

第一次跟他接触时，我的感觉是，他如果不来工读学校，或许早就进监狱了。

他家住西直门，当年西直门一带治安环境是出了名的混乱，他和一群辍学、旷课的孩子组成一个小团伙，四处进行抢劫、打架、偷盗等违法犯罪活动。他爸爸发现如此下去太危险，就把他送工读学校了。他来到工读学校以后，情绪化依旧很严重，动辄与人大打出手。那时候，他还在学校交了一个女朋友，两人从学校出逃后跑去广西。他父亲把他找回来以后又送回学校，来回折腾了半年他才稳定下来。

为了走进大海的内心，我对他承诺："只要觉得不舒服、烦躁就来找我，不管什么时候，24小时都可以找我，即使我睡觉的时候，也可以把我叫起来。"开始那段时间是真折腾，我经常半夜被叫起来。"老师，我睡不着怎么办？""走，上办公室去，咱们聊聊。"那段时间，我时刻观察他的喜怒哀乐，在我的关心和疏导之下，最后他的情绪稳定下来了。

家访时，他的父亲特别感谢我："他就听您的、信服您，一回家我说什么都不听，我只能通过您劝劝他。"

大海毕业的时候，我和他深谈了一次，我说："即使你在学校的进步很大，也踏实下来了，但基于你的性格，我担心你出去以后还会惹事，咱们继续保持联系，就像过去一样，有什么想不开的，打电话跟我说说，或者到学校来找我，不然你在工读的这两年就白待了。"

后来他告诉我，他不仅把我当老师，更主要的是拿我当哥们儿、朋友，"您对我的好，这两年我心里明镜似的，我没少给您找麻烦，您也没少给我费心，但是请您放心，我记住您的教导，将来我要出人头地，我忘不了您。"他说的时候非常诚恳。

这种耐心细致、连续不间断的关心更像是一种"心灵的注视"，即便是现在，我也依旧保持着这样的习惯。如今，那位曾经年少轻狂的学生已为人父，拥有一个幸福的家庭和一对可爱的龙凤胎宝宝，他从26路公交车售票员做起，后来经过努力，两年后成为26路公交车司机，一直干到现在，成为北京公交道路上一道"风景线"，安全运载着乘客们。

做工读老师，时刻要修炼一颗教育的"平常心"。

工读学校跟普通学校比较，老师个人的晋升和发展没有特别好的机会和优势，也不像普通学校老师能够桃李满天下，成就感那么明显。工读学校的孩子能够有一份体面的工作，偶尔回来看看老师，我们就很知足了。

每年，工读老教师都会聚会，回忆当年在工读学校共同生活战斗的日子。因为年轻的时候，大家把自己的青春都献给了工读学校，献给了这些特殊的学生。对于他们来说，这是最让他们骄傲的事。在工读32年的时间，我也有了这样的体会。现在每一届孩子毕业的时候，我都会鼻头一酸。每当想到陪伴他们一路走来，我心情就很复杂。

我记得一位毕业生在给学校的信中写道："是这所学校给了我在工作单位拿到演讲第二名的好成绩的机会，是这所学校让我在这个大企业中工作得如鱼得水；是这所学校让我拥有了自信，拥有了方方面面的能力……"这种会让人鼻头一酸的感受，工读老师体会得最深。

四、如履薄冰做领导，领之导之甘做"人梯"

在工读学校的教师集体中，我既非天资聪颖之人，也不算最杰出的老师。

刚当正班主任时，我很惶恐，时常担心干不好，只能笨鸟先飞，下足笨功夫。当时，正班主任的一项重要工作就是组织班会，总结班级一天的生活学习情况。对于其他老师信手拈来的班会点评，对我却艰难异常，我表达能力一般，所以班会前我会先把要讲的内容写下来，然后拿着稿子请教校长，让他帮我看看，并进行修改，然后请校长到现场听，听完再提改进意见。

两个孩子面红耳赤走进办公室，你一嘴我一嘴，有经验的班主任几分钟就把问题解决了，两个孩子互相道歉。我遇到这类问题时，一开始最少需要三四个小时才能解决。

刚开始处理学生问题时，我总是说不到点上，抓不到要害，学生根本不服气，你若是说服不了他，问题就悬在那里。为此，我到别的班级"偷师"，多看多听其他班主任如何处理，每次解决完学生问题，我都会复盘解决过程，然后请主任、校长帮忙分析，哪点走了弯路，哪点没抓住要害……

刚刚在教师、班主任的角色中"驶入快车道",1993年,我又迎来了一个更大的挑战——做德育副主任。在"高手林立"的工读学校教师团队中,"能干得好吗?"这样的问题又重新回荡在我的脑海里。但有了在工读的几年历练与实战,我似乎摸到了些许"门道"——以情换情,以真心促能动。

在第一次主持教师德育工作会时,我的心中直打鼓,即便在会前,我已经无数次打磨、排练。虚心、低调,是我为人处世的一贯风格,这在后来也成就了在管理方面的"春风化雨"。无论是大会还是小会,我都会"精心准备":把将要在会上说的话,一字一句地写在稿纸上,连标点符号都不落,然后向有经验的教师、领导汇报,听取意见。

这种"人人皆为我师"的谦虚态度,让我的管理工作如鱼得水。"安排一个人工作的最高境界,是让对方不好意思拒绝,不是执行行政命令,而是在帮我的忙。"这种管理艺术,即便在我先后成为教学副校长、校长后也依旧保持。

何为"领导"?在我看来,就是领先一步,导人一程。

自己能力一般,如果问为什么能成功,可能是非智力因素起了作用,比如我能发现各个干部的所长,把大家凝聚起来。做领导最重要的不是各方面有多强,而是知人善用。

作为校长,仅仅有教育教学方面的能力是不够的,校长必须具备外联能力,想方设法争取到领导和各部门的支持,比如人力、物力、财力,这些是最关键的。

我当校长以后的第一重心就是争取经费。2003年初,我刚升任校长,虽然有"非典"的影响,但那一年我还是争取到了将近100万元的经费。这难得的经费被用于改善学校办公环境,给学生宿舍、教师办公室装空调。在这一过程中,我也慢慢地得到大家的认可。

当时学校面临一个严峻的问题就是,怎么振作大家的士气。我想到了50周年校庆,一方面借着校庆提振士气、改善办学条件;另一方面借着校庆提高工读学校正面影响力。2003年底,我提出了校庆计划,并开始着手准备。

2005年，以庆祝建校50周年为契机，我开始推进校园的硬化、美化、绿化、亮化建设，对原有建筑进行了内外装潢，新建了四合小院和能容纳500人的多功能礼堂，并安装了现代化舞台设施和多媒体设施。同时，改建或扩建了300米塑胶跑道的田径场、塑胶篮球场、旱冰场等体育设施；增加了学生宿舍、洗衣房、洗澡间、卫生间，改善了生活条件；修建了师生食堂和餐厅，改善了饮食条件；建起了小型烹饪操作间、科技教室、学生气象站等动手实验操作场所，拓宽了工读教育功能。其间，充分调动师生员工参与设计，献计献策，共同营造适合学生发展的人文环境和自然环境，大力挖掘隐性教育资源，处处体现"学校教育无空白，一景一物皆育人"的理念，实现人的全面、和谐、可持续发展。

那一年，为提升教师的积极性，我们大刀阔斧地对教师的绩效工资做出了改革。我借鉴农村记工分的绩效评价方式，实行绩效考核职级制，将绩效工资分为6档，由部门主管领导根据教师的日常表现综合评定。这种绩效评价机制，不仅让管理"无为而治"，更改变了教师"论资排辈"的思维，老师竞相亮出"真本事"。

虽然在改革的过程中，遇到了质疑与困难，但尊重规律的前行之路最终收到了"水到渠成"的效果。这一改革，让学校的师资队伍焕发出新的活力，青年教师、资深教师"拧成一股绳"，上下齐心争创先进。

做领导要甘为人梯，托举老师不断成长进步。我对老师们说："我们既要注意低头拉车，又要抬头看路，工读学校的老师要特别注重研究学生、研究教育。"之后，我还成立了以带头人、骨干教师为核心的教科研团队，以点带面，促进教师解决教育教学中的实际问题，引领学校发展走上新的台阶。2021年，学校承担了3项市级课题，6项区级课题，研究型学校文化正蔚然成风。

为了保证教职工的身心健康，我将教师的锻炼活动小组化、制度化，将上午的大课间调整成30分钟，每天老师以工会小组的形式与学生一起进行体育锻炼，让老师们用健康的身体、愉悦的心情投入每天的工作之中。

有人认为现实生活中的工读学校管理依旧弥漫着"火药味",这里的"火药味"是指那些强制性的管理制度。

工读教育的发展除了具有一支业务精良的干部队伍外,离不开有创新思想的教师队伍。实践已经证明,只有调动教师的积极性和主动性,培养他们的参与性,发挥他们的能动性,中层干部分配下去的工作才能更好地落实。

学校各个部门采用"制度共建"的方式,变"家长式管理"为"以人为本管理";在决策方式上变"指示式决策"为全体教职工参与下的"共识式决策"。

工读学校老师心里装着学生,工读学校的校长心里不仅要装下学生,还要装下老师。

截至2020年底,海淀工读学校有在职教职工85人,每一名教职工的情况我都了如指掌。每一位老师有了困难,我都会尽力去帮助解决,从工作中的思想问题,到个人家庭中的问题,如孩子入学等,我都会关心、过问,并尽自己最大努力去帮助解决。

五、办学思想大讨论,重新认识"蒙尘的花朵"

多年以前的工读学校曾经流传过这样一句话:在工读,没有一个女老师没哭过,没有一个男老师没罚过。由柯岩同名小说改编的电视剧《寻找回来的世界》里面的很多场景,确实是那个年代工读学校的缩影。体罚,曾经是工读学校的老师或多或少会用到的一种管理方式。

今天,当你走进海淀工读学校,你会看到:校园美丽整洁,教育设施先进,师生和谐向上,有很多家长、学生慕名到校参观、咨询入学事宜。但是,在十八年前,我初任校长时,情形完全不一样。那时,教师忙于处理各种学生问题,经常用"看、管、压"的方式教育学生,学生顶撞老师的情况也时有发生,而那时我也经常充当"灭火队长"的角色,和班主任、任课教师一起不断处理各种紧急情况,不断调和学生矛盾、师生矛盾、家校矛盾。

这样下去该怎么办？到底问题的症结在哪里？工读学校仅仅是要把学生管住吗？带着这些问题，从2004年起，学校组织干部教师开展了多次、多层级、广泛深入的讨论，现在大家把那时的讨论称作"办学思想大讨论"。

实际上现在回看，2004年以前学校之所以出现师生对立的情况，本质上就是教师没有形成正确的学生观，只看到工读学校学生学习基础差、行为习惯差、易违纪的问题，没有看到他们动手能力强、可塑性强、敢作敢为的优势。

学校开始自上而下、自下而上对这个问题反复探讨，来回折腾，最后正式禁止老师们的一切体罚行为。

有人就问，工读学生不罚，会不会出现"管不住"的现象？

事实证明，真正研究和了解学生，就不会管不住。在新的要求确立一年后，学校的氛围变了，再也不是当年"这儿呵斥一声、那儿嚷一声"的情况。每一个工读老师都抱有这样一种正确的认识，"学生和老师顶撞、出现情绪化，不是学生成心和你过不去，而是他们的心理出现了一些问题，所以才导致他们有这些行为"。

从言传身教的角度，如果老师以恶制恶，以暴制暴，老师的这种行为会潜移默化地对学生产生不良影响，将来他们在处理这些问题时也会采用这种不行就打的方式，当他们成家后对子女可能也采取这种方式——从长远来讲显然是有隐患的。

从此以后，一旦教师出现体罚学生的现象，要么调离岗位，要么减薪处理。这么多年，我处理过两位老师，一位返聘教师被调离岗位，还有一位老师半年都没拿到绩效工资。

经过大讨论，我们发现，那时教师对学生的认识还不够充分，还把学生看作是"洪水猛兽"般的存在，认为学生不严管就会出乱子，造成了教师严管和学生对抗之间的矛盾，极大地抹杀了学生内心的积极力量和成长可能性。找到问题的症结后，海淀工读学校教师继续讨论，最后提出了"以人为本，和谐发展，科学管理，争创一流"的办学思想，并将其作为学校长期坚持的办学理念。

在人本和谐理念的指导下，教师的学生观和教育方式发生了根本性的转变。教师不再像过去一样，千方百计地只想把学生管住，而是真正以学生为本，相信学生有成长、进步的巨大潜能，有内在向善向好的成长趋向，想方法搭建平台，以学生的内在动力和创造性实现学生自我成长。

学生 W 是典型的工读学校学生，多次偷窃，多次离家出走，与女同学严重不良交往，与父母关系极其紧张，父母对其完全失控。来校后，W 说话总是针对别人，欺负同学，语气强硬，并伴有一些暴力倾向，也多次离家出走、逃走，并变卖家里的贵重物品来维持生活。

面对 W，如果是之前，教师肯定是要采用严管来矫正其严重不良行为。但是，随着人本和谐理念在教师心中的深入，班主任采用了另外一种方法：送他到学校美术教室，上"一个人"的美术课。

W 同学第一次来到美术教室，不屑一顾地坐在那里，什么都不看，只是低着头。美术老师告诉他在美术教室可以随意走动，随意看教室内的作品。整整一个上午，W 并没有和美术老师讲话，直到下午，他问老师："老师，这是什么，是用什么做的？怎么做的？我可以做吗？"原来，W 对美术教室里的纸塑青铜作品感兴趣。美术老师和他讲解了青铜器历史和纸塑作品制作的方法，并鼓励他只要一点点跟着制作，将来也能做出纸塑青铜器作品，还可以参加比赛。

之后的一周时间，W 同学几乎每天都来美术教室。老师恳切地告诉他："这个时间我就给你一个人上美术课！"通过制作纸塑作品，W 有了很大的改变。经过努力，他的纸塑作品终于制作完成，不仅仅在校内多次进行展览，还作为学校礼物，送给兄弟学校。他的一件"青铜礼鼎"纸塑作品在2015 年北京市第十八届艺术节工艺比赛中，荣获市级工艺制作比赛一等奖。他后来创作的"纸塑爵杯"也参加了海淀区的比赛并获奖。

通过制作美术工艺作品和获得成功体验，W 同学变得沉稳了、安静了，和同学、家长的关系明显改善。他说："通过制作手工艺作品，我不仅学习了技能技法，更学到了做人应该踏实做事的道理。谢谢学校给我这个改正错误的机会，我会再接再厉，继续创作出精美作品。"

学生 L 父母离异，生活在重组家庭，转入学校前经常旷课、打架，无证驾驶改装摩托，曾因偷盗摩托车被警方处理。来校后，他依然我行我素，是学校里的一个"刺儿头"，教育转化难度很大。

他的班主任兼体育教师在一节体育课上，发现了 L 同学的运动天赋，便牺牲大量的中午和周末时间，带领 L 练习田径。经过一段时间的准备和练习，L 同学在 2019 年 4 月参加海淀区第 48 届春季田径运动会，并在跳远比赛中取得了第四名的好成绩。有了成绩之后，他变得更加专注，抛开了摩托车，就连平时心爱的"飘逸"发型也被剪成了圆寸。他说："这叫削发明志，从头做起。"

在接下来的一个暑假，班主任和 L 都没有休息，一直在刻苦地训练。功夫不负有心人，在 2019 年 10 月的海淀区第 49 届中学秋季田径运动会中，他一路过关斩将，站上了第一名的领奖台。他的最后一跳，大家看到了一个曾经因为家庭变故无人管理的特殊学生，打开了人生新的上升通道，勇敢地展翅飞翔。

学生 W 和 L 的转变让我进一步坚定地认识到：工读学校的学生也是祖国的花朵，只不过暂时蒙上了尘埃。只要教师树立"以学生为本"的理念和"学生是成长过程中的人""是具有内在创造性和内在价值的人"的学生观，工读学校的教育生态和工读学校的办学面貌就会发生改变。

如今看来，2004 年开始的办学思想大讨论，是一项非常正确的决定。以前学校也有办学理念，但具体落实时，只是一个口号，通过大讨论，大家统一了思想，解决了很多疑惑、问题，达成了共识。

六、七十四天阴阳路，一生耕耘在工读

2004 年元旦，海淀工读学校教师联欢活动正在进行，一名利落精干、笑容满面的青年女教师款款地走到舞台前，她拿出一张纸，深情地朗读着：

"……我知道学校和学生永远是你我之间聊也聊不完的话题，我要感激他们，因为他们使我们之间更懂得爱与珍惜……转眼你我已做了八年的夫妻，但我却过了七个没有你在的除夕，你可知道，又有多少日日夜夜，你没

有安心地待在我们温馨的家里，但我不会抱怨，不会猜疑，因为我知道，一个男人的心里更多的应该是被他的事业占据……"

整个会场是那样的安静，所有人的脸上却都挂满了泪水。有人忍不住呜咽，一仰头率先鼓起了掌，于是整个会场掌声连成一片，经久不息。

这是我的爱人、当时工读学校英语教师赵新华写给我的诗。这首诗所讲述的故事，老师们太清楚了。当班主任时，我和一群年轻的老师们整日坚守在学校，周末也留下来照顾不稳定的学生，经常一个月也不走出校门。走上管理岗位后，我也把大部分时间花在了学校，为了学校的各项工作思索，每逢节假日，我也会承担学校的安全值班任务。

婚后八年，为了工读这个大家，我对自己的小家有太多的亏欠。我的孩子1997年8月8日出生。孩子出生后，我很快就重返岗位了，因为8月底新生要参加军训，军训期间学生和教官之间容易发生各种矛盾，我不敢放松，整天在军训现场盯着，随时处理突发情况。军训一个月我没见过孩子，一心都在工作上。

2003年，我正式接任校长，我以满腔的热情，准备带领学校走上全面改革发展的快车道。五年的时间，学校的教育教学和校园面貌发生了改变。但2008年突如其来的一场劫难，差点改变我的人生轨迹。

2008年，我被迫给自己放了一个最长的"假"。在朝夕连续作战、常年承压的状态下，这一年，我的身体终于亮起了"红灯"。被确诊为低分化肝癌的我，不得不停下手中的工作，躺上了医院的手术台。

低分化肝癌，是此类病症中非常严重的一种。当时41岁的我得知自己的生命仅剩三个月时，犹如晴天霹雳。学校刚刚步入正轨，家里老小还需要我，我还有太多的事情没有来得及做……

想到这儿，我果断决定：对全校师生暂时隐瞒实情。手术前一天，我一如既往早早来到学校，办公楼、女生小院、男生宿舍、师生食堂、教室、操场继续巡视一遍，站在甬道用微笑迎接上班的老师们，到大会议室组织召开行政例会，布置各项工作，听取各部门汇报，耐心指导。散会前我平静地告诉大家：我要出差一段时间，并安排好了各项工作。

2008年10月17日，我接受了肝移植手术。结束手术，还在ICU（重症监护室）监护的我，脑海中的第一个想法是"学校怎么样了"，这是我在学校工作数十年落下的"职业病"。

术后医生说，复发风险较大，并反复叮嘱我在家休息。最终，我还是没能拗得过本心的牵挂，在术后74天便重返学校，赶到12月30日的元旦晚会现场，为全校师生提振士气，为来年鼓劲。这一年，距我"战战兢兢"迈入工读学校，已经过去了19年。

那一天，我的身体非常虚弱，面色苍白，但我依然走上舞台向全校师生发表了新年贺词。不到一分钟的新年贺词，没讲几句，我已是大汗淋漓，但我还是拼尽全力完成了这次讲话。等我讲完，是一段寂静，无人般的寂静；紧接着是掌声，雷鸣般的掌声，与老师们无法抑制的啜泣声交织在一起。

或许是坚强的意志，或许是达观的心态，或许是对师生深厚的感情、对学校强烈的责任感，或许是上天的眷顾，我的身体恢复得非常快。2009年3月，大手术后不到半年，我又回到了校长岗位上，与师生在一起，紧张工作，健康生活。

2010年初，康复不久的我和全校师生即将迎来中国工读教育55周年的庆典。但考虑到我的身体，很多老师和行政领导建议庆典从简或者取消。为了学校的发展，我还是决定筹办成果展示会。仅仅大半年时间，学校的综合楼顺利完工，校园建设又取得新的进展。教育教学工作又上了一个新的台阶。

2010年5月20日，时任全国政协副主席张梅颖在学校55周年成果展示活动中动情地说："在海淀工读学校，我被每一位老师为帮助孩子们健康成长而呕心沥血的精神所感动，在这儿学习的孩子们所表现出的那种强烈向善、向学、向上的愿望让我感到无比的欣慰。工读学校的老师们，我向你们致敬！"

七、他山之石可攻玉，博采众长结新果

这些年，有两次外出学习让我印象深刻。

一次是2011年，在海淀教委的组织下，我去美国考察了28天。在近一个月的时间里，我有幸走进美国多所中小学，对当时的美国基础教育有了一定的了解。

最出乎我意料的是，原以为美国教育很轻松、管理上很自由，但实际上美国的孩子在课堂上也是非常规范的，而且美国的公立学校也会有各州统一组织的考试。所不同的是，美国的教师、班主任在教室办公，学生走班上课，能够选择大量的、不同层次的选修课和课外活动。美国的教室极具个性化，摆放着各种模型、材料，方便学生直观学习、动手操作。所以，我感觉美国教育上的自由不是没有管理和纪律要求，而是体现在课程供给上的个性化。反观我们学校，在抓学生纪律、规范方面很有建树，但在个性化教育方面还需要加强。相比普通学校，我们的学生个性差异更大，"一刀切"的教育方式是行不通的。美国这种个性化的教育方式对我们后来坚定地"办适合我们学生的教育"是有启发的。

我的另一个关注点是美国学校对学困生的教育。美国很多学校都有专人负责学困生的教育事务，学困生多的班级还可以聘请专门的辅导教师。这样做是因为美国有一项法案叫《不让任何一个孩子掉队》。虽然对学困生的辅导，美国同仁付出了很多努力，但是当他们谈起对学困生工作时，也没有提出特别好的办法。虽然学困生的辅导难度大、效果不理想，美国的基础教育仍然投入了大量的时间和人力，这种非功利化的教育思想是值得我们学习的。联系到我们的工读教育，我们的学生是在学习和行为方面都存在困难的"双困生""双差生"，我们在日常工作中也会经常遇到费了很多功夫，但收效不明显的情况。遇到这种情况，也要树立"不让任何一个孩子掉队"的思想，强化工读教育"反复抓""抓反复"的工作策略，让学生慢慢地走到学习和行为的正轨上来。

第二次是2017年，我应邀赴我国台湾地区考察学习。此次台湾之行，是一次触动我心灵的教育培训，让我对自己的工作有了重新的认识，也对自己有了更高的要求。

在台湾的时间并不长，听到最多的就是他们的"教育111"。台湾非常重视教育，尤其是基础教育，"教育111"是当地基础教育创新施政的主要核心。自 2009 年起，台湾开始提出并推动"教育 111"标杆学校认证，各学校坚守"教育 111"的核心价值，积极发展自己的特色教育，开展丰富多彩的教育活动，使每一位学生至少发展一项艺术或运动专长，让每一个孩子都不掉队，以此培养学生积极向上、自信自强的性格。

在台湾，无论是地理位置比较好的经济发达地区，还是经济欠发达地区，教育行政部门都以"教育 111"为标杆认证。教育行政部门将扶植"偏乡弱势"纳入工作，有目标、有策略、持之以恒地通过 28 个计划，关注"偏乡学校"，通过实行资源整合、师资交流、社群互联、教育创新、典范分享、领航计划等多种手段，使"偏乡学校"在较短时间内得到教育反转，促进均衡，真正实现"一校一特色，一生一专长，一个都不少"的"教育 111"目标。

由台湾的"教育 111"，我想到了我的学生，男生来自海淀区各普通中学，女生来自北京市各中学。在心灵深处，有的同学会有一种"被抛弃"的感觉。从入校时的心理测试可以看出，来到我校的学生比较敏感，情绪化比较严重，与家长和老师关系不融洽，自卑心理比较严重。对于这样的学生，我们要给予更多的包容和关爱，让学生真正体会到老师的尊重和爱，才会逐步扭转学生的心理，重新回归健康的心理。因此，我也感觉到自己肩上的重任，作为工读教育的旗帜与标杆，我们要用"不放弃任何一个学生"的工作原则，培养来自各个学校曾经受伤的孩子。

在考察台湾怀生中学的时候，我被他们的"三生"教育——生命教育、生活教育和生涯教育深深触动，之所以能触动我，也许是与我的想法有更多相近的地方。

来到我校的学生，能考上重点高中的很少，多数孩子初中毕业后，或当兵，或上职高，或直接进入社会就业了。从学生入校的第一天起，我就会想这个学生将来会干什么。也许有人会认为，这不是一个校长该想的事，校长应该好好办学，让中考成绩高一点，学生活动丰富一些，学校环境更好一些……然而我却是真的在想学生的出路。孩子们毕业后，因为成绩不尽如人意，学习的能力也不如重点学校的学生，他们往往更多地从事繁重的体力劳动，很难高攀稳定、高薪、有一定技术含量的工作。而我，却期待他们能找到更好、更体面的工作。

怀生中学的"三生"教育，也是从学生的需要出发，从学生未来的择业出发，从学生的实际出发，用学生体验的形式，培养学生的"学习力、体力、品格力、毅力和未来力"五大核心能力。

1. 生命教育

生命教育是帮助学生认识生命、尊重生命、珍爱生命，促进学生主动、积极、健康地发展生命，提升生命质量，实现生命的意义和价值的教育。怀生中学不用说教式进行生命教育，而是采取体验式进行生命教育。在活动中让学生感受生命的珍贵。我们学校也重视学生的生命教育，如政治课上的生命教育、红十字会急救培训、心理剧中的生命教育、各班晚班会班主任的生命教育、消防专题演练、法治教育会、团队拓展生命教育等活动中都会渗透生命教育的元素，但我们没有对所有这些进行整理和总结，没有进行系统化和提升，致使学生对生命教育的理解还是散点式的概念。

2. 生活教育

人不仅要活着，还要追求有质量的生活、幸福的生活。怀生中学的生活教育，不是单靠讲，而是用体验的方式让学生感受艰难生活的不易，从而让学生珍惜自己的生活。

在参观学习的过程中，我听一位台湾老师介绍，他们是如何给学生讲述残疾画家谢坤山的故事的。谢坤山在一次工作中意外失去了双臂和一只脚，然而他通过自己顽强的意志，克服了重重困难，生活自理，还帮家里做家务，拖地等等，还成为用嘴画画的杰出画家。

一开始学生们很难相信，就会提出很多问题：老师，他怎么吃饭？怎么刷牙？怎么小便？老师会让孩子们亲自体验，没有手，用嘴咬着笔画画，孩子因为嘴酸，口水会流到纸上……通过这样的体验，孩子体会到谢坤山的意志力是多么坚强，感受到谢坤山遭遇变故后，对生活也没有失去勇气，依然露出亮丽的笑容，依然用他的快乐去感染周围的每一个人。在教学活动中，用讲的不如用看的，用看的不如用做的，就是要让学生亲自去体验，去感受。

相比之下，我们更加注重学生习惯的养成，对学生的生活教育是相对缺失的。

3. 生涯教育

在台湾，生涯教育或称生涯辅导、生计辅导，其主要内涵是协助个体认识实际的工作世界并探索自己未来可能的职业发展形态，以便做出较佳的抉择、规划与准备。它强调所有课程、教学及咨询辅导，都是为个人将来经济独立、自我实现及敬业乐群生涯做准备。怀生中学同样以实践的方式开展学生生涯教育，开设多种社会实践课、选修课或社团活动，对学生进行生涯指导，为学生进入高一级学校的学习和走入社会做好前期准备工作。

在工读学校，部分学生初中毕业就走向社会，如果没有很好的与人沟通的能力，没有社会适应能力，没有一技之长，走向社会会吃很多苦。为了学生能有一个好的发展，学生一进入初三，我们就进行职业生涯方面的教育和引导，让更多无法继续深造的学生留在学校进行职业教育，以保证学生掌握一技之长，掌握更多的适应社会的能力，从而顺利进入社会，找到属于自己的一片天地。但系统的职业规划和职业教育，我们还存在很多问题，需要继续努力，给学生创造更多学习和就业的机会，帮助学生在走出校园后能很好地回归社会。

总之，"三生教育"，有利于让学生树立正确的生命观，培养对自己和他人生命珍惜和尊重的态度，增强爱心和社会责任感，使学生在人格上获得健全发展，掌握生活技能，实践生活过程，获得生活体验，确立正确的生活观，对未来有很好的发展规划。

通过在宝岛台湾的所见所闻，我感受到台湾对学生教育的重视，对学生进行素质教育的重视，也看到了几个学校办学的特色，这些对我们今后的办学有重要的借鉴意义。我心怀感恩，要努力做触动灵魂的教育。

八、探索适合学生的教育，帮学生寻找回来的自信

我们经常用"蒙尘之花"来形容工读学生。但我们要知道的是：他们虽然"蒙尘"，但其本质还是一朵朵含苞待放的"花儿"。拭去蒙尘的唯一方

式,是教师的爱与滋养。这也是我们"让学生在成功中成长"育人理念的出发点。

"在成功中成长",对于来到工读学校的每一名学生来说,是最难能可贵的体验。因为行为失当,多数走进工读学校的孩子都曾有过一段"不成功"的成长体验。在我看来,即便"走过弯路",但不代表这些孩子不渴望被肯定与认可,工读学校就要为他们提供走上"正常轨道"的机会和人生体验。

基于工读教育在未成年人违法犯罪预防方面的适切性与当前"为每个学生提供适合教育"的理念,学校自2010年提出"办适合我们学生的教育"的办学目标,以适合教育的理念推动教育改革。即依据教育客观规律与自身逻辑,尊重学生的主体性与差异性,创设适合我们学生身心发展水平、兴趣需要与个别差异的教育,促进学生的不良行为得到改善,社会适应能力得到发展,个体潜能得到发挥,使每个学生在各自的基础上得到应有的发展。

于是,学校积极搭建各种平台,助力每朵"蒙尘之花"再放异彩。"课程+活动",是学校实现教育目的的根本路径;"办适合工读学生的教育",是工读学校构建课程框架的重要出发点。

"蒙尘花朵"需要更多的养料,特殊的学生呼唤特色的教育。在"适合我们学生的教育"理念的指导下,近年来,学校发展出心理、科技、法治、社工、红十字青少年教育、校园足球6种适合工读学校学生的教育形式。可以说,每发展一种新的特色教育,就为学校的"适合教育"增加了新的内涵,也带来学校办学品位的显著提升。

在完成国家课程之外,工读学校还结合学生兴趣,创设了40多门校本课程和20多个学生社团,为学生提供适合的成长环境。课程之外,学生会、校园咖啡屋等各类学生自主管理参与的项目也次第展开。在校园咖啡屋,学生是顾客也是服务员,更是管理者,人人参与其中,在"赠人玫瑰"中收获成功的"余香"。

过去我当班主任的时候,说实在话,对学生管的成分多。老师是主导,什么都要在老师的监控下去做。学生出了问题,老师的基本方法就是批评。

2005年后,我开始带领全校老师转变这样的思路,发挥学生自主管理能力,把过去这所学校当成"摆设"的学生会组织,真正重启。

学生怎么参与学校的管理？一个活动让一个班的同学去组织；一台晚会,不管是台前还是幕后,全部由学生自己去组织；学校的卫生间、宿舍的洗漱间,除了生活老师去管理,学生会也参与管理；学校运动会、元旦等节日庆典活动,科技节等大型专题活动的设计、组织及部分具体实施,食堂与宿舍等日常管理与监督,常规评比与总结等等,统统由学生负责。甚至违纪学生的教育方案,也必须有学生代表参与,学校充分尊重学生的意见与建议。

我们面向全区中小学开放的法治教育基地,开始成为学生们的实践基地,从接待、陪护,到管理、讲解,学生们一丝不苟地工作着；校园咖啡屋,学生从应聘、培训、接待到调制饮品、煮咖啡、结算,样样真实操作；生态园中,学生领养动植物,观察生长、照顾生命,在专家的亲自指导下,种植蘑菇,进行组织培养……

全校现今有310名学生,实现个性化教育、实现素质教育,在工读学校,体现得淋漓尽致。每个孩子只要到这里来,都有展示的机会,这在普通学校其实是比较难实现的。

我们想做的就是,让工读的孩子在普通学校里找不到的自信,在这里可以找到。

近几年,我们开始为孩子们提供各种能展现自己的活动,校园电视台、文艺演出、体育竞赛、校园卡拉OK大赛、队列比赛、内务比赛等常规活动,以及科技节、读书节等主题性活动,各班自主开展自己的特色活动。

我强调的只有一点："尽最大可能让家长和社会各界欣赏到孩子的亮点。"于是,迎新年的元旦活动,学校邀请全校学生家长到校共同参与,让学生带领家长参观学校,参加游艺活动,观看他们的表演；我们的孩子走进社区进行"防艾拒毒"、绿色环保的宣传,参加敬老爱老活动,参与首都少年先锋岗等社会实践活动,学生用自己良好的行为赢得社会的良好评价；学生们走进天桥剧场,与芭蕾大师同台共舞,与社会名人近距离交流……

更值得一提的是,工读学校有一种特殊的"货币体系",即"工读币"。学生通过日常表现赚得"工读币",在每年的嘉年华或义卖会上,这些"工读币"都能为他们购得喜欢的奖品。

"没有人生来失败"——这是我始终信奉的信条。作为一所专为"行为失当青少年"开设的特殊学校,我始终告诉老师要摘下"有色眼镜",以平等视角相望、以平等机会相待、以成功标准寄予期望。这成就了工读学校连年"转化率"破新高的成绩,也让工读学校成为和谐社会中一颗基层但却不可或缺的"螺母"。

九、心理科技展双翼,助力学生勇翱翔

2016年12月2日,工读学校迎来了一年一度的校园心理戏剧节展演活动,教委领导、教育专家、全校师生和家长集聚礼堂。舞台上,那个曾经叛逆、迷茫的孩子开始融入校园,寻求改变。当孩子手拿纸飞机放飞梦想的那一刻,在场的所有人报以热烈的掌声。

一位母亲流着眼泪,哽咽着说:"从这些剧目里,我看到了孩子也看到了家长的影子,看到了孩子内心最真实的爱与成长的过程,看到了家长的困惑,只有懂得守护成长,才会让孩子感受到生命的意义!"

"蒙尘源蒙心,育人先暖心。"这是工读学校在全国中小学校率先成立多功能、综合性的心理健康教育中心的出发点。2004年,在心理健康教育还未得到广泛认知的背景下,我们"敢为人先",将专业心理咨询师引入工读学校,并在校内创设了全国工读体系第一家心理咨询室。这个在当时看来"太过超前"的举动,在此后工读学校的实践与发展中得到了正向的验证。

因行为失当而进入工读学校的学生,或多或少都在心理方面存在问题。这些"顽疾"从未得到重视,还被一再误解、放大,最终不仅酿成学生们"走弯路"的局面,更让他们的家庭关系、师生关系、同伴关系频频陷入僵局。那时很多教师在处理学生问题时,多是凭经验或感觉办事,处理方法单

一片面，有时存在治标不治本的现象。

鉴于工读学校学生心理偏差的特点，我感觉到心理教育可能是提升班主任教育矫治学生的科学途径。因此，引入了刘燕和曾南萍两位具有工读学校心理一线工作经验的老师，开辟了专门的空间，成立了学校的心理中心。

心理咨询师的引入，为学校办学增设了一间"消防站"，将"火苗"消弭于无形。沙盘游戏、"心情天气预报"（学生每日与心理辅导员交流心情的手册）……专业心理咨询手段的介入、资深心理教师的辅助，使得"躁动"的学生心理上得以安抚，迷茫的教师得以宽慰，学校办学秩序得到了助益。

但在成立心理中心之初，老师们对心理教育是否真正能促进学生转化有不同的看法，认为通过心理教育解决学生问题很难见成效。当时我认定工读学校的心理教育工作极端重要、大有可为，所以坚定地推动心理工作落地，让心理老师始终围绕班级、围绕学生积极开展工作，为学生的心理成长服务。

渐渐地，心理教育逐渐得到老师们的认可，越来越多的班主任、任课教师在教育学生的过程中主动寻求心理中心老师的帮助。有心理方面的难题找心理中心解决，成为老师们的一种共识。

实践凝练智慧。在大量个案、团体辅导、班级与家长心理工作经验的基础上，学校设置了11个功能区的心灵成长空间，构建了涵盖心理评估、心理课程、"个体—团体—家庭"心理辅导等多层次的心理服务体系，建立了包含"专兼职＋专家督导"的心理教育师资团队，探索出"心情天气预报""三级关注生机制""心理辅导员机制""成长支持小组""心理戏剧教育"等多种适合工读学校学生的心理教育策略。

近年来，学校被评为北京市职工心灵驿站、海淀区心理健康教育示范校，心理中心负责人高亚娟老师连续获得感动海淀人物、北京市师德榜样、首都劳动模范等荣誉。越来越多的学生在丰富心理资源的浸润下，启动内在心理动力，修复心理机能，健康快乐幸福成长。学校还积极地把心理教育的成果与经验对外辐射，在区域内和同行分享，让更多的人关注工读学校学生心灵成长，以心理教育的方式突破工读学校学生教育转化的难题。心理教育也成为学校发展的重要品牌。

目前心理中心有4位专职心理老师，12位兼职心理辅导员。心理辅导员每天通过"心情天气预报"与学生沟通，帮助学生做情绪管理。心理困扰突出的学生，由专职心理老师接手进行辅导。遇到心理问题特别突出的学生，由德育副校长牵头，成立包括心理教师、辅导员、班主任、任课教师、驻校社工、有关学生、重要家人在内的成长支持小组，共同开展教育。心理工作基本实现了让心理关怀普及到每一个学生，本校学生的心理问题都能得到有效干预。

如今，心理教育不仅成为工读学校的特色，更成为海淀区乃至全市的育人"利剑"，学校心理教师组团走出学校，为其他学校的师生提供专业辅导，将专业资源辐射、扩大。全国有很多工读学校到我们学校参观后，也建立了他们的心理中心。

除了心理教育，工读学校另一项特色教育是科技教育。2019年，学校获评北京市科技教育示范校，这是我校连续第二次被评为市级科技教育示范校。对于一所工读学校而言，这项殊荣无疑是难得的褒奖与荣誉。

但我觉得这并不是因为我们的科技教育有多么的高大上，真谛在于我们的科技教育体现了"全员参与"的特点。我们从不忽略任何一个能为学生提供成功体验的机会和平台，科技教育也是其中之一。每年学校的科技节、科技嘉年华都堪称学校"盛事"，学生全员参与，体验科技、玩转科技，在这一过程中，发掘学生兴趣、激发他们的潜力，让他们也有机会成为"科技达人"。

2005年，当时的海淀教科所所长吴颖惠向我们推荐开展科技教育。我认为科技教育符合工读学校学生动觉性的认知特点，对学生的操作能力和成功体验都大有裨益，所以立即通过吴颖惠所长找到当时中央教科所的王素研究员，并通过王素研究员找到天津科技馆，于同年设计并建设学校首间科技教室。

在科技教室筹建的同时，学校着手推进科技教师队伍建设。在2005年4月的一次全体教职工会上，我向大家征贤："学校正在建设科技教室，准备在校内开展科技教育，有没有老师对科技教育感兴趣？"

当时王飞老师第一个举了手，从此他成为学校科技教育的带头人。半年后，第一间科技教室正式投入使用。原来无所事事的一部分同学开始走进科技教室，王飞老师就带着他们利用业余时间"玩科技"。

仅仅在一年后，同学们的自制乐器项目（用废旧材料、自己种植的葫芦等自制吉他等乐器进行演奏）就在青少年未来工程师竞赛中荣获北京市第一名和全国第一名的好成绩。在成绩之外，我们还发现参与科技比赛的同学在行为表现方面进步显著，体现出科技教育在工读学校的特殊价值。

通过科技教育取得进步的不只是自制乐器小组，还有更多的学生。初一就转入我校读书的H同学，经常和老师对着干，不想上学。到了初二，他被科技活动吸引，手掷航模、结构承重、食用菌种植、科学实验等，什么都想参加什么都想学，多次在科技竞赛中获奖，在科技节上表演自己设计的科学实验……这些经历让他对自己有了新的认识和定位，变得积极上进，和老师、同学的关系融洽了，成为学校"模拟创业"课题的核心成员。2018年职高毕业时，他和小伙伴注册了公司，争取到新东方创始人之一徐小平先生高达百万的风险投资。H同学认为：在海淀工读参加科技活动的经历，帮助自己踏上了自力更生的创业之路。

学生的成绩和成长带来学校科技的蓬勃发展，越来越多的老师加入科技活动育人的队伍中来，水火箭、航模、无线电测向、木梁承重、机器人等一系列的科技项目陆续走进校园。在建立第一间科技教室之后，学校又建立了智乐屋、飞行探秘教室、风筝教室、机器人教室、组培实验室、生态体验园、创意空间等17个科技教育专用教室和场地，总面积约1100平方米。

多年以来，科技教育从零起步，成就了学生、成就了教师，也成就了学校。2018—2020年，学校被授予全国中小学校气象科普基地校，科技负责人王飞老师被评为北京市科学骨干教师，5位科技兼职教师被评为海淀区带头人、骨干教师，4名学生当选海淀区少科院科技小院士，学生中有450多人次获得各级竞赛奖励。2016年和2019年，学校两度荣获北京市科技教育示范校的殊荣。但我认为，荣誉之外，最重要的是"科技育人、科技赋能"。

通过学校普及性的科技教育和个性化的科技校本课程、社团与比赛，让对学习、对生活失去信心、自卑叛逆的工读学校学生重新认识自己，找到人生的方向。

人的成长过程中总会出现一些变化和问题，但不能出现了问题就要放弃。工读教育是可以改变孩子的教育，我们相信教师的情、教育的爱，一定会洗涤他们蒙尘的心。

> 第三章 <

微风拂尘生嫩绿:
办适合我们学生的教育

记得当主任、副校长时，我就经常充当"灭火队长"的角色，处理各种"紧急情况"。学生打架、顶撞老师的情况时有发生，老师们在重压之下，也习惯用"看、管、压"的方式教育和管理学生，这导致学生逆反心理强，师生矛盾尤为突出。

工读学校仅仅是要把学生管住吗？工读学校的学生到底需要怎样的管理方式？如何让工读学校的老师轻松愉快地工作？这些疑惑一直困扰着我。带着这些疑问和问题，从2004年起，学校组织干部教师，广泛深入地开展了多次、多层级关于办学思想的讨论，确立了学校的办学理念——"以人为本、和谐发展、科学管理、争创一流"。

在此基础上，我们不断探索实践，于2010年提出"办适合我们学生的教育"的办学目标，以"适合教育"的理念推动教育改革，即依据教育客观规律与自身逻辑，尊重学生的主体性与差异性，创设适合我们学生身心发展水平、兴趣需要与个别差异的教育，促进学生不良行为得到改善，社会适应能力得到发展，个体潜能得到发挥，使每个学生在各自的基础上得到应有的发展。

一、"办适合我们学生的教育"的源起

在校园里，上至管理之道和教育之法，下到待人接物、一草一木，都是办学理念的细致体现，它关系到学校做什么、怎么做、为什么做的问题。在对学校历史、现状进行审慎分析的基础上，我们结合多年教育实践，确定了适合我校学生的办学理念。

（一）探索："互相给面子"的教育

如前一章所述，记得我刚来工读学校任教时，内心特别忐忑，有些孩子比我来这学校的年头更长，有种"新兵带老兵"的心情。课堂怎么才能不乱？孩

子们怎么才能听我的话？

后来，我逐渐摸索到了一个办法：和孩子们多接触，多了解他们。同时，我也利用闲暇时间，向班主任了解每一个学生的情况，对孩子们逐渐有了比较清晰的印象。这样，我就知道该如何"对症下药"。如果只凭自己的"厉害劲儿"管理他们，他们不仅不接受，反而会较上劲。

担任多年班主任的章鲁川老师也谈到，他在刚开始当班主任时，一度习惯扮演"大家长"角色，事无巨细、面面俱到，并且认为这样做"班一定会管理好，学生一定会受益"。结果，带出的学生要么沉闷，要么叛逆，导致自己很长一段时间里都感到挫败和失落。后来他逐渐尝试疏管结合，效果明显比之前好。

我始终认为工读学校学生也应该拥有精彩的生命，学校和教师要用放大镜观察学生的闪光点，用显微镜发现学生的上进心，用发展的眼光看待每一位学生。在工读学校，更需要的是"互相给面子"的教育。当老师"放下架子"，愿意真正了解孩子，以平等的方式和他们交往，学生们自然会接受管理。

通过这些实践经历和讨论，我们发现，此前工读学校的教师对学生的认识还不够充分，把学生看作是"洪水猛兽"般的存在，认为学生如果不严管就会"出乱子"。教师愈严管，学生对抗心理愈强烈，在这个过程中，也极大地抹杀了学生内心的积极力量和成长可能性。找到问题的症结后，我们就有了讨论办学理念的基础和关键。

在"相互给面子"的教育中，我隐约感觉到之所以那时候师生矛盾突出，其根本原因是老师们的管理理念需要调整，"高高在上"的师道尊严可能是行不通的。

（二）重建：办学思想大讨论

2004年，我在全校大会上做了题为《居安思危，海淀工读走向何方》的主题报告，提出本章开头所讲的问题，和教师们展开了大讨论：面对国家给予工读学校学生的关怀和给予学校的投入，我们的责任何在？工读学校到底需要什么样的办学理念？教师们在工读学校如何完成自我成长？

讨论中我们达成共识：以"促进师生关系健康发展，构建和谐校园氛围"为切入点，转变教师教育观念，围绕"以学生为本，以教师成长为核心，以学校和谐发展为目标"的主题，开展有针对性的各种活动，以实现构建和谐校园的长远目标。

最终，学校于2005年正式确定了"以人为本，和谐发展，科学管理，争创一流"这一办学理念。其中，"人"是指学校的全体师生员工，"本"是出发点、落脚点，也就是学校全体师生的根本利益。坚持以人为本，就要坚持全体师生在学校发展事业中的主体地位，坚持发展为了全体师生、发展依靠全体师生、发展成果由全体师生共享。和谐发展，是指在和谐的环境中，在促进师生员工自身发展和谐的基础上，促进师生与社会关系的和谐，进而促进师生与自然环境的和谐。和谐发展就要体现人文关怀，满足师生的发展愿望和多样性的需求，尊重和保障师生的权利。

事实证明，这次讨论是我们转变观念、重树学生观和教育观、重新审视工读教育、再次统一思想的重要过程，它对海淀工读的发展产生了深远的影响。

（三）转变：从惩罚到"偏爱"

在这一理念的指导下，教师的教育方式和观念发生了根本性的转变，不再像过去一样，千方百计地"想把学生管住"。而是真正以学生为本，搭建平台激发学生的内在动力和创造性，相信学生有成长、进步的巨大潜能，有内在向善向好的成长趋向。

更关键的是，学校明确禁止教师们的一切不当教育行为。一旦教师出现体罚或变相体罚学生的行为，要么调离岗位，要么按照有关规定严肃处理。

学校的整体氛围也逐渐发生变化，"再也不是当年这儿呵斥一声，那儿嚷一声的情况"。我时常引导教师，管理学生不要抱着负面情绪，要认识到学生之所以情绪化，出现顶撞老师的行为，更多源于他们之前的成长环境和经历，导致其心理、行为出现了一些问题。

那么，如何消除学生的抵触情绪呢？我认为在工读学校，感情永远是第一位的。对工读学校的学生来说，需要偏爱、厚爱，要让他们真心实意地感受到老师和学校的关爱。要做到这一点，就必须对学生有深入了解，这样才能做到把"适合的爱给特别的你"。我也坚信无论学生遇到了怎样的困难，他们仍然是"天生的学习者"，重要的是我们的教育教学是否适合他们。

（四）创造平台：让学生找回自信心

我一直强调：尽最大可能让家长和社会各界欣赏到孩子的亮点。学校应该为学生们提供多样平台，让每个孩子只要到工读学校来，都有展示的机会。

在这一理念的指导下，学校开展了丰富的活动，让学生们充分展示自我。包括元旦演出、体育竞赛、校园卡拉OK大赛、队列比赛、内务比赛、春游秋游等传统活动，科技节、读书节等主题性活动以及各班自主开展的特色活动等。

除此之外，学校还创造平台，让学生充分发挥自主管理能力。学校运动会、元旦等节日庆典活动，科技节等大型专题活动的设计、组织及部分具体实施，食堂与宿舍等的日常管理与监督，常规评比与总结等，均由学生负责。

"让工读的学生，找回在普通学校里找不到的自信"，这是我校一直以来想做和在做的事情。

（五）发展：办适合学生的教育

2010年，中共中央、国务院发布《国家中长期教育改革和发展规划纲要（2010—2020年）》。文件明确指出了"以人为本"的教育理念，主张"尊重教育规律和学生身心发展规律，为每个学生提供适合的教育"。

这一重要文件的理念与我校"让每个孩子都能有展示平台""让每个孩子都能找到自信"以及"让学生在成功中成长"的教育理念是一致的。基于此，学校于2010年正式确立"办适合我们学生的教育"的办学目标，以"适合教育"的理念推动教育改革。

自此，学校以"适合的教育"理念推进改革发展，通过多项举措在教师、教育方式、课程供给等方面努力做到"适合"。在不断探索的过程中，我们体会到符合学校发展实际的办学理念能够促进学校的科学规划和良性发展，能够引导学校为家庭和社会持续、有效服务，能够创设环境优化学生的人格塑造，奠基他们的未来发展。

在这个过程中，我们也确立了学校的办学理念框架：

核心理念：以人为本、和谐发展、科学管理、争创一流
办学目标：办适合我们学生的教育
培养目标：培养明理守法、身心健康、有幸福能力的合格公民
校训：克己修身、勤思善行
工读精神：爱生敬业、主动担当、团结协作、坚守奉献
教育途径：让学生在成功中成长
德育目标：明理、守法、健康、感恩、友善、诚信、上进、担当、自立
德育理念：用放大镜观察学生的闪光点，用显微镜发现学生的上进心，用发展的眼光看待每一位学生
德育特色：于真诚中促交流，于细微处寻契机，于规范中显效果，于体验中求转变，于进步中树自信
教学目标：激发兴趣、培养习惯、夯实基础、突出特长
教学特色：低起点、小步走、分层次、多指导、勤练习、快反馈

二、建设适合学生成长的教师队伍

教师队伍的整体素质决定学校的办学质量，培养教师队伍、提升教育理念和技能是提高办学质量的关键环节。办适合学生的教育，教师的专业发展至关重要。

与普通中学相比，工读学校教师工作强度大、时间长、内容庞杂，教师的教育观念需要由看管型教育向互动型、自主型教育转变。因而，我校注重学校整体学习氛围的形成，注重教师的专业化发展。

1. 将适合教育化为共同愿景

通过多年实践和讨论,全体教师达成了"办适合我们学生的教育"的共识。在后续教育教学的过程中,每位教师都将适合教育的理念深入其中,探索出处方教学、小组合作学习、聘请学生小助教以及"101种教学策略"中的"想象法""两个人的力量""学到事物的展览会""轮转三人组""拼版学习法"等教学方法。

我们学校学生的文化课基础水平平均为小学三四年级,为了他们能顺利与同龄人一起参加初中毕业和升学考试,学校教师根据学生的特点,适度调整教学内容与进度,带领他们探究适合的学习方法。可以说,为了让这些孩子爱上学习,工读学校的老师们穷尽了自己的智慧和技能。

这也收到了较好的反馈,有学生表示,"来工读之后,学习状态和过去比,一个在天上,一个在地上"。

2. 培养教师的行动研究意识,重视教师专业素养的提高

学校明确提出要将每一位教师都培养成为研究型的教师,鼓励教师开展与工读教育实际相关的小课题研究,成立教科研团队,以点带面提升全体教师的行动研究意识。

促进教师专业化发展的有效途径之一是注重科研与教学相结合。学校全面贯彻党的教育方针,积极推进新课程改革,坚持"科研兴校",鼓励教师丰富理论知识,并联系学校教育教学工作实际,不断探索学校教育教学的新思想、新方法。

(1)重视课题研究,本着"问题即课题,工作即研究"的理念,以课题研究带动工作中实际问题的解决,不断提升教师的理念与实践水平。目前,学校在研市级课题4项、区级课题3项、区级子课题2项,80%以上的教师都参与到市区级课题研究之中。

(2)在校内还开展了师徒结对、互相听评课等活动,各个教研组利用说课的形式进行教研活动,增强教师对课程标准的理解,促进其教学基本功更加扎实,促进教师的专业化成长。

(3)2011年,学校启动了"同读一本书,快乐共分享"活动,旨在丰富教师的教育理论,提升教师的实践经验,提高教师教育研究能力,推进课

程改革的进程，全面提高教育教学质量。通过全员泛读、深入精读、教学试点、反思固化，教师们的课堂教学发生显著变化，学生的课堂参与度明显提高。在此基础上，学校成立"原本读书会"社团，启用朗读亭，通过线上线下活动，促进教师日常读书、朗读，进而让学生参与读书和朗读活动，共建书香校园。

3. 传承与弘扬工读精神

我校的办学基础与最大特色是拥有一支"爱生敬业、主动担当、团结协作、坚守奉献"的教师队伍。教师与学生一起学习、生活，重视对学生的情感投入，不放弃任何一个孩子，与学生建立了兄弟姐妹、亲如一家的师生关系。

父母离异、单亲家庭、重组家庭……工读学校的学生，很多来自这样的家庭。找回他们所缺失的爱，就是我们工读学校老师最重要的工作之一。给学生掖被子、缝衣服、补袜子、带他们看医生，这些关心和爱护的细节，让孩子感受到最真切的爱。在工读学校里，如果没有这样的感情基础，任何教育方式的效果可能都大打折扣。

亲其师，信其道。工读学校老师的关爱，爱中有严、有公正、有进步激励、有价值教育，也让学生真心接受，而这奠定了教育转化的基础。

三、构建适合学生发展的德育目标工作体系

育人为本，德育为先。立德树人是教育的根本任务，德育工作是学校各项工作的基石。工读教育作为义务教育的重要组成部分，承担着教育有严重不良行为与轻微违法犯罪行为青少年的重要责任，更应将德育工作作为教育教学工作的重要部分。

德育目标是德育实践预先设定所要达到的境地和标准，是德育过程所培养学生思想道德品质的具体规格和要求。德育目标是教育目标在德育领域的具体化，向上承接教育目标，向下指导具体德育活动，是德育工作的首要和根本问题，具有导向、激励和调控功能，是德育工作取得成效的关键之一。其本质是德育价值的凝结，是德育活动中的价值枢纽。从德育目标的内涵与价值来看，德育目标在中小学德育工作中的地位应该得到重视和凸显。但是

从现实来看，一线德育工作者要么忽视对德育目标的研究，"埋头"搞德育实践，要么直接用国家层面总的德育目标指导学生的思想教育。这两种倾向代表着德育工作领域的两种认识偏差，即否认宏观整体目标（总目标）和漠视微观具体目标（分目标）的现象。这两种偏差均不利于德育工作：前者认为德育目标"高大空"，不能指导德育实践，故而弃用，容易迷失德育工作的政治方向；后者容易与各校具体实践相脱节，易造成德育活动低效。

因此，加强对德育目标的研究，探索德育目标分层管理，是改进学校德育工作的一个重要方面。对于德育工作在整体办学中起关键作用的工读学校来说，应根据中学德育总目标，制定学校和各学段的分目标，通过构建分层递进、组合有序、融合的结构体系，切实发挥德育目标的应有价值。

（一）构建工读学校德育目标体系的必要性

1.提高工读德育的针对性与科学性

《国家中长期教育改革和发展规划纲要（2010—2020年）》明确提出要"尊重教育规律和学生身心发展规律，为每个学生提供适合的教育"。从教育规律与个体差异来看，部分青少年由于青春期身心剧变、家庭与社会交往不良等原因，产生了心理与行为的偏差，养成了不良的行为习惯，甚至走到了违法犯罪的边缘，给社会造成了不良的影响。但这些学生同样是祖国的花朵，应该通过适合的教育方式，让其重新步入人生正轨。

在当前取消劳动教养、社区矫正还没有发挥应有作用的背景下，工读教育是比较适合这部分学生的教育形式。从身心发展规律，特别是道德发展规律来说，工读学校学生与普通学校学生相比具有完全不同的特点。因此，基于工读学校教育性质、任务与对象的特殊性，其德育目标、内容与普通学校存在一定差异，应该建立工读德育目标体系，以适合工读学生的特点，提高工读教育转化工作的科学性与针对性，发挥工读学校特殊的育人作用。

2.促进每一个学生在原有的基础上发展

从学生来源看，工读学校的学生与普通学校存在明显的差异。工读学校的学生大多是因为有不良行为，基于学生、家长、原校"三同意"

的原则,从各普通学校转入。这种情况下,即便是同班级的学生,在来源地和入校时间等方面也存在明显的差异,不同年级学生的差异更加明显。

因此,工读学校在德育目标建构时,应在充分研究各个年级学情现状的基础之上,按年级制定有针对性的德育目标与内容。再根据制定的内容与目标,对不同年级和不同年龄段的学生实行不同的德育主题教育,改善学生的不良行为,增强其社会适应能力,使每个学生在各自的基础上得到应有的发展。

(二)工读学校德育目标体系的基本结构

经过多年的研究与实践,构建工读学校德育目标体系,如图3.1。

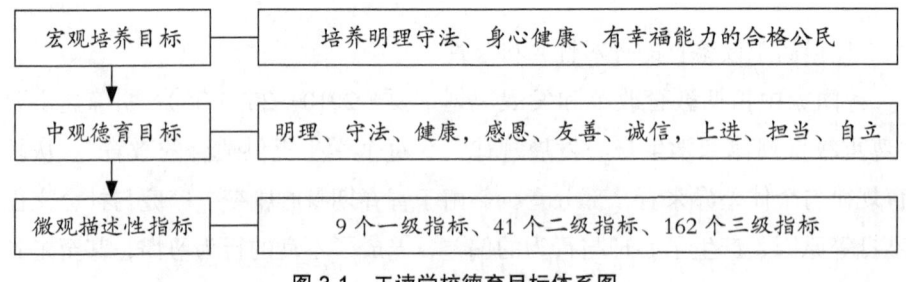

图3.1 工读学校德育目标体系图

1. 宏观培养目标

我校建校之初,招收的学生主要是违法犯罪青少年、孤儿及流浪儿;"文革"复办后学生主要是有违法犯罪、不良行为和严重不良行为的中学生;2000年以来,主要招收的是心理行为偏差、学习困难或有轻微违法犯罪的青少年。

从工读学校办学60多年的经历来看,教育对象虽然不断发生变化,但总体都是有严重不良行为或有轻微违法犯罪行为的学生,对工读学校学生的教育始终是"德育为先",而德育目标也应该是在国家中学德育目标指导下的具体的、符合工读学校学生实际的目标。

基于新时期党的教育方针——培养德智体美劳全面发展的社会主义建设

者和接班人，根据学生的特点，学校将学生的培养目标即总体德育目标确定为"培养明理守法、身心健康、有幸福能力的合格公民"。"明理守法"，即懂事理、明是非，做学法、知法、守法的中学生，指向的是工读学校学生最基本的培养要求。"身心健康"，即身体好、身心和谐，指向的是工读学校学生的心理行为偏差问题。"有幸福能力"，即有能力构建自己的幸福生活，指向的是工读学校学生幸福生活的潜能。"合格公民"是培养目标的最终落脚点，指工读学校学生毕业后能融入主流社会，做一个独立的、对社会有益的人。

2. 中观德育目标

基于社会主义核心价值观、学校宏观培养目标，根据教育部《中小学德育工作指南》中提出的中学生德育的总体性目标，结合工读学校学生的培养目标，学校将中观德育目标确定为"明理、守法、健康、感恩、友善、诚信、上进、担当、自立"，以中观德育目标作为学校具体德育工作的总纲，指导德育工作的开展，以达成学生的培养目标。

3. 微观三级指标体系

中观德育目标之下，全体教师从学校德育实际出发，经过多次研讨，确定了微观三级指标体系，共包含9个一级指标、41个二级指标、162个三级指标。一级指标对应的是9个中观德育目标，每个一级指标分级成若干二级指标，如第一个一级指标"明理"下设"明是非、行孝悌、有良知、懂礼貌、要勤劳、和为贵、守规矩、有责任、要勇敢、知荣辱、会分享"11个二级指标。每一个二级指标又分解成若干个可以观测、评价的三级指标。举例如表3.1所示。

表3.1 德育目标体系举例

一级目标	二级目标	三级目标
1 明理	1.1 明是非	1.1.1 能辨别是非对错 1.1.2 能知道得失 1.1.3 分辨得清好意坏意 1.1.4 听父母师长的话 1.1.5 能多和父母师长朋友沟通

(三）落实德育目标：让学生在成功中获得成长

通过多年教育实践，学校始终推行"用放大镜观察学生的闪光点，用显微镜发现学生的上进心，用发展的眼光看待每一位学生"的德育理念，广大教师也在学生消极情绪的背后，努力挖掘他们行为中的积极因素，并放大这些"闪光点"，给学生以足够的认可。

随着时代的发展，学校的德育理念进一步深化。2009年，学校明确提出"让学生在成功中成长"，其内涵是：以成长为核心，通过搭建和提供平台，让学生获得成功。结合多年实践，目前学校主要围绕以下5个方面落实德育目标。

1. 巩固工读传统养成教育、陪伴教育

（1）养成教育：培养学生良好行为习惯

养成教育是工读学校的德育特色，养成教育的推进，可以促进学生"明理""守法""健康""自立"。

第一，学校在日常德育课程中设有三餐队列行进、军事化内务整理等养成教育环节，通过卫生、队列、内务、文明、守纪的渐进养成，提高学生生活技能，培养学生基本素养和良好行为，奠定学生适应社会的基础。

学校所有集体活动均以队列形式进行，服饰仪表、文明礼仪、作息时间遵守等都以纪律的形式予以要求。生活纪律组每天对这些内容进行监查、打分，并利用"晚点名"时间进行总结、评比，每周汇总一次，每两周评比一次，颁发流动红旗。这些活动对学生的行为养成起到了明显的促进作用。

第二，教师在日常教学活动中，强调与养成教育融合。如，孙会平老师长期承担学校书法课程的教学工作，他把书法教学与学生的养成教育相融合，通过书法来培养学生的良好行为习惯，以书法促进学生行为的转变。

孙老师当班主任时，检查作业时发现绝大多数的学生字迹潦草，根本不好好写字。针对这一状况，他利用班会给学生讲写好字的重要性：字如其人，一个人的字能反映出个人的修养和品质，并且一个人字的好坏与学习习惯和学习成绩的好坏息息相关。利用每天晚上自习，孙老师让学生认真地写一篇小楷，写的内容是语文课本要求背诵的篇目，这样的做法一举多得，既促进学生掌握了语文知识，又提高了学生的写字水平；既培养了学生"静"

的优秀品质，又促进了他们良好习惯的养成。

第三，教师通过春游等实践活动，渗透养成教育理念，锻炼学生的意志力。

为了培养学生坚持不懈、勇往直前的精神，在一次徒步春游动员会上，教师提前为大家讲述了日本马拉松运动员山田本一通过分解目标赢得马拉松比赛的故事，引导学生学会分解目标，坚持不懈地实现目标。同时，在春游过程中安排游戏环节，设置印章奖励，激励学生坚持完成徒步活动。最终，全校师生历时三个半小时，顺利完成了10公里的徒步活动。这样的春游不仅是感受自然、放松心情，也是一次意志品质的养成教育。

（2）陪伴教育：构建严而有爱的生长环境

由于学生的特殊性，工读教师需要24小时陪伴学生，需要在情感上大量投入，与学生重建信任联结。

小班化管理，保证每位学生都能得到关注，建立亲密的师生关系。如前所述，工读学校每班的学生数在20人左右，每班配备两名班主任。两位班主任白天上班，晚间轮流值班，24小时陪伴学生，以便于及时发现并解决问题。学生始终浸润在老师的陪伴与关护之中，师生间有共同奋斗的经历，有在困难中的相互支持关怀。

教师各司其职，全方位关怀学生的学习与生活。心理辅导员定期与学生谈心，关注其心理状态；任课老师利用课余时间，给部分跟不上进度的学生补课；社团老师组织学生开展科技、舞蹈、体育等活动，丰富学生的校园生活。通过这些方式，让学生打开心结，让他们意识到自己被重视、被关注。

在陪伴教育过程中，也有学生出现逾假不归、逃学旷课、不接受教育等现象。如果说在日常教育过程中，需要教师的爱心、耐心、细心，那么从校外找回逃学的学生就是考验教师们的责任心。工读学校的教师，特别是班主任，都有着数不清的找回学生的经历。我们的学生在外一天，就有风险，把旷课的学生找回来，让他们能够正常地接受学校教育，是陪伴教育的基础，也是工读教育的基础之一。

2. 加强集体教育和同伴教育

工读教育先驱马卡连柯集体主义教育理论的核心内容是"在集体中，为了集体,并通过集体而进行教育"。我校继承了马卡连柯的教育思想,通过学生会、班级自主管理、共青团等形式,实现了学生之间的相互管理和教育,促进他律向自律的有效过渡,让学生进行真正的自我教育。

(1)学生会:让学生学会自我管理

学生会是工读学校学生进行自主管理、参与学校管理的主要途径。如第一章所述,工读学校在办学早期,就成立了学生自律组织——队长会议。我任校长后,在队长会议的基础上,组织成立了学生会。学生会每年进行一次改选,竞选要经过自主申报、班主任批准、德育处审核、演讲竞选、全体师生投票等环节。

在工读学校,成为学生会干部,为同学提供服务,已是相当一部分学生的价值追求。这些学生会干部已经成为校内优质的教育资源,在学生教育转化与和谐校园建设方面起到了重要作用。

与普通学校的学生会相比,我们的学生会成员要参与到每天的校园生活管理之中,包括校园巡视、维持秩序、服务和管理大型活动、帮助新生整理内务、练习队列、解决矛盾等。

要真正发挥学生自主管理和自我教育的实效,就要给学生真正的权力。我们学校的学生会干部有权处理违纪学生、组织学生活动,还有权对食堂、宿舍等生活问题与学校领导进行探讨与研究。

同时,学生会又是学生培养自我管理能力、沟通能力、表达能力等综合素养与展示自我的最佳平台。多年来,通过学生会这个平台,我们培养了一批又一批的优秀毕业生,他们走出校门后能以较强的沟通表达能力、组织协调能力,比同龄人更快地适应社会。这些年不时有好消息传回学校,这些学生不仅完成了个人的蜕变,更成为工读学校的骄傲。以下是曾经担任过我校学生会主席的小君在卸任时发表的演说,从中我们可以看到学生会对学生自我教育的作用。

学生会主席小君的卸任演说

尊敬的各位领导、老师,亲爱的同学们:

大家好!

我是第十五届学生会主席小君,很高兴在第十六届学生会就职仪式上发言。

时间过得好快，借用庄子的一句话，"若白驹之过隙，忽然而已"。从今天起我就要卸下主席这个职务了，大家就可以叫我"前任"了。

记得初二来学校的时候，我是一个特别爱冲动的孩子，和同学、老师、班主任都有过数不清次数的冲突，所以，在这儿首先要感谢班主任徐恩会老师5年来的包容与教育。他鼓励我去学生会锻炼锻炼自己，三年前，我申请加入了学生会。

回顾这三年，我很庆幸加入了学生会，可以说学生会改变了我的一切。首先，我不再那么冲动，有问题的时候开始想办法解决，冲动解决不了问题。在学会生主席这个岗位上，我不断地在寻找和改变自己的管理方式，让自己适应，也让搭档适应，不断地去磨砺自己。其次，我不再害怕说话和交流。三年前，我无法想象到我可以站在这里像今天这样侃侃而谈，我想以前经常冲动与不会表达和交流也应该有一定的关系，能说出来也就不用冲动了。再次，学生会让我对"工作"有了一定的理解和感受。其实，学生会的值班工作有时候是无趣的，好多工作也都需要占用休息娱乐时间，有时候一些方案和工作安排，我会在周末完成，这让我感受到工作的不易。但付出总有回报，换到三年前的我，怎么也不会想到我能担任学生会主席这一神圣的职务！我想这对我以后的工作一定有很大的帮助。所以，今天在这个场合，我要衷心感谢学校给我这样一个锻炼的机会，也想借机感谢王会军主任与郑寿生老师，三年来他们给了我很多特别具体的指导。

回顾这三年，我和学生会的每一位同学在学校的每一个角落里都留下了很多美好的记忆。第十六届学生会成员大多都是我的搭档，在这里，我有几句话想送给你们：

第一，一定要有责任心。责任心是做好一切事情的根本，学校、老师交代的任务一定想办法做好。

第二，一定要懂得感恩和珍惜。没有这个平台，我们就没有这个锻炼的机会，所以一定要珍惜，吃得了苦，站得住岗。

第三，一定要自信。其实站在这里，我总能想起在两年前竞选副主席的时候，小哲同学在台下问我的一个问题：你觉得你比学生会的每任主席强在哪里？当时的我绕着圈回答了这个问题，但问题却一直在我心底不断盘旋，到现在，我终于想明白这个困扰了我很久的问题。我的答案很简单，只要你存在于当下，着眼未来，做最好的自己就好！

你们才刚刚开始，但是我相信，你们一定会是最棒的！

在这里我也想代表第十五届学生会向大家说声感谢，谢谢大家对第十五届学生会的支持，谢谢大家对我的鼓励，谢谢！

最后，希望大家一起努力，让学生会越办越好！让我们的学校越办越好！

2021 年 3 月

（2）班级民主化管理

为了让我们的学生得到有效的教育转化，学校鼓励每个班级在"办适合我们学生的教育"目标的指导下，探索适合自己班级学生的班级管理模式。

探索一：基于小组合作的班级自主管理模式

《新课程标准》明确指出教师是决策者，而不再是一个执行者。在这个理念倡导下，自主学习、合作学习、探究学习成为新课改的三大学习方式。有教师在班级管理实践中，将小组合作和班级自主管理两种方式结合起来，采用基于小组合作的班级自主管理模式进行班级管理。即根据学生的不同特点将班级学生分成若干个同质组，组织小组成员按照一定的规则，一起参与学习、活动，积极参与到班级管理之中，从而增强班级管理的效果，并在共同完成任务过程中，培养学生的自主意识、合作意识、自我管理能力和团队合作能力。以下是我校某一职高班级基于小组合作推进班级自主管理的策略：

一、了解学生是分组的基础

在基于小组合作的班级自主管理模式的学生分组中，教师首先对班级学生逐个进行了家访，通过家访详细了解学生家庭构成及学生幼时成长中出现过的问题。之后通过查阅学生入校档案、心理测试报告和对学生初中所在班级班主任进行访谈，详细了解学生心理、行为习惯等问题，分析其成因。这是进行学生小组分组的重要基础和先决条件。

二、正确把握小组建立的时间

班级小组的建立时间一般在开学后的第三周，选择这个时间节点是因为班级学生在分组之前需要时间相互了解和熟悉，教师也需要时间对学生进行观察，以便更直观准确地了解和掌握学生问题。

三、分组策略要因班级情况而异

在班级小组建设中，可能存在的问题有：来自不同初中班级的学生对班级文化的认知不同，导致建组伊始的融合容易出现问题；男女生比例、男女生交往，也是影响班级团结的重要因素；部分学生由于性格内向等原因，在小组中严重缺乏存在感，需要获得更多的关注；部分学生学习习惯较差、学习积极性不强，与班级小组整体目标和发展规划存在冲突。因而，在分组时要针对具体情况具体分析，发挥学生的优势，让他们在更好地为班级服务的同时，体验在成功中成长。

四、合理分组，科学量化管理是关键

在传统的学校教育中，班级内的评价主要是依靠教师主观评定，评定结果难免受教师的情绪、个人情感等因素的影响。为了最大限度地避免教师个人因素影响班级内的评价，需要建立科学合理的管理制度，制定可量化的管理方式。即各小组从课堂学习和德育要求（内务、队列、卫生等）两方面进行量化评比，由班长进行统计汇总，并受各小组长监督。

合理分组，促进融合。为了更好地促进不同学生的融合，班级分组方式一般为每组5—6人，每组选定组长一名，主要负责小组的日常管理和组内学生间小矛盾的调解。为了进一步达到班级自主管理，除组长整体对小组管理、调解外，在学生中间还要有属于他们自己的核心组织。通过自主报名、师生筛选，最后确立2—3名女生、3—4名男生组建班级学生核心组织——第三调解室。第三调解室主要负责班级事务、调解学生间矛盾、缓和学生情绪、组织班级活动等。一方面使不同层次的学生相互影响，相互帮助，团结协作，共同进步，另一方面也有利于小组间平等地展开竞争。

小组凝聚，形成合力。小组成立后，班级要开展以小组为单位的各项趣味活动，项目包括各种有竞争力的、能体现小组凝聚力的竞赛，如自由落体、你画我猜、视力大比拼等。通过有趣味的小组竞赛活动达到促进小组学生间融合，形成小组凝聚力和荣誉感的效果，并且初步形成班级小组间的竞争机制。这些活动可以增进学生间的了解和信任，增强班级的凝聚力，进一步提高学生对集体的归属感和认同感。

小组评价，明确奖惩。班级小组评价采用"积分限购"的方式，每周一评，通过常规（内务、队列、卫生等）、学习（课堂状况）等方面的量化评比，排出班级小组名次，分三档进行奖励。同时排名靠后的小组，要利用周五放学的时间进行总结会，查找主要问题，制定下一周的整改措施。这种有区分的奖惩制度，激发了学生上进心，逐渐形成了班级小组间的良性竞争机制。

五、及时总结，反思矫正促进提高

每周一召开班级组长会议，讨论上周各组出现的问题和解决的办法，总结班级活动的完成情况，了解班级整体状态，以及下发本周班级任务等等。每次会议都有记录、有主题。通过组长会议制度，以点带面，带动班级整体稳步发展。

小组管理成员要分别在期中和期末进行两次全面总结，总结可采用"2+2模式"，即组内每名同学给本组其他同学提出两条优点和两项合理化建议，全组成员交流结束后，每人再根据其他人给自己提出的建议和问题，讨论整改方案。这种形式既提高了组内学生间的了解，又能及时发现潜在问题，并且通过评议交流活动，逐渐教会学生如何正确地、正面地对他人提出有效建议。

六、自主管理，细化分工是措施

在传统的学校教育中，班级很多时候只是依靠几个"能力强"的学生在辅助班主任维持班级运转。为了改变这种现象，在建班伊始，班级需要出台各种任务细则，把班级任务和日常工作最大限度地细化，让每名学生至少在班级中负责一件"小事"。这样既培养了学生的做事能力和责任感,又提高了学生的归属感和集体意识,班级真正做到"事事有人管,人人有事做"。

探索二:精细化班级自主管理模式

精细化管理理论源自科学管理之父——弗雷德里克·温斯洛·泰勒的工时研究。它不仅是一种企业管理的先进理念,更是一种文化的体现,被广泛借鉴、运用到其他领域和行业。朱婧在《浅谈班主任工作中的精细化管理》中从宏观和微观两个层面对班级精细化管理进行了阐述,强调要"三精三细",即在管理中既要做到精心、精致、精益求精,又要做到细致、细心、细雨润物。

为改变传统班主任"看、管、压"的管理模式,实行班级学生自主管理,有教师开始精细化管理模式的实践和摸索。

选择精细化管理模式是基于本班学生的年龄和心理特点,并试图通过这种管理方式,培养学生的集体责任感与主人翁意识:使每个学生都有存在感,对班级的每个事务都有参与的权利,使最弱小的孩子在班会和集体场合都有话语权,创建和谐民主的班级氛围。

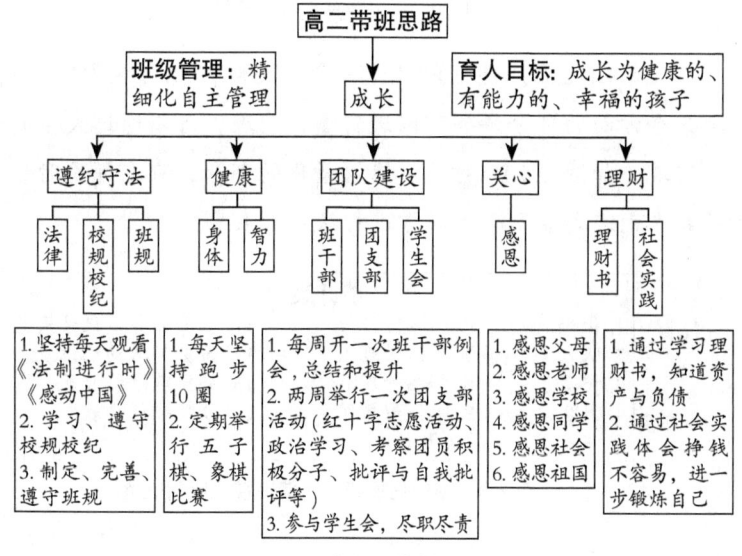

图 3.2 班级总体带班思路

如图 3.2 所示，这一班级总体目标是成长。成长的五个维度分别是遵纪守法、健康、团队建设、关心、理财，每个维度下有各自需要完成的项目和详细的要求。例如，在团队建设方面有班干部、团支部、校学生会成员管理等三个小的方面的建设，分别由班长、学生团支部书记、学生会主席负责；遵纪守法设有遵守法律、遵守校纪校规和遵守班规三个维度。再往下细分，守法方面的教育措施有定时收看《法制进行时》（警醒）、《感动中国》（正面引导）和励志类节目等。精细化自主管理模式正是实现带班目标的保障，与此同时，班级的整体环境为实现班级管理模式提供了必要的条件。

如图 3.3 所示，精细化自主管理模式的总体思路就是以学校的常规、团队建设、班级事务三个方面为抓手，营造"人人有事做，事事有人做，人人都是管理者"的班级氛围。

学校常规	团队建设	班级事务
1. 出勤　6. 队列	1. 班干部	1. 账目管理　6. 物品管理
2. 内务　7. 练字	2. 团支部	2. 多媒体管理　7. 花草管理
3. 卫生　8. 眼保健操	3. 学生会	3. 生活管理　8. 帮老师打水
4. 纪律　9. 校歌		4. 图书管理　9. 活动照相
5. 学习　10. 课堂反馈表		5. 棋盘管理　10. 班级常规统计

图 3.3　班级管理的主要任务

在此基础之上，就可以具体考量实施精细化自主管理模式的细节。以上三个方面的部分事务可以进行量化处理，可以通过大量的数据统计表来实现（如图 3.4）。对于不能够量化的部分，可在评价时针对开展活动的效果由班委会和全体同学进行认定和表彰。

统计表		
1. 出勤表	6. 练字统计表	11. 班干部会议记录表
2. 队列表	7. 生活管理表	12. 团支部活动记录表
3. 纪律表	8. 物品管理表	13. 早操跑步统计表
4. 卫生表	9. 眼保健操统计表	14. 分数统计总表
5. 学习表	10. 账目表	

图 3.4　精细化班级自主管理模式所需表格

前期的准备工作需要班主任和班干部反复商讨,对需要细化的项目进行取舍。在做完基础工作的基础上,再进行分工、统计、奖惩等。

明确分工。分工采用认领的原则,最后经班委会和班主任老师进行调整和确定相应人选,如图3.5。

```
                    具体分工
1. 出勤(小辰)     6. 练字(小荣)      11. 班干部(班长小麒)
2. 队列(小文)     7. 生活管理(小昕)  12. 团支部(团支书小轩)
3. 纪律(小渝)     8. 物品管理(小杰)  13. 早操跑步(小博)
4. 卫生(小强)     9. 眼保健操(小傅)  14. 分数统计总表(小辰)
5. 学习(小帅)    10. 账目(小雨)
```

图3.5 精细化班级自主管理模式具体分工

数据统计。统计分为每日、每周、每月三个层次。每日一统计、每周一小结、每月一奖惩。每日统计由班长负责,在全体同学在场的情况下,负责同学利用晚自习时间进行分项统计,统计过程同步显示在班级教室的电脑上,接受全班监督。每周的数据到了周末自动合成,一个月之后每个学生的分数一目了然,所有的表格由同学进行存档,备查。之所以采用这样的统计周期,既考虑到对同学认可的及时性,也让学生学会延迟满足。

奖惩与评价。精细化班级管理执行的是每日一评、每周一罚、每月一奖。学生在课堂、卫生、内务、队列、锻炼身体等方面的表现,可以通过每天的分数清晰直观地展现。每日晚班会时,班长需面向全班进行有针对性的点评,班主任进行一日总结。每月的奖励、奖项设置如图3.6,可以针对班级和学校开展活动的情况进行调整。

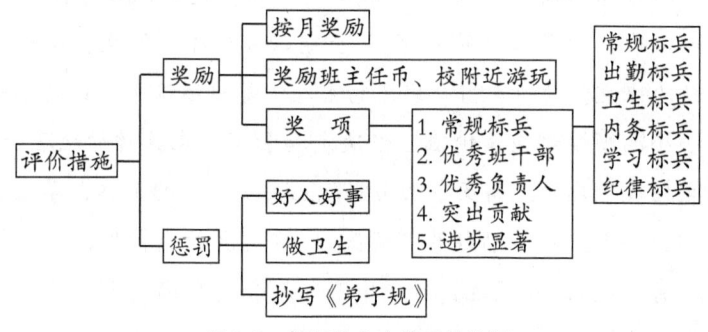

图3.6 精细化自主管理的奖惩

奖励的项目有各方面标兵的荣誉、优秀班干部和优秀负责人荣誉等，必要时进行调整，比如运动会后会增加突出贡献奖。如果学生在某些项目扣分较多，由班委会商定处罚。惩罚项目由学生自选，可以选择用做好人好事、劳动替代。

在这一管理模式中，该班还探索出"班主任币"的奖励制度，如图3.7。学生对班主任币的使用，没有特殊限制，只要不违背校规校纪，可以提出自己的要求，和班主任进行协商，这对寄宿制的学生有很大的吸引力。有同学利用班主任币换取一次外出的机会，还有同学则用班主任币换来一次在班主任办公室使用手机的机会。但为了避免班主任币的乱用，班主任币的使用采用实名制。

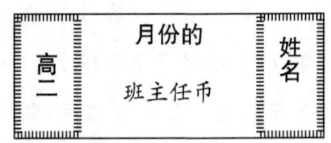

图 3.7 班主任币设计样式

设置恳谈本。在实施精细化自主管理的过程中，也出现了诸多问题。在执行的过程中，部分班干部存在不会变通的问题，导致在制度执行过程中，学生产生抵触情绪，影响班级和谐氛围。因而，班主任通过设置恳谈本，创造平台让学生把心中的情绪定期表达出来，班主任也会在恳谈本上进行定期反馈。这样，班级管理既有制度的严密性，又增加了人性的色彩。

苏霍姆林斯基曾说过："我深信，只有能够激发学生去进行自我教育的教育，才是真正的教育。"长期以来，许多学生、家长甚至老师一直认为班主任理所应当是班级的主人，是班级这个小家的家长，班级大大小小的事情都应该由班主任决定和管理。在这种管理理念的作用下，班主任成了表面上高高在上而实际上身心疲惫的个体，学生也成了听任安排、缺少主观能动性的"顺民"，这是老师、学生、家长所不愿接受的教育"成果"。通过在实践中不断磨合，我们发现班级民主化管理更适合工读学校的学生。

3. 大力发展社工、红十字等德育特色

"蒙尘花朵"需要更多的养料，特殊的学生呼唤特色的教育。在"适合我们学生的教育"理念的指导下，近年来，学校积极探索工读学校教育途径，发展出心理、科技、法治、社工、红十字、校园足球6种适合工读学校学生的德育形式。可以说，每发展一种新的特色教育，就为学校的"适合教育"增加了新的内涵，也带来学校办学品位的显著提升，为孩子们打开了一扇又一扇教育之窗。

一是巩固心理教育，为学生的个性发展护航。如前所述，我校形成了涵盖心理评估、心理档案、心理课程、"个体—团体—家庭"心理辅导等多层次的心理服务体系，创造出心理辅导员、"心情天气预报"、个体成长小组等多种适用于工读学校学生的科学化心理工作方法。

二是基于学生动觉型认知特点，大力发展科技教育。建立多间科技教室，开展科技节、科技嘉年华、科技智慧擂台，让学生"在做中学""在情境中学"，并通过科技比赛提升学生的成功感与获得感。

三是开展法治教育，筑牢青春的防线。建立法治基地、法治教育实验班，通过晚班会、法治课程、法官进校园等措施，促进法治教育日常化、系列化、社会化。

四是引入社工，促进家校联结。2014年，我校在北京市率先引入了驻校社工，开展学生个案辅导、小组活动、家长亲子教育等工作。驻校社工在双休日组织家长做亲子教育辅导，组织学生参与城市历奇、奉粥、烘焙等活动，有效补充了学校教育，缓解了"5+2<5"的问题。另外，由于社工的特殊定位，学生一些隐蔽的问题、校外的涉法行为，是社工最先发现并干涉的，避免了一些不良影响事件的发生。社工发挥链接资源的优势，解决了学校、家庭、个人单方面想解决但很难解决的问题。

五是以红十字教育带动学生教育转化。引入红十字"人道法""青春善言行"和应急救护等项目，促进工读学生弘扬"人道、博爱、奉献"的精神，重塑正确的世界观、人生观、价值观。

4. 活动育人

活动育人是工读德育的重要抓手。根据班级具体情况及学生特点，学校开展了以节假日、纪念日为主要内容的主题活动，围绕日常学习生活的常规活动以及班级活动等一系列活动形式，培养学生做事能力和合作能力。如表3.2。

表3.2 学校活动育人项目

形式	类别	具体内容	时间	活动目标
主题活动	传统节日纪念日	春节	寒假前	学习传统文化 了解民俗民风 感恩教育 改善亲子关系
		劳动节	5月1日	
		清明节	4月5日前后	
		端午节	农历五月初五	
		国庆节	10月1日	
		母亲节	5月第二个周日	
		父亲节	6月第三个周日	
	传统活动	运动会	4月份	活跃课余生活 优长发展 培养集体意识 培养环保意识 促进团员成长
		春、秋游	5月份、11月份	
		卡拉OK	10—11月份	
		团员活动、跳蚤市场、美食节	择期	
		迎新年活动	元旦前	
常规活动	一日常规	遵守作息时间	每天	培养规范意识 培养良好习惯
		三餐、两睡、两操		
		内务整理		
		劳动卫生		
	实践	咖啡屋、学生会实践		提升综合能力
班级活动	常规晚班会		每天	总结一日学习生活 开展主题教育
	主题教育班会		每学期一次	落实分阶段分主题教育
	班级外出活动		择期	集体教育与个人发展

学生们通过活动的各个环节，拥有了独特的成长体验。例如有的班级组织了鸟巢参观体验活动，参观三维（3D）美术馆培养了学生发现美、创造美的能力，体验现实虚拟技术（VR）让学生感受科技的进步与知识的重要性。此外，参观活动加强了班级学生之间的融合，形成了更加和谐的班级氛围，提升了班级凝聚力，促进了班集体的建设。活动结束后，教师组织学生利用晚班会时间讨论收获，并撰写活动总结。班级还将学生拍摄的比较好的3D照片打印，制作成展板在校园中展示，培养学生专注力和踏实认真的做事习惯。

除此之外，我校团委还根据学生特点，开展了其他丰富有趣的活动，受到学生的一致好评。

（1）跳蚤市场义卖活动

每年10月中旬，学校都会举办义卖活动。活动全部由学生自己策划准备：安排各班准备义卖的物品，为物品定价格、贴标签，绘制海报，安排摊位的位置，设置"银行"取钱点，就连活动中的代币都由学生自己设计。学生在这个活动中组织策划，分工协作，锻炼了组织、合作以及语言表达等能力。

（2）美食节活动

2016年11月，学校举办了美食节活动，活动充分调动了学生的积极性，使学生更有集体意识，找到组织的归属感。活动当天，学生准备食材，分组学习食品制作，制作食品，供其他学生"购买"。

美食活动节时，学生们的出色表现给人留下了深刻的印象：为了烤出美味的香肠，有的学生一天都没有离开烤箱；有的同学一直在洗菜，小手冻得通红；负责叫卖的学生嗓子已经沙哑。虽然过程中充满了艰辛，但每位参与学生的脸上都洋溢着笑容。

（3）团员活动

一年两次的团员发展会是我校的特色。除了入团仪式相关的会议程序，我们还加入团员的节目表演。上台表演的节目由团员自主编排，在编排的过程中学生能学习团的历史，提升个人创意、表达、组织等综合能力。最后的舞台亮相，集中展示了孩子们的准备成果，增强了他们的团员意识和荣誉感。

每年下半年，我校团委都会组织团员参加外出拓展活动。拓展活动当天，学生们不畏艰难，团结互助，开动脑筋，积极参与各项活动。令人印象深刻的是一次户外拓展活动，内容为全体参与高空项目。在教练的引导下，团员们充分展示了自己不怕困难的精神，相互鼓励，有序快速地完成了此项活动。

5. 德育主题教育

前面，我们已经初步谈了学校德育目标体系的构建。近几年，我们以班级为主体继续推动德育目标落实落地。

（1）依托班级落实"德育目标清单"

以班级作为德育主题教育落实的主阵地，将德育目标的9个一级指标按照学生成长需要，分年级、分学期落实到各班之中，如表 3.3 所示。

表 3.3　2020 年 9 月在校班级具体德育目标落实清单

班级	第一学期	第二学期	第三学期	第四学期	第五学期	第六学期
初一	明理、守法、健康		诚信、友善、上进		感恩、自立、担当	
二（1）	明理、守法、健康	诚信、友善、上进	诚信、友善、上进	感恩、自立、担当	离校	
二（2）	明理、守法、健康	明理、守法、健康	诚信、友善、上进	感恩、自立、担当		
二（3）	明理、守法、健康	诚信、友善、上进	诚信、友善、上进	感恩、自立、担当		
二（4）	明理、守法、健康	明理、守法、健康	诚信、友善、上进	感恩、自立、担当		
三（1）	诚信、友善、上进	感恩、自立、担当	离校			
三（2）	诚信、友善、上进	感恩、自立、担当				
三（3）	诚信、友善、上进	感恩、自立、担当				
三（4）	诚信、友善、上进	感恩、自立、担当				
高一	诚信、友善、上进		诚信、友善、上进		感恩、自立、担当	
高二	诚信、友善、上进		感恩、自立、担当		离校	
高三	感恩、自立、担当	离校				

从表 3.3 中可以看出，9 个德育目标在各年级、各学期的分布是有差异的。这主要是由于工读学校的学生均转自普通学校，入校时间上有差异，多数是初一、初二转入工读学校，部分是初三转入的。德育目标落实清单安排的总体原则是加强对新转入学生、低年级学生的"明理、守法、健康"主题教育，对入校时间长或高年级学生安排的是"诚信、友善、上进"与"感恩、自立、担当"教育。另外，即便是同一主题（如感恩），在不同年级教育深度也是有所差异的。

在班级落实清单的过程中，要求各班做到"四有"：有启动、有过程、有展示、有评价，如表 3.4 所示。

表 3.4　班级主题教育落实"四有"要求

"四有"要求	"四有"要求具体内涵
有启动	有仪式感的启动仪式，使学生和任课老师都能明确本学期的主题教育要落实的点，怎么去落实，如何来评价
有过程	将主题教育贯穿在班级管理和学生教育之中，以主题教育为引领促进班级建设。如，要求每周有两个晚班会，班主任围绕主题进行宣讲；班级出现学生问题或特殊事件，围绕主题进行"一人一议""一事一议"；要求各班每学期组织两次德育目标相关主题活动，落实主题教育
有展示	每学期召开一次展示主题班会，全体班主任观摩，展示班级主题教育成果
有评价	期末各班要提交学期主题教育总结，并对本学期学生在主题教育中的收获有科学合理的评价。学校每学期组织班主任召开主题教育成果交流会，评估各班主题教育开展情况

在"四有"要求中，最重要的是"有过程"。以下是我校初一班（新生班）在2020—2021学年度第一学期落实"明理、守法"主题教育的实践情况。

一是通过日常晚班会宣讲"明理""守法"及其二级指标、三级指标。①播放抖音"益点正能量"视频。视频展示当今社会中的一些热点话题和突出现象。学生观看正能量视频，谈感受，学会明辨是非、遵纪守法。一学期以来，共收集、观看视频10个。②讲故事。教师分享《上10堂说故事的哲学课》一书中的小故事，组织学生讨论发言，教会学生要勤劳、守规矩、有责任。③形成规范。组织学生根据二、三级指标，形成本班的"明理、守法"规范。

二是召开主题晚班会。主题晚班会虽然是班主任一人组织、无人观摩，但也注重设计和系统性。以"明理"的二级指标"和为贵"为例，该晚班会不只是单纯的解读和举例，而是首先从日常学生生活中"祸从口出"引出班级同学间的矛盾点，而后强调交往中的三条底线，最后借用谚语"物以类聚、人以群分"，来激励和谐集体形成。

三是组织主题教育专项活动。①主题建队活动。以"明理"二级指标"知荣辱"为主题，组织学生到辛亥革命滦州起义纪念园开展建队活动。学生学习革命故事，联系到在日常生活中要知荣辱，并且要把正确的荣辱观带到日常表现中来。②主题班会。同样，以"明理"二级指标"知荣辱"为主题，举行主题班会，讨论生成初一班荣辱观。③参观法治基地。针对"守法"德育目标，组织学生参观海淀区法治教育基地，增进学生的守法意识。

（2）生活组晚点名重点宣讲

生活组老师的晚点名，每周至少有1次涉及主题教育的内容。以《弟子规》为依托，把其中有关"明理、守法、健康；感恩、友善、诚信；上进、担当、自立"的内容提取出来，结合相关主题的班级具体情况，深刻剖析学生中存在的具体问题。

（3）其他方面的渗透

任课老师了解所教班级的主题教育内容，并在课堂上有意识地进行相关方面的思想引领。心理老师、社工制定学期计划，组织活动时要结合德育目标开展，与班级主题教育内容相符合。

总之，主题教育是德育目标的主要实现路径，一学期每班至少组织20次主题晚班会，全校开展主题教育班会240次以上；各班每学期至少组织1次展示班会，全校开展12次以上；每班每学期都会举行主题教育的启动仪式，召开总结班会，全校举行启动仪式12次、召开总结班会12次；生活组利用晚点名时间开展主题教育，每周至少1次，一学期开展20次以上；全校每学期召开一次"主题教育"研讨会，全部德育人员参加，各班交流开展主题教育的经验，一般集中一天的时间。系列化、科学化地开展主题教育有效促进了各级德育目标的达成。

四、创设适合学生成长的课程体系

2017年，基于我国教育目标和中国学生发展核心素养，结合我校学生特点，通过师生广泛调查、行政会研究，学校确定了育人目标：培养明理守法、身心健康、有幸福能力的合格公民。

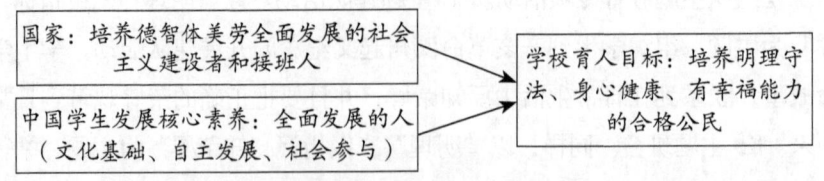

图3.8　学校育人目标的基础

几年来，我们的育人目标已经被师生熟知，非常符合我们学校学生的特点。学校的育人目标是需要通过课程来实施的，课程最终达到的目标应该与育人目标相一致。2020年，行政会研究决定，学校的课程目标也确定为：培养明理守法、身心健康、有幸福能力的合格公民。

因此，我们的课程最终要在"适合的教育"指引下，把学生培养成社会主义的合格公民。"合格公民"是"社会主义建设者和接班人"在工读学校情境下的具体化表达，符合工读学校学生的身心发展特点和能力水平。

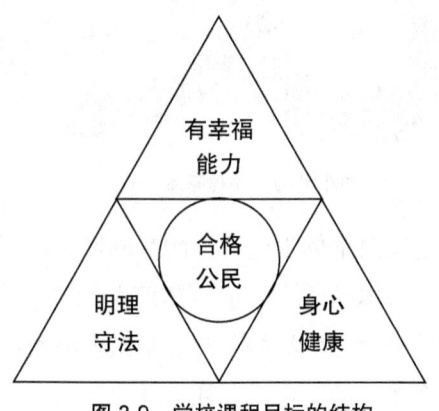

图3.9 学校课程目标的结构

在"合格公民"前的三个词，是我校重点关注的学生素养。

"明理守法"是基础。我校教育的基础性任务就是教育矫治学生的不良行为，让学生做到明理、知法守法。

"身心健康"是保障。健康不仅是没有疾病，而且是身体健康、心理健康和社会适应的良好状态。身心健康是人们正常从事学习、生活的保障，也是学校教育的重要任务；促进学生学会与人交往，正确处理师生关系、生生关系、亲子关系，奠定学习、生活、交往等方面的能力，为未来的社会生活做好准备，也是我校教育的重要任务。

"有幸福能力"是追求。幸福是人类行为的终极目标和行为动机的真正本质。教育的重要目的是使学生获得幸福。发现幸福、获得幸福、拓展幸福的能力需要教育者有意识地去培养。让学生具备基本的知识技能、良好的行为习惯、优良的道德品质，具有一技之长和可以指引人生的爱好，以及主动建构自己未来幸福生活的能力，是我校教育的价值目标。

（一）课程基本结构

依据课程目标，基于工读学生特点与多年的工读教育实践，从总体上将工读学校课程分为两大类：基础合格课程与优长发展课程，如图3.10。

图3.10　课程基本分类

基础合格类课程是面向全体学生开设的基础性必修课程。旨在培养学生基础知识、基本技能、基本品质，矫正不良行为，调适心理困扰，养成体育锻炼习惯，奠定学生适应社会生活的基础。基础合格类课程包括国家必修学科课程，也包括品德修养、健康生活、社会适应、艺术审美、自我价值等其他面向所有学生实施的校本类课程。

优长发展类课程是面向某一类学生或学生个体开设的选择性课程。面向某一类学生开设的课程，旨在培养良好兴趣、良好行为习惯和良好品质，提高学生的身体素质和身心和谐度，奠定学生自主发展、自我成长的基础。面向学生个体，要让每一个学生都有一项优长项目，让每一个学生都具备一种优秀品质，让每一个学生都在学校找到价值空间，奠定学生未来拥有幸福生活的基础。优长发展类课程涵盖活动育人课程、德育主题教育课程、幸福心理课程以及科技、足球等特色课程。

（二）基础合格课程

清晰的课程框架是基础课程实施的前提与保障，但是，更为主要的是如何在实践工作中切实落实。我们主要解决了三大问题，即学什么，怎么教，如何评。

"学什么"研究中，我们强调的关键词是"适合"。即我们的学习内容必须适合学生的现有基础和发展需要，主要通过整合国家课程和研发校本课程两条途径推进。截至目前，我们的国家课程整合已经全面完成，并完成了三轮实践。同时，我们还研发出50多门深受学生喜爱的校本课程。

"怎么教"研究中，我们强调的关键词是"促进"。即我们的教育理念、教育技能必须能够促进学生学习主动性的提升，良好学习习惯的养成和基本学习技能的形成。这项研究我们主要通过团队的力量进行。

通过多年研究与实践，我校教师已经形成了合适我校学生特点的50多种课堂教学策略，实现了"友善用脑理念"所倡导的：如果学生不能适应我的教学方法，那么就让我教会他们以他们自己的方式去学习。

"如何评"研究中，我校始终强调评价的目的是促进学生的发展。海淀工读学校学生的特点是注意力集中时间短，平均不到8分钟（同龄人为15分钟）。因而，及时有效的反馈与评价对他们更为重要。自2009年，我校开始研究基础合格类课程的评价，经过多年的实践，形成了适合工读学校学生个体和班级的评价模式。关于"如何评"的问题，本章后续部分将详细阐述。

（三）优长发展课程举例：科技类纸飞机课程

纸飞机课程是我校开发较早、较为成熟的科技类优长课程，是指以纸飞机的设计制作、调试飞行，以及相关活动组织为主要内容的课程，亦包含橡筋动力飞机、模拟飞行等内容。

1. 纸飞机课程的开发背景

科技素养是现代人的基本素质，加强中小学科技教育是时代的抉择。现代科学技术革命使人类社会的各个领域都发生了根本性改变，许多国家和地区都提出长远战略构想。邓小平同志多年前就曾提出："科学技术是第一生产力。"科教兴国是国家发展的重大战略。十年树木，百年树人，要实现科教兴国、提高全民族的科学文化素质，就要广泛开展科技教育，使青少年从小接触科学技术知识和技能，了解科学技术的产生和发展过程，培养他们的科技意识、科技技能和创造能力。

科技教育为我校学生提供个性化选择，创设了展现自我的新舞台。建校以来，我们一直努力探寻帮助学生良性转化的途径和方法。2005年学校启动科技教育，围绕学生的兴趣、特长，组织开展校内科技竞赛、科技制作、参观科普场馆、参加校外比赛等活动。这些活动不仅丰富了校园生活，更给学生创设了体验成功、感受快乐的平台。有些学生在参加科技活动后，行为习惯、自我约束能力都有明显提升，自信心和荣誉感逐渐恢复。

我校科技教育的实践与探索。2005年，我校创建技能教室，拉开了科技教育的帷幕。自2006年首次组织学生参加科技竞赛以来，在北京市和全国比赛中多次取得第一，参赛选手开始自觉严格要求自己。以小廷同学为例，他从退学的边缘转而安心学校生活，积极上进，成绩上升到年级前列。2008年，学校尝试把科技课排入课表，科技教育从课余走入课内，从满足部分学生个性需求转向普及提高，受到学生的欢迎和好评。在教学实践过程中，航模活动逐渐系列化、系统化，逐步形成纸飞机课程，实践效果良好。

2. 纸飞机课程的理论基础

动手动脑能有效促进少年儿童的智力发展。苏联教育家苏霍姆林斯基曾经说过："儿童的智慧在他的手指尖上。"他观察到，那些双手灵巧、热爱劳动的学生，能够形成聪敏的头脑，养成爱好钻研的习惯。但这里所说的劳动，不是指简单的机械化操作，而是指充分发挥大脑的思维功能、手脑紧密联系的手工制作。手的一举一动及时传递给大脑，大脑又不断地检验、纠正，指挥手改进劳动程序或制作方法，这样反复进行多次，儿童就可以在劳动中增长智慧，逻辑思维能力就逐步提高了。学生的手工劳动是复杂的协调运动，除能训练大脑外，还能训练小脑，使脑神经对形状、大小、曲线、色彩辨认等功能得到训练，不但能使学生加强小肌肉小关节的锻炼，也能让大脑综合全面机能得到训练，促使智力发展。

低起点、小步走、及时反馈，有利于维持学生的兴趣和热情。我们的学生注意力集中时间短，兴趣容易转移，所以每次活动时间不能太长，活动内容不能太复杂，一般需要能很快看到效果。这样容易激发学生兴趣，及时体验到成功和快乐，避免半途而废。

3. 纸飞机课程的目标

课程的主要目标是让学生愿意参与科技教育活动，让他们在活动中实践发展，在体验中有所转变提高，不断成长进步。

图 3.11　纸飞机课程的目标

4. 纸飞机课程的结构

纸飞机课程通过课内、课外相结合的方式实施。课内面对全体学生，每周一节课，重在普及；课外以社团活动和周二、周四下午的校本课程形式出现，面向兴趣较浓、有特殊需求的学生，重在提高。

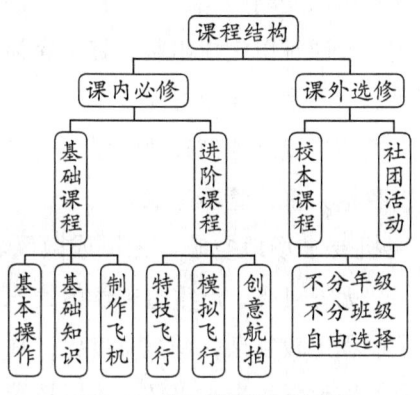

图 3.12　纸飞机课程的结构

5. 纸飞机课程的实施过程

2006年，我校学生首次参加科技竞赛，就在北京市和全国比赛中均取得优异成绩。学生在参加科技活动前后，自律性、荣誉感、上进心等都有显著进步。小廷同学连续夺取北京市和全国比赛第一名后，又获邀参加索尼探梦科技馆的特展活动，找回了久违的自信，积极改善同学关系，从濒临退学，变得积极进取，安心学校生活，学习成绩迅速上升。这坚定了我们推广科技教育的信心，尝试组织开展无线电测向、纸桥承重等活动。

2008年，科技课排入课表，科技教育活动从满足部分学生的个性化需求，转向面对全体学生，此时我们遇到了第一个困难：教学内容如何选择和确定。

（1）科技课教学内容的确立

科技课虽然排入课表，但没有教材，甚至没有可参考的资料。我们尝试过纸结构承重、气火箭、水火箭、航模、纸风筝等内容。一方面这些内容比较零散，一方面需要的材料、工具比较繁杂，实施过程中感觉困难重重。

2009年，我们用问卷调查的方式，了解学生的需求和愿望。调查结果显示，77%的学生喜欢航模类的活动（如纸飞机），50%的学生喜欢科学实验，30%的学生选择纸结构模型。因此，我们把航模作为科技课的主要教学内容。

（2）从使用"套材"开始

刚开始的时候，我们用橡筋动力飞机"套材"开展活动，学生先看图组装，再调试试飞，往往一节课难以完成组装，好不容易完成组装，却常常刚飞出去就被摔坏了。问题主要集中在三方面：

第一，橡筋动力飞机的半成品如何存放？学生自己保管，教室里没地方存放；老师集中保管，数量太多，管不过来。

第二，橡筋动力飞机要求场地空旷，无风或微风。而北京地区四季多风，辛苦半天的作品，却无处可飞，严重打击学生的积极性。

第三，组装、调试过程比较复杂，调试难度大。往往投入很多时间、精力，却达不到预期效果，导致学生失去兴趣，难以持续开展。

身处困境，迫使我们开发适于室内活动的、适合我们学生能力水平的航模活动。

（3）设计、开发纸飞机

2009年下半年，我们开始着手研究纸飞机。纸飞机具有显著的优点：

取材方便——普通A4纸即可；

门槛较低——学生大多玩过纸飞机,对纸飞机有天然的亲切感,愿意动手参与;

场地要求不高——无风就室外,有风就室内,教室、礼堂、操场均可进行;

反馈及时——几分钟折叠完成,很快就可以看到飞行效果。

我们从纸飞机留空时间、飞行距离入手,讨论、分析如何提高留空时间和飞行距离。通过查阅资料,反复实践,逐渐掌握了纸飞机的制作要点和调试方法,初步形成纸飞机活动的基本程序:

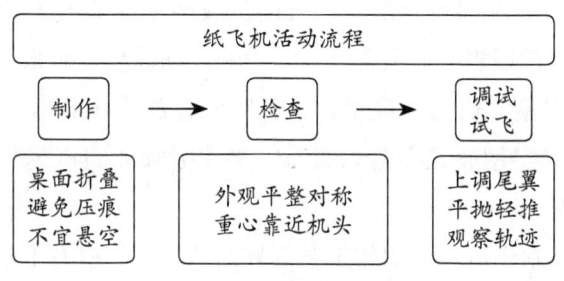

图 3.13　纸飞机课程教学流程图

在检查、调试和试飞的过程中,逐步渗透纸飞机调试的原理和方法,比如重心要靠近头部,外观尽量平整对称,平抛试飞,观察飞行轨迹,升降舵原理及调节等。但这些还不足以吸引学生持续参与,必须要想办法让纸飞机变得更好玩、更有趣。

老师和学生共同讨论、探索纸飞机的飞行技巧。在查阅资料时发现,有人可以让航模飞机飞出去再飞回来,我们深受启发——能不能让纸飞机也回旋飞行呢?经过反复尝试,我们终于在 2012 年底掌握了纸飞机回旋飞行动作,即纸飞机被抛出后,在空中盘旋一圈,再回到手中,就好像有绳子牵着一样。至此,纸飞机留空、特技飞行、橡筋动力飞机等初步形成系列,我们的纸飞机课程活动也有了层次。

此时面临的主要问题是如何提升纸飞机的寿命。因为纸张容易变形,今天调好的纸飞机,到明天可能就不行了,这就会影响学生的兴趣,必须找到解决的办法。

（4）用吸管制作纸飞机

经过观察、分析发现，纸张强度是影响纸飞机寿命的重要因素。

因为强度低，容易受潮，机翼和机身就会变形，因此会改变飞行时的气动性能。

换用硬度大的厚纸行不行？泡沫板是否可以？

厚纸的硬度大，但重量也大，重量大就降低了飞行性能。泡沫板强度大且质量轻，但不容易找到。最后，我们把目光转移到吸管上。

吸管是生活中的常见材料，强度大且重量轻。是否可以用它来加固纸飞机呢？首先我们试着把吸管沿直径方向剖成两个圆弧形半片，粘贴在机翼上，试飞效果比较理想，但吸管外露，影响气动性能。后来把半片吸管包进机翼中，再次实验，机翼强度增加，长时间存放后飞行效果依然很棒。至2013年4月，确定用整只吸管做机身、半片吸管加固机翼的制作方案，吸管飞机终于成熟。

吸管飞机在制作流程、制作工艺等方面都较纸飞机有了较大的提升。它的主翼、尾翼和垂尾分别独立，调节方法和原理与遥控航模完全一致，是学习航模知识的良好载体，也是纸飞机与橡筋动力飞机之间的过渡。

尽管制作吸管飞机涉及吸管、纸、双面胶等众多材料，需要严格按照流程进行操作，但从学生参与活动的情况可以发现，他们非常享受这个制作过程，经常要连续做好几架。

（5）发展创新与系统梳理

在这些年开展活动和实践提高的过程中，学生和老师都有新的发现。首先我们充实了纸飞机特技飞行动作，现在已经完全掌握回旋、穿越、失速、翻跟头等特技飞行动作。其次，开发了微型纸飞机和像真纸飞机，即用A4纸通过剪、粘等方法，设计制作纸飞机，开阔了学生视野。

现已形成空中之王、微型纸飞机、吸管飞机、像真飞机、橡筋动力飞机等系列航模活动，这些活动内容层层递进，航模知识逐步增加，学生的动手能力、操作水平逐渐提升，活动形式新颖有趣，得到学生的广泛认可。

6. 课程效果评价

纸飞机课程源于实践，可以说是实践经验的总结和提升。从这些年学生在活动过程中的表现可以知道：

（1）纸飞机活动是适合我们学生的优长发展课程

材料简单易寻，制作难度适中，调试和试飞方法容易掌握，提供了低起点、小步走、及时反馈的具体情境，是适合我们学生的课程。

（2）促使学生感受快乐，重树自信

纸飞机活动中最重要、最基本，也是最容易被忽略的，是试飞动作和观察能力。试飞动作一定要平抛，飞机在最高处以与地面平行的姿态出手。学生要能从它的飞行轨迹或飞行姿态中迅速找到相关问题，也就是要能发现问题。在发现、解决问题的过程中，学生的科技素养得以提高，思维能力受到训练，自信、自豪和成就感油然而生。

（3）开拓学生思维，提升创造力

纸飞机的制作材料多样，飞行动作出人意料，这些在潜移默化中对学生产生着影响。比如小宇同学，他在活动过程中，萌发了制作纸飞机弹射器的创意，并且付诸行动，多次改进后，设计制作出可以单手发射的纸飞机弹射器，荣获海淀区科创大赛一等奖、北京市三等奖。

（4）促进了科技教育课程体系的建立

目前学校已经创建了飞行探秘教室、机器人教室、生态体验园等科技教育专用场所，形成了课内课外相结合的科技课程体系，具体如图3.14：

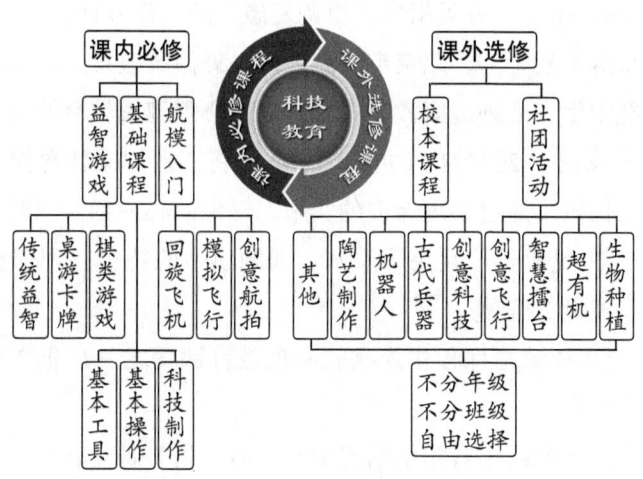

图3.14　学校科技类课程体系

（5）促使学生实现了在成功中成长的预期目标

很多同学在纸飞机课程中掌握了纸飞机的调试方法和飞行技巧，争取到了展现自我的舞台。2013年，小辉、小胜等同学在海淀区和北京市纸飞机比赛中均荣获一等奖；创意飞行俱乐部的成员多次在舞台上表演纸飞机特技飞行；小磊、小宇两位同学甚至在北京市科技教师培训中表演特技飞行。这些特殊的经历，让他们感到成就和责任，开始自觉严格要求自己。

（四）优长发展课程举例："1+1+N"幸福情绪课程

1."1+1+N"幸福情绪课程的开发背景

1999年，《中共中央国务院关于深化教育改革，全面推进素质教育的决定》明确指出，要加强学生的心理健康教育，培养学生坚忍不拔的意志、艰苦奋斗的精神，增强青少年适应社会生活的能力。同年，教育部成立了全国中小学生心理健康教育咨询委员会，并颁布《关于加强中小学生心理健康教育的若干意见》，从加强中小学心理健康教育的重要性、基本原则、主要任务和实施途径、师资队伍和条件保障以及组织领导等方面提出了具体要求。为进一步加强中小学心理健康教育，2002年教育部印发了《中小学心理健康教育指导纲要》，并于2012年修订，印发了《中小学心理健康教育指导纲要（2012年修订）》，制定了心理健康教育的总目标和具体目标，并提出了"全面推进、突出重点、分类指导、协调发展"的工作方针。

为进一步落实教育部、北京市、海淀区心理健康教育方面文件精神，积极探索"问题学生"心理健康教育模式，提高心理健康教育的科学性、规范性、实效性，我校于2004年成立心理中心，将心理健康教育作为最重要的地方课程大力推进。通过心理课程的实施，学生的心理行为问题得到有效转化。2015年，"'我成长、我快乐'基于问题学生的特色心理课程"荣获北京市基础课程建设二等奖。

"1+1+N"幸福情绪课程作为我校心理教育课程之一，非常契合学生的发展需要，原因有二：

一是契合情绪问题相对集中的青少年群体。相关研究表明，工读学校学生的负面情绪明显，总体焦虑与抑郁水平、对负面生活事件所产生的应激强度显著高于普通群体,存在更多的心理健康问题;非常容易冲动,不去考虑他人的感受,执拗、固执、自以为是、富有攻击性,在对人对事上有比较大的偏见,经常出现情绪爆发、人际冲突,这严重影响了他们的身心健康、学业发展和社会适应性。对其情绪发展现状的科学关注,及在此基础上构建出有效的情绪管理课程,有效促进了学生情绪智力的发展。

二是契合对个体积极生命能量激发的积极视角。积极心理学的兴起,使得人本主义心理学家关于人类生活需要更加充实、幸福的理论得到了实验支持。积极心理学研究包含三个主题:首先,是积极情绪体验,即对主观幸福感这一积极情绪进行了重点研究;其次,是人格特质的研究,积极心理学具体研究了包括好奇、乐观等在内的24种积极人格特质,认为培养个体具有这些积极人格特质的一条最佳途径是增强个体的积极情绪体验;再次,是积极组织系统的研究,从环境与关系的角度看如何使人的潜力得到充分发挥。可见,积极情绪、主观幸福感的建立,可以成为显现于一个人身上的重要生命能量,为积极品质、积极关系打下坚实基础。这对于工读学校学生,无疑是一条走出阴霾、拥抱阳光的幸福之路。

此外,本课程推进始终以积极心理学、人本主义心理学、团体动力学、发生认识论、认知情绪理论、行为矫治理论、元认知等心理学理论为依据,确保课程的开发符合心理科学及青少年心理与行为发展规律(如图3.15)。

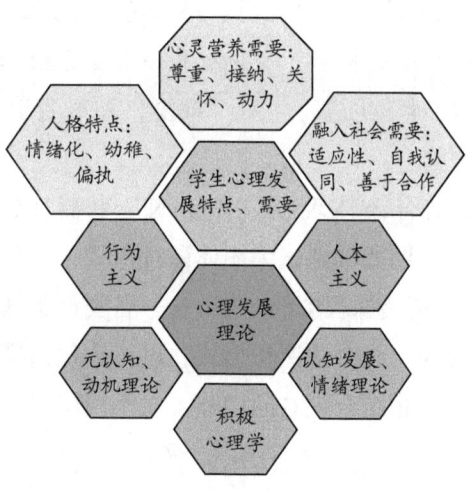

图 3.15　幸福情绪课程实施理论背景图解

"1+1+N"幸福情绪课程正是深深扎根于学生的特点与身心发展需要，把握课程整体育人方向，以三级课程的方式，引领学生收获"幸福习惯""幸福技能""幸福合作""幸福家庭"，指向核心能力、核心思维、核心品质的综合发展。

情绪觉察、情绪表达的意义在于允许学生真实地表达，接纳学生真实的情感，这才会使学生产生真正的反思。教师作为情绪引导者，需要有丰富的感知、自信的行动，只有当教师将自己融入其中，才会把触动人心的教育带给学生，让每一个参与其中的孩子学会观察、学会感受、学会发现、学会分享、学会合作、学会创造。

教学相长，教师深入理解情绪管理，建立幸福情绪的理念和方法，将其引入中学心理健康教育之中，发展出适合学生、家长、教师共同体验、共同分享、共同成长的"一体"课堂，对学生成长、教师发展均具有广泛现实意义，并对青少年心理健康教育具有重要参考价值。

2. "1+1+N"幸福情绪课程的开发原则

（1）个体与团体相结合原则

课程开发过程中，只有将团体需求与个性特点紧密结合起来，充分考虑学生的差异性，才能够真正落实"以学生为主体"，服务每一个学生个体。

"1+1+N"幸福情绪课程中的第一个"1"——每日情绪觉察课，就是个体与团体相结合原则的最集中表现。每日情绪觉察课，面向全体学生每日实施，但又紧密兼顾个体性：学生人手一本《心情天气预报》，每班一名心理辅导教师每日对学生进行一对一批复，和每名学生进行个性化交流指导。

个体与团体相结合还体现在："1+1+N"幸福情绪课程中的第二个"1"——情绪管理三专题团辅课，为团体课程形式，以预防和普适性话题为导向；"1+1+N"幸福情绪课程中的"N"——各类严重情绪"问题学生"的个体、家庭深度干预课，为个体课程形式，以个体化辅导为导向。预防与矫治相结合，团体与个体相结合，共同保障了对不同层次"问题学生"的教育效果。

（2）全程育人原则

"拥有幸福的情绪"这一能力可在人生发展的各阶段各领域得到提高。在我校，初一至高二五个年级的教学之中，始终贯穿"1+1+N"幸福情绪课程，学生通过不断学习，从低到高，循序渐进发展情绪能力。

全程育人还体现在：校园环境、专业课教室环境的布置充分体现出激发学生良好情绪体验的人文气息。五彩缤纷的曼陀罗绘画作品、醒目的积极品质主题墙、极具包容性的心理辅导空间、丰富的创意表达材料，可随时随处与学生展开心灵的对话，让觉察自我、感受环境、沟通交流自然而然发生在学生成长的每个时空。

（3）动态评估原则

学生总是处于成长变化之中，随着课程实施和学生参与，学生的主观体验、情绪能力、人际互动情况将发生改变。只有将动态评语与教育、辅导、干预结合在一起，才能根据学生心理需求、不同心境状态分层落实好"1+1+N"课程。如：对于谁进入"N"类课程的学习，要随时通过"每日情绪觉察课"与"情绪管理三专题团辅课"的实施及访谈等工作进行甄别和推荐；对于已进入"N"类课程的学生，如何与辅导教师进行互动，何时能从该课程中结束，同样需要灵活动态的评估和把握，因为每个个案都是独特的。动态评估原则对教师的心理辅导能力、课程设计与评估能力提出了高度的专业要求。

3. "1+1+N"幸福情绪课程的整体架构

育人目标的落实从根本上要依靠课程体系的构建及每节课的渗透。"1+1+N"幸福情绪课程涵盖1门每日情绪觉察课、1门情绪管理三专题团辅课、多项（N）严重情绪"问题学生"的个体/家庭深度干预课，三层级课程以情绪觉察能力培养为基础，以专题团体辅导为促进，以各类严重情绪问题个案深入干预为加强，分专题、分年级，从低到高，循序渐进引领学生提升"幸福情绪能力"（如图3.16）。

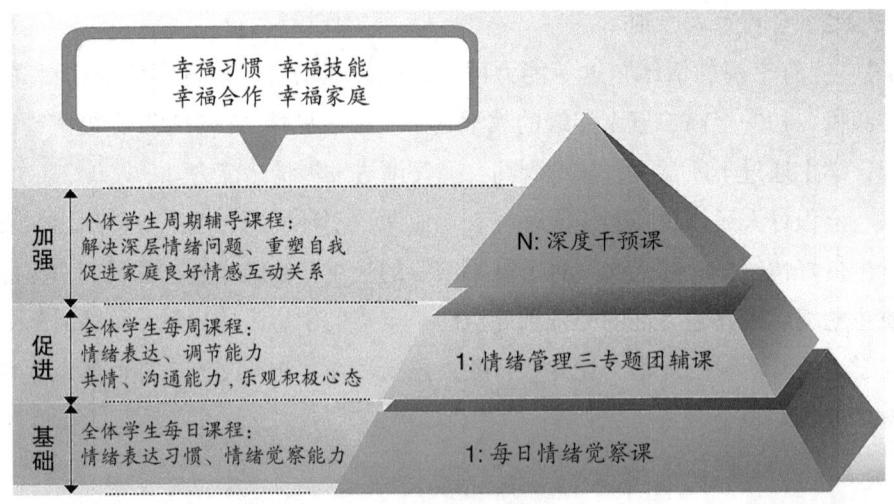

图3.16 "1+1+N"幸福情绪课程层级图

4. "1+1+N"幸福情绪课程的组织实施

（1）每日情绪觉察课

每日情绪觉察课以《心情天气预报》为载体。每天晚班会后的20分钟里，学生在教师创设的安全氛围中，以自由表达情绪的形式填写手册。每班设有一名情绪管理小助手，小助手收齐手册后，于第二天一早送到心理辅导员老师手中。心理辅导员老师第一时间回应学生的心情日记。回应时遵从接纳、共情、指导三个原则，以实现促进学生情绪宣泄、自我觉察、提升表达的目的（如图3.17）。

自2006年实践每日情绪觉察课以来，学校已经对《心情天气预报》进行了四次改版。《心情天气预报》需要在校学生每天填写，因此，要想达到预期效果，最重要的是保证学生看到它后不厌烦，不把它当成老师布置的一项任务，从而产生心理压力，不能真实、准确反映内心的感受。

为了让学生喜欢这种形式，在手册的设计上采用了许多吸引学生兴趣的方式，填写指标与内容的选择也较为生动活泼，易于学生理解。

《心情天气预报》是一个12cm×16cm的小本子，彩色印刷，并配有各种卡通插画。每一页的内容具体包括"今天，我的心情天气是＿＿＿""我的天空""快乐指数""积极品质词"四个方面。填写的内容较

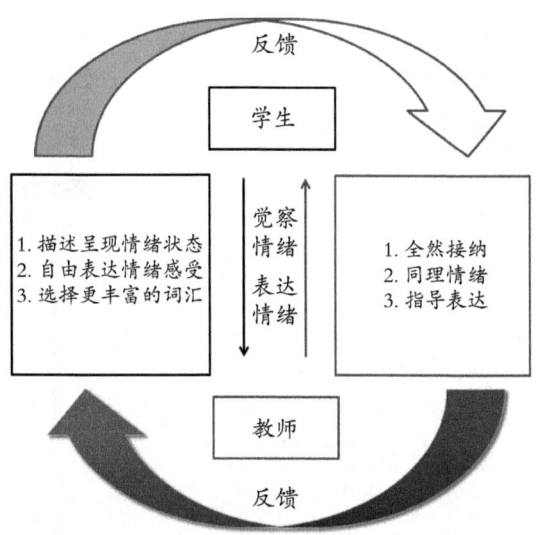

图 3.17　情绪觉察课的实施与作用机制图

为简单,而且只有标准没有具体限制,学生可以根据自己当时的感受进行大胆描写。

为促进学生更加轻松表达,手册中提供了天气用语,如"晴""阴""雨""彩虹"等,鼓励学生用天气词语描述心情。这一方法有效激发了学生的表达兴趣,也带给学生更大想象与表达空间。当学生感觉心情愉快时,可能选择"晴朗",也可能选择"彩虹"或者"太阳";当学生感觉心情糟糕时,可能选择"大风",也可能选择"狂风"或者"冰雹"。当老师与学生就这一"天气"进行更多情绪上的说明和表达时,就能够拓展出许多感觉和故事。于是,学生的感受得到了梳理和澄清。

"我的天空""快乐指数""积极品质词"三项内容的加入,是为了从更多角度促进学生进行自我状况描述,且互为补充。在"我的天空"中,学生可自由表达发生了什么,自己的想法和感受。"快乐指数"可看到自己位于1—10分中的哪个位置。"我适合的积极品质词"作为对自我的一个归纳,"我送给自己的积极品质词"帮助自己期待更好的明天(如图3.18)。

《心情天气预报》分为初中版本(快乐版)、高中版本(幸福版),分别结合学生的心理成熟度附录了不同的积极心理品质词,作为学生表达自我时的参照。

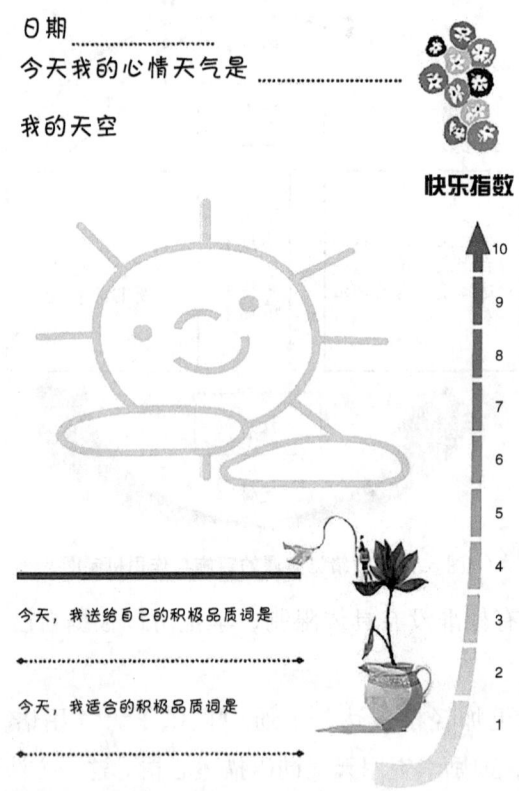

图 3.18 《心情天气预报》中的四项情绪觉察内容

《心情天气预报》是第一时间了解全员学生情绪状况的有效途径。通过每日动态追踪，学生很容易观察自身情绪的发展变化，教师也能及时发现情绪反应剧烈，或较长时间处于消极情绪状态的个体，并建议其进入个体干预课程，及时获得有针对性的心理指导。

为调动学生每日坚持进行情绪觉察的积极性，学校还会在学期末推出大奖赛活动，设置"最佳坚持奖、最佳整洁奖、最佳幽默奖、最佳准确奖、最佳建议奖、富有感染力奖、个人最佳创意大奖、特别集体默契大奖"等，给每名学生都评奖（如图 3.19）。

其间，心理教师还会组织座谈会及班级问卷调查，了解学生在课程中的感受及可能出现的困难，这一工作帮助教师搜集到很多宝贵素材，促进此项工作不断完善和推进。

每天,我也很期待老师在天气预报中给我的回复,每次发下天气预报的时候,我都会认真的看一遍,然后慢慢的体会老师说的话其中的道理,更多的时候,我会在老师的回复中得到一些肯定,我觉得写天气预报就是一件很享受的事,就是和一个可以理解你的人聊天,不要把天气预报当成一个累赘,而是去享受这个过程。今天我站在这里给大家分享,希望下次站在这里分享的可以是你们在坐的其中一员。

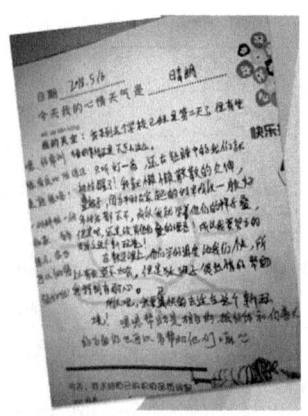

图 3.19　大奖赛活动中学生畅谈每日情绪表达的感受

在学校里,学生每天写"心情",心理辅导老师每天回复,如同每日甜点一样调剂着学生的心灵。每学期,各班心理辅导员老师通过"每日情绪觉察课"关注和反馈学生的情绪表达可达 9000 余人次,10 年来已经促进学生情绪的自我表达近 10 万人次,这种关注度是单一访谈、辅导所不能达到的。

当心情烦闷时,有人及时倾听;当不知所措时,得到及时鼓励;当难以表达时,获得及时沟通;当憧憬未来时,获得及时指导。《心情天气预报》不但是学生体验自己情绪世界的知心朋友,也是与老师沟通的桥梁。在长期表达情绪的过程中,学生逐步了解自己的情绪特点,学习有效地表达和管理自己的情绪。

(2)情绪管理三专题团辅课

情绪管理三专题团辅课通过每周一节的心理课加以落实,分年级按教学主题递进实施。情绪管理三专题是指情绪调节专题、建立积极情绪专题、良好沟通专题,具体又细化为 15 个小专题和 52 个教学主题,统筹安排到 10 个学期中有序展开(如表 3.5)。

情绪管理三专题团辅课教学设计紧贴生活。心理课堂是学生自我表达、分享讨论、发掘潜力的重要场所。课堂教学的主题设计、组织方式均要做到贴近学生生活实际,走进学生的真实心理世界,不"唯内容而内容,唯活动而活动"。当学生恰好处在某个发展点,又恰好被教师捕捉到,学生的兴趣、爱好、情绪、情感的表达得以被关注,教学目标的达成也才能有的放矢。

表 3.5　情绪管理三专题团辅课在各年级的主题设置及课时安排

专题	年级教学主题设置				
	初一	初二	初三	高一	高二
情绪调节	认识情绪（4课时）	接纳自身情绪（4课时）	合理表达情绪（5课时）	与情绪交朋友（4课时）	与情绪共舞（5课时）
建立积极情绪	形成健康情绪（2课时）	建立对情绪源头的认识（3课时）	建立乐观的情绪（4课时）	建立与提升对积极情绪的意识（3课时）	建立稳定的积极情绪（3课时）
良好沟通	情绪与人际（4课时）	情绪与非语言沟通（4课时）	情绪与自我觉知（3课时）	情绪的开关（3课时）	情绪与心态（4课时）

如，初一入校的学生处于适应期，融入寄宿生活需要其对集体建立归属感、认同感，需要通过更多与同伴进行交流、倾诉，培养广泛的兴趣来调节情绪。因此，课程设计中将初一入校视为"情绪调节与适应力"的教学节点。初二学生开始表现出青春期交往带来的困惑和情绪波动，亲子沟通、自我认同也处于重要发展期。因此，课程设计中将初二年级视为"了解自我、做情绪主人"的教学节点。初三年级面临升学，"平衡好目标与发展"则是初三年级的教学节点。心理中心根据学生阶段性发展的特点，采用"团体拓展活动"的形式进行补充教学，如：初一入校新生的集体凝练活动，初三年级考前调适活动，对学生的心灵成长起到锦上添花之效果。

情绪管理三专题团辅课促进团体动力有效催化。心理课的实施离不开对团体成员及成员间关系的把握。团体动力学理论的代表人物勒温认为："应该把团体看作是一个生命的空间，它是由一些力量或变量组成，它们是影响团体内成员的重要变项。"根据此理论，团体运作过程中，空间内的场景、成员结构、成员关系、个别化特质等所有对团体产生作用的内、外因素，都可以成为影响团体发展的资源和动力性力量。

遵循团体动力发展原则，每一节团辅课的设计，分为暖身、体验与表达、领悟与提升、结束四个阶段，逐渐引领参与者渐入佳境。并在每个活动阶段，高度重视团体动力催化策略的运用。通过创设空间氛围、建立信任关系、同伴参与、互助合作、激励、增强仪式感等途径，在安全、信任的团体氛围中有效提升团体归属、互动性与激发性。至课程结束之时，每个人都能在自己的心灵空间获得体验感，带着一份积极的心境离开心理课堂。

（3）多项（N）严重情绪"问题学生"的个体/家庭深度干预课

该类课程是对每日情绪觉察课、情绪管理三专题团辅课的补充，面向需要个体心理辅导以解决严重情绪困扰的学生开设。

每学期，通过班级心理辅导员观察、班主任推荐、心理教师访谈、家长推荐等途径，专职心理教师为严重情绪"问题学生"的个体/家庭累计开展心理辅导课80余课时，个案集中在情绪波动大、攻击性、焦虑、抑郁、社交恐惧、消极自卑、亲子冲突七大类别（如表3.6）。

每学期班级心理辅导员对本班学生进行一对一访谈，结合心理问卷调查

表3.6　个体/家庭深度干预课举例

课程主题	背景描述	实施目标	课程安排
情绪易冲动学生的个体辅导	男生孙某从初一开始感觉别人总是挑衅自己，经常因很小的事就情绪激动，与他人发生冲突，冲突的频率为每天数次。导致人际关系不良，上课精力不能集中，睡眠不好，心情压抑	短期目标： ① 释放焦虑、压抑情绪，有效调节情绪 ② 整理对冲突的认识，学习合理情绪表达 长期目标： ① 增加积极心理能量，从自我封闭走向正常的人际交往 ② 将精力重新投入学习和正常生活轨道上来	设计了10节辅导课 第一节：访谈、建立信任关系、确定成长目标 第二节至第九节：沙盘游戏释放情绪、整理自己与他人关系。角色扮演进行情绪表达、沟通训练，提升自信 第十节：评估、结束
亲子冲突、散漫学生的家庭辅导	初三男生张某，长期受母亲控制，内心压抑，导致上课时喜欢接下茬儿、散漫，没规矩，严重影响到各科任课教师正常上课，经数次批评教育、处分也不能改善其行为	短期目标： ① 改善张某与母亲沟通方式，母亲给孩子更多表达机会 ② 张某消极情绪、不良行为得到改善 长期目标： 学习更为积极主动的沟通方法，提升适应力	设计了6节辅导课 第一节：访谈、建立信任关系、确定成长目标 第二节至第四节：亲子沙盘，改善亲子沟通，改善消极情绪 第五节：认知行为辅导，转变认识，学习合理表达需要和情绪感受的方法 第六节：评估、结束

情况，为班主任、专职心理教师反馈每名学生的心理发展状况，提供心理发展报告单。这一普适性调查，为开展个案工作奠定了坚实的基础，保障每名学生都在老师的关注范围之内。

心理教师根据个案的情绪问题表现及程度，设计辅导课方案，每个个案的课时为4—10课时。通过沙盘游戏、认知行为疗法、短期焦点解决、家庭治疗、绘画、舞动治疗等方法帮助学生或家庭改善情绪、扩展认知、提升生命质量。对于情绪障碍个体的干预或危机干预，通过健全的督导与转介机制，保障个案辅导专业性。

5. "1+1+N"幸福情绪课程的课程评价

评价最重要的目的是促进学生的自我认识与自我进步，只有完善评价体系，运用"多把尺子"，将过程性评价与终结性评价结合在一起，才能更加科学地监测课程效果，及时发现课程实施中的问题，掌控课程风险，保障课程顺利有效地落实。

（1）过程性评价

过程性评价是为了帮助学生管理自己的学习过程，使每一位同学都能科学地、高质量地学习。过程性评价的指标不仅包括学习成果，也包括倾听、提问、思考、表达、合作、坚持、尝试等学习品质。每日情绪觉察课、情绪管理三专题团辅课、多项（N）严重情绪"问题学生"的个体/家庭深度干预课，根据实施过程与目标指向，分列出指标维度，用于每节课后的过程性成绩记录。这些过程性成绩占总体评价的80%，引导学生重视学习过程，在体验中成长。

多项（N）严重情绪"问题学生"的个体/家庭深度干预课的过程性评价参照心理辅导的过程性记录，是否结课以心理辅导评估为准。

（2）终结性评价

在评价的要素上，我们更关注学生参与积极性、态度、能力、方法上的收获，更关注学习成长的过程和良好情绪的形成。因此，终结性评价采用学习展示分享的形式，仍然落脚到以评价促成长。

每日情绪觉察课以学期大奖赛的形式，评奖以激励为导向，基本人人都能获奖；班级代表发言时每位同学的进步收获都会被提及，让学生都有机会发现优长、展示自我。

在每学期最后一次三专题团辅课上,带领学生制作一幅相关主题的评估拼贴画(以拼贴、绘画相结合的形式进行学习总结),最终以该作品的制作和展示促进学生进行自我反思,分享课程收获。

两门课程的过程性与终结性结果结合起来,共同评估学生在"幸福情绪能力"上的收获和成长。同时,评价的主体,不仅包含教师,也包含学生自己。

6. "1+1+N"幸福情绪课程的实践成果

(1)自信阳光的学生走上自主发展之路

2004年初,学校心理中心建成,设立了一个小型活动室,活动室内有拳击靶,还有一整面"宣泄墙"。那时,每天都有数名学生提出来要到这里进行情绪发泄。自2006年推出《心情天气预报》,学生通过书写、觉察的方式进行情绪梳理,"宣泄墙"的功能逐渐被取代了。如今,活动室已经变成了学生进行更自由的情绪表达、自我探索的"穿越剧场",他们可以在这里进行心理戏剧的创作,自信大方地走上校园心理剧的舞台。每年,数十例学生和他们的家庭,参与个体课程,当他们从心理辅导室中走出去,困扰多年的心结被打开,自信积极地面对成长。

无论工读学校的学生因何而来,他们走进校园的那一刻就是他们重启人生的重要转折。每一次师生对话、每一次心理体验、每一次勇敢尝试,犹如随风潜入夜的春雨一般浸润学生的心灵,一个个"情绪暴躁屡教不改"的孩子、一个个"充满敌意远离人群"的孩子、一个个"自我放弃消极自卑"的孩子走出寒冬,唱响春的旋律。

(2)创新实践的教师带来鲜活育人样本

问渠哪得清如许,为有源头活水来。不拘泥现状、开放创新是教师发展的持续动力。教师通过投身课程改革,将课程研究作为长期发展议题,通过系统学习、系统设计与开发实施,不断更新课程观念,提升课程驾驭能力,和学生一起共构出生机勃勃的成长图景。

近些年,我校心理教师根据专业发展需要,积极学习心理剧、教育戏剧、表达性艺术心理辅导等专业方法,同时结合学生实际进行创造性应用,并结合大量青少年案例在实践中总结提升。

教师随着学习成长的内驱力越来越强，工作中更加自主地将科研与实践有机结合。每位老师都参与到"十二五""十三五"的课题研究之中，并积极参与论文、课例的整理，以研究促课程发展。每日情绪觉察课中的《心情天气预报》被评为特色课程，高亚娟老师多篇案例、课例发表于《现代教育报》《北京教研》《海淀教育》等刊物。2018年，高亚娟老师的示范课"对生命说'是'"，罗伟老师的示范课"拓宽认知，调节情绪"分别获得北京市"成均杯"展示一等奖和特等奖。

2013年，我校被评为海淀区心理健康教育示范校。我校心理中心2014、2015年连续两年被评为海淀区青年文明号。心理辅导工作多次被中国教育电视台、北京电视台、海淀新闻、北京城市广播、北京交通广播等媒体报道，受到社会好评。每年，心理中心教师面向社会各界与数千余名教师、家长交流，开展专题课程和讲座，让课程理念和教育方法得到更大范围辐射和传播。

（3）引入教育戏剧等开放性教育形式，拓宽积极心理健康教育途径

我校心理中心积极探索教育戏剧的理念与方法，将其引入心理辅导与心理课程之中，以运用于不同群体的心理成长转化上，形成了"一主题、一社团、一剧社、多空间"的戏剧活动方式，有效提升了心理健康教育工作的应用性和实效性，对学生成长、教师发展具有广泛的现实意义。

（五）优长发展课程举例：非遗纸塑社团课程

1.非遗纸塑社团课程的开发背景

（1）开发纸塑社团课程是传承中华优秀传统文化的需要

传承中华优秀传统文化是每一位教师的责任。现如今很多古代器皿存世量很少，只能在博物馆里才能看到，而它们的器型、用途，以及器皿上的纹饰，都反映了一定的文化特征。用纸仿制的作品能将这些文化特征直观地表现出来，传达给当代人。但是，纸塑技艺在北京的传承并不顺畅，由于工艺复杂，目前极少有人专门学习纸塑，面临失传的境况。我们将纸塑技艺带到课堂，促进纸塑教育在学校开展，引发学生对艺术的兴趣，并通过这种教育使学生们树

立正确的人生观和对知识的渴求，其潜移默化的教育功能是其他方法所不可比拟的，对于非遗文化的传承也起到了很好的作用。

（2）开发纸塑社团课程是提升工读学校美术教学的需要

艺术教育的内涵是广泛的，为了更好地把非遗纸塑技艺融入课堂中，得到更好的教学效果，我们认为在艺术教学中，不能停留在单纯的绘画里，要把美术课扩充到"工艺"的领域中。近两年，胡青梅老师进行了新的课堂教法的实践，无论课上课下都以学生"收获了什么"为出发点，让每一个学生学有所获、学有所成、学有所用，不仅提升学生艺术修养，更重要的是让他们更加热爱生活、热爱生命，这种教学理念尤其适合工读学校学生。

（3）开发纸塑社团课程是促进工读学校学生教育转化的需求

我校是全国第一所工读学校，学生大多是心理行为有偏差或有轻微违法犯罪行为的青少年。他们心智不成熟，判断力和辨别能力不强，自我价值感低。工读学校教育的任务之一是重塑学生自信心，提升自我价值感。另外，工读学校学生更喜欢操作性、体验性的学习方式，我校一直以来都在探索适合工读学校学生教育的方法。纸塑项目负责人胡青梅老师将纸塑这一传统的艺术教育形式应用到工读学校学生的培养中。纸塑因其操作性强、趣味性高，能让学生在短期内看到自己的实践成果，有力地促进了学生的教育转化。

2. 非遗纸塑社团课程的开发过程

（1）学习纸塑技艺

非遗纸塑的第一代传承人是清末的洪吉坤，从小拜师学习锻工，后学习裱糊手艺。20世纪50年代，北京人民艺术剧院请洪师傅制作仿真舞台道具，《雷雨》《骆驼祥子》等话剧演出里的瓶瓶罐罐，都是他制作的纸塑作品。第二代传承人荣景甡，与洪吉坤师傅曾是邻居，从小耳濡目染，曾向他学习各种仿真器物的制作，包括用纸制作仿青铜器、古铜器、铁器、陶器等，曾在中日工艺比赛中，凭借纸塑青铜器一举获胜，令参赛的日本选手折服。

2015年，我校胡青梅老师向纸塑技艺第二代传承人荣景甡拜师学习，学习过程持续到现在将近6年。通过学习，胡老师系统掌握了纸塑制作整个过程及纸塑教学的基本方法，成长为非遗纸塑的第三代传承人。

胡青梅老师个人完成了四羊方尊、后母戊方鼎、羊头牛角杯等十几件青铜器纸塑作品。这一学习过程为将纸塑传承给学生奠定了基础。

（2）明确纸塑进校园的形式

以何种形式落实纸塑进校园？学校考虑社团能在时间、空间和创意实践等方面为学生美术创作提供保证，有助于培养学生美术核心素养，最终确定以美术社团的方式发展纸塑项目。在非遗纸塑传承人胡青梅老师掌握纸塑制作工艺之后，学校成立了纸塑社团。胡老师利用中午休息时间和每周四下午校本课程活动时间，让学生们在动手操作中体验非遗的魅力。经过近5年的探索，形成了非遗纸塑社团的初步实践经验。

（3）在实践中开发纸塑社团课程

成立伊始，纸塑社团的工作以活动的形式开展，并没有形成体系，经过几年的实践，逐步规范了社团组织工作，形成了纸塑社团课程的目标、内容、组织和评价方式。

3. 非遗纸塑社团课程的目标

知识与能力：了解出土文物、非遗纸塑的相关历史，熟悉非遗纸塑的创作方法。

过程与方法：在动手实践中掌握非遗纸塑的每一步流程，能通过小组合作完成非遗纸塑作品。

情感、态度与价值观：通过学习纸塑，促进学生感受中华优秀传统文化的魅力，培养学生的爱国主义情怀，引导学生形成正确的审美观，提高学生感受美、欣赏美、创造美的能力，促进工读学校学生改善不良心理与行为。

4. 非遗纸塑社团课程的内容

主要内容：了解中国传统文化和古代青铜器历史；学习用纸塑造各种青铜器；以独立或者小组合作方式完成青铜器出土文物效果并能够参加展览。

组织安排：非遗纸塑社团课程以小组形式开展活动，每期招生15—20人。为有这方面兴趣的学生拓展了学习空间和实践基地。活动地点为学校美术教室。

主题选择：各类纸质仿制青铜器作品，如青铜食器（后母戊方鼎）、酒器（爵）、兵器（剑）、乐器（编钟）。

之所以选择青铜器作为纸塑作品的模仿对象，是因为青铜器是中华优秀传统文化的代表。青铜器的出现代表着中国古代社会生产和经济的发展，标志着社会进步和生产力的飞跃和提高。制作纸质仿制青铜器作品能让学生从一个侧面感受中华优秀传统文化的博大精深。

课时安排：非遗纸塑社团课程每轮共包含17次活动，每次活动2学时，共计34学时。其中，第1次活动为纸塑相关知识介绍，第2—16次活动为纸塑实操，第17次活动为总结与评价。

5. 非遗纸塑社团课程的教学流程

如表3.7，我们经过实践总结出非遗纸塑社团的教学流程：准备—画线—剪片—造型—涂底画设计纹样—沥粉绘制—着色仿旧—晾干成型—作品展示。整个活动过程均是教师指导下的小组合作学习，各环节用时不等，根据学生实际学习进度不断调整。一般来说，一组学生完成一件作品需要参与10余次社团活动。另外，社团教学各环节都渗透着图像识读、美术表现、审美判断、创意实践和文化理解5大美术学科核心素养的培育，在动手实践、潜移默化中促进了学生美术素养的养成。

表 3.7 非遗纸塑社团的教学流程

步骤	操作说明
1	准备：（1）原材料：白纸板、元书纸、报纸、乳胶、颜料等；（2）剪子、刻刀、尺子、铅笔、毛笔以及自制特殊专用工具等。
2	画线：明确制作器物（如青铜鼎），根据制作器物形制，在纸板上画线，形成构思样稿。
3	剪片：沿线剪下各部位的纸片构件。
4	造型：通过折、拼、粘等工艺做出器物造型。
5	涂底画设计纹样：在器物造型上，用铅笔勾画古代青铜器物纹饰（饕餮纹、回形纹等）。
6	沥粉绘制：将特制的白粉与骨胶按一定比例混合均匀后，将拌好的膏体放入自制挤出装置。将装置内的膏状白粉均匀挤出，在器物表面形成浮雕状图案。
7	着色仿旧：在白色器物表面涂黑色及金色涂料，晾干后再涂一层绿色。仿制不同材质的器物，在着色时采用不同的方法。
8	晾干成型：待干透后，擦拭，即成仿古青铜器物。
9	作品展示：学生展示自己的作品，分享创作的过程与体验。

6.非遗纸塑社团课程的教学原则

文化理解原则:"文化理解"是美术核心素养的重要组成部分,主要指从文化的角度看待美术作品和现象,认同中国传统文化,尊重人类文化的多样性。在实施非遗纸塑课程的过程中,全程贯彻文化理解原则。在社团招生时就向学生阐明纸塑课程背后的历史渊源,让学生了解纸塑不仅是塑造器型,还要了解每一件作品背后反映的古代生活。在教学的过程中,始终贯穿对器物背后意义的挖掘,让学生通过动手操作,增进对中华文化的理解。

趣味性原则:纸塑社团的创作整体上对学生来说是一件非常有趣的事。在教学的过程,教师要向学生讲解每一件器物在古代的使用方法。如,在制作"爵"的过程中,会跟学生分享"爵"相当于现在的分酒器、温酒器,而且专供帝王祭祀使用,进一步激发学生的兴趣。另外,教师要适度安排教学内容,讲授知识和操作交叉安排,避免学生长期单一制作而失去学习兴趣。

互动开放性原则:纸塑社团课程实施过程中,从了解每一件作品的历史背景、分解作品的结构、绘制作品结构图,到完成作品创作,都需要师生们广泛地讨论、合作。另外,社团成员的能力各有差异,每一件作品都可能由不同的学生来参与。有时候,一件作品前面的基础工序是一个人完成的,但由于该学生时间安排不开,最后的涂刷工序需要别人及时参与完成,才能保证青铜仿制氧化效果。在这一过程中,学生不分班级年级,保持开放合作的心态,不因为自己的作品最后由别人来收官而产生情绪,本身对学生也是一种教育。

7.非遗纸塑社团课程的评价方式

非遗纸塑社团课程的评价方式分为随堂评价、学生作品展示、学生作品外出参加展览或比赛三种形式。

(1)及时:随堂评价

每次活动结束后,组织学生从学习态度与方法、课堂参与、作业评价等方面进行自评与互评。教师再根据学生的课堂表现给予综合评价,写出评语。

（2）升华：学生作品展示

每当一个阶段的作品完成后，组织学生进行作品展示。学生在台前描述作品名称、含义及创作的过程与感受。学生在这一过程的展示分享，是对个人阶段性创作的很好总结，也锻炼了学生的表达能力。

课程还利用美术教室外墙上的展览柜，定期展示学生优秀作品，让全校师生都能看到课程成果，激发学生的创造动力。

（3）催化：学生作品外出参加展览或比赛

将课程活动延伸到校外，组织学生外出参加手工艺展览或比赛。学生在校外现场制作作品，或者将自己的作品在一些重要比赛中展出，极大地锻炼了学生能力，提升了学生的自信心。

8.非遗纸塑社团课程的实施效果

（1）广泛的参与，丰富的成果

非遗纸塑社团课程自2015年开发、实施以来，共开设11期课程，受益学生300人次以上（工读学校小规模办学，全校学生300人左右）。学生通过参加纸塑社团课程共创作作品50余件。每一件作品都凝聚着学生辛勤的汗水，每一件作品都包含着学生的创作故事。

（2）助力学生获得成功体验，提升了学生自信心

非遗纸塑社团课程的学习，让学生们在学习中华传统文化的同时了解手工艺魅力，增强作为中国人的自豪感。教师在教学中做到尊重学生个体差异，了解学生所想，鼓励学生制定自己的创作目标并协助他们设计出适合自己的作品。孩子们看到自己创作的作品呈现出来的时候，那种快乐难以言表，经常参加市区级工艺展览或者比赛，让他们觉得自己跟普通学校的同龄人是一样的，一样能够体验成功的快乐。

（3）发挥了育人价值，促进了学生教育转化

学生在纸塑社团课程中制作作品、交流体验，在日复一日的活动中培养了耐心，原有的急躁情绪得到明显改善。此外，学校积极组织近百人次参加各类展览和比赛，使学生不断收获成功体验，不断收获个人成长。参加纸塑社团学习的同学在心理和行为方面的问题均得到了转变。

五、创设适合学生发展的评价模式

工读学校学生学业成长评价模式是学习共同体建设评价模式。它最大的特点是融"学生个人学业进步"评价与所在班级"学习风气建设"评价于一体。强调及时发现和充分认定每名学生在课堂行为和学业成长方面的点滴进步,并在充分肯定班级学习共同体建设成果的基础上,将学生个人进步与班级集体荣誉紧密联系。帮助学生深刻认识到作为个体:我努力,我进步,我快乐;作为班级中的一员:我付出,我成长,我幸福。

工读学校的成长评价模式目前有三个:

第一,通过"学业成长银行"评价模式,纠正学生的不良行为,提高学生的学习自信心,激发学生的学习热情,最终帮助学生养成受益终生的自我管理能力。

工读学校学生在成长的过程中,过多的挫败感使他们自我否定,他们不仅厌学、恨学,也几乎从来没有享受过学习成功的喜悦。遵守课堂纪律对于他们来说更加困难。甚至有学生认为:无论我多么努力,都不可能学会。这种可怕的认识不仅严重影响他们目前的学习,更直接导致许多畸形认知。我们想通过"学业成长银行"评价模式这把金钥匙,打破他们的错误观念,让他们重新建立正确观念,帮助他们在自我多元评价的亲身体验中,逐步消除不良行为,建立良好行为,提高自信心,激发学习热情,提升学习成绩,最终实现自我管理的高级目标。

第二,通过"班级学风之星"评价,帮助学生在自我管理的基础上,逐步提升道德发展水平。

《第五十六号教室》的作者雷夫·艾斯奎斯提出"道德发展六阶段"理论:我不想惹麻烦——我想要奖赏——我想取悦某人——我要遵守规则——我能体贴别人——我有自己的行为准则并奉行不悖。

学校在"班级学风之星"建设评价中,构建了三级七星评价模式。第一级:我不想惹麻烦。包括:课前准备星,早读声音星。第二级:我要遵守规则。包括:课堂纪律星,课后作业星,目标落实星。第三级:我有自己的准则,包括:主动学习星,不断进步星。

第三，通过学习共同体建设，帮助学生与集体和谐相处。

温馨和谐的集体是促进孩子们健康成长的重要保证。工读学校学生在成长过程中感受到集体的温暖普遍较少，他们给集体造成的危害却相当大。要帮助这些孩子建立正确的道德认知，就离不开集体的建设，更需要将个人与集体巧妙地融为一体。最终实现学生个体与班级和谐相处，为学生今后融入社会主流群体奠定坚实的基础。

（一）"学业成长银行"模式

"学业成长银行"模式主要目的是存储学生每一学科的点滴进步，让学生亲身体验到积"小成功"为"大成长"的喜悦，从而调动学生主动学习的热情和愿望。通过自我评价与管理，帮助他们逐步成为自己学习的主人。其评价目标如图 3.20 所示。

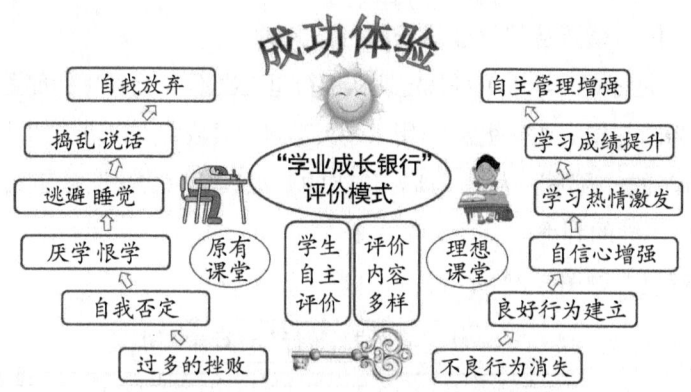

图 3.20 "学业成长银行"评价目标图

在"学业成长银行"里，学生是主人。学生自己管理自己的账户。其人员分工如图 3.21 所示。

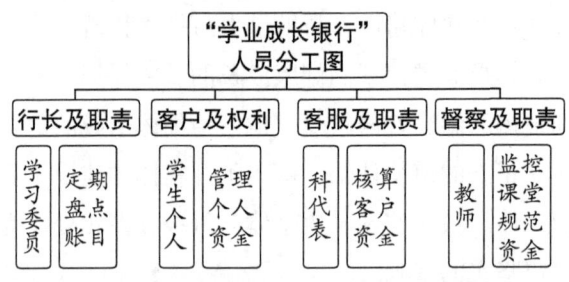

图 3.21 "学业成长银行"人员分工图

"学业成长银行"主要有储蓄、贷款、支取三项功能。

"储蓄"主要包括：课堂规范资金、学业进步资金。"课堂规范"资金为 8 分；按时出勤、课前准备资金均为 1 分；其余三项为 2 分；"学业进步资金"是储蓄学生每月每门功课的进步。无论他们的学习基础如何，只要有进步，就及时给予肯定。

"贷款"是学生对自己不良课堂行为后果的一种承担。学生的学习信誉如果遇到危机，就要从"学业成长银行"贷款。

"支取"是客户（学生）每月定期从银行里支出不多于 80% 的储蓄资金；其余 20% 作为储备金（风险资金），用于购买学习用具或者支付班级活动费用。

"银行"的"利率"为学生所在班级的"班级学风之星"认定结果，不同的星级对应不同的利率。

其运行模式如图 3.22 所示：

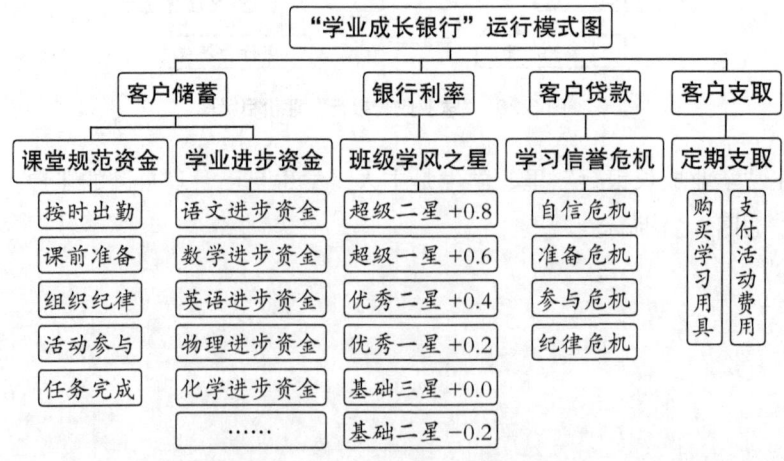

图 3.22 "学业成长银行"运行模式图

（二）"班级学风之星"模式

如图3.23所示，"班级学风之星"评价模式为"三级七星"。每个班级结合本班特点，每月申报夺星计划。学生会学习部根据评价标准在月末认定，并悬挂星级认定光荣榜，颁发星级认定证书。

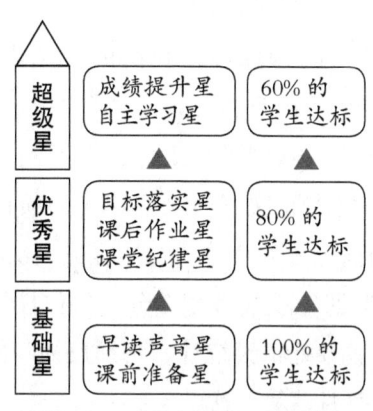

图3.23 "班级学风之星"等级

（三）学生评价运行流程

1. 激活学生心灵深处的"小助手"

该阶段主要的任务是：引导学生意识到"我的学习我做主"。这一阶段任务非常艰巨，也最为重要，直接关系到这一评价模式能否顺利启动。

苏霍姆林斯基认为，在每名学生的心灵深处都有老师的助手，每名学生的心灵深处都有一股要求向上的力量，这种力量促使他们总想着尽可能去展现自我美好的一面。工读学校更需要找到学生心灵深处的这一助手。

学校对全体学生进行一次全面调查，召开"倾听学生需求"座谈会、任课教师和班主任专项研讨会。为了让老师们全面了解孩子内心深处的"小助手"的愿望，学校将学生们的话原原本本反馈给教师。讨论后老师们达成共识：重新点燃孩子心中要求进步的火苗，充分调动学生心灵深处"小助手"的作用。

2. "小助手"闪亮登场，共同制定规则

学生是学习的主人，管理方案就不能教师说了算。学校根据学生的需求和课堂表现起草了一份《海淀工读学校课堂常规（讨论稿）》，交给教师和学生代表进行研究和修改，共同形成了"课堂常规10条"和"课堂情况反馈量化表"。召开"规范课堂纪律，提升学习效率"专题校会，对会议当天的课堂情况进行公示，突出每一名学生的加分奖励。

3. 评价模式规范运行

（1）"学业成长银行"评价的运行

课堂规范：由于学生的特殊性，我们的课堂规范主要采用"两级评价""五级评价"来进行。对于"按时出勤""课前准备"这两项难度较小的项目，采用两级评价，做到了得1分，做不到记0分。对于"组织纪律""活动参与""任务完成"这三项难度较大的项目，采用五级评价来进行。这三项每位学生的核定分为2分。每项提醒一次，扣1分；提醒到第3次，该项为-1分。每节课每项最多扣2分。每位任课教师针对学生的上课情况，课后及时打分。教导处每天统计，每周反馈一次，并给每个班加分前五名的学生颁发奖状。每月清算一次。

学业进步："学业进步"主要指前后两次大考学生个人成绩的进步状况。每个孩子每一门学科的学习基础不同，学习能力也有差异。我们及时肯定每一个孩子每一个学科的进步。为此，我们采用了"相对分"比较的方法对每个学生每一学科的学习状况进行评价。

特殊情况：特殊加分主要包括总分优秀奖励加分、单科优秀奖励加分、单科学习勤奋奖励加分（主要对象是学习态度端正、刻苦努力，但成绩进步不突出的学生）。特殊扣分主要包括：课堂反馈扣分、旷课扣分。

学校每个月召开一次"学业成长银行"结算大会。主要从以上三个方面，带领学生进行盘点。每位学生进行自我评价。

（2）"班级学风之星"评价的运行

基础星（不惹麻烦）：评价范围——100%的学生都要达到要求。评价标准——课前准备齐全及时到位；早读声音洪亮有朝气。

优秀星（遵守规则）：评价范围——80%的学生达到要求即可。评价标准——课堂纪律规范友好听建议；课后作业按时完成不用盯；学习目标规定时间门门清。

超级星（我有自己的准则）：评价范围——60%的学生达到即可。评标准——学习状态认真主动重参与;学习成绩循序渐进铸成功。

操作说明:"基础星"为每月必评项目;"优秀星""超级星"为任选参评项目。每次评价周期的第一周各班确立夺星计划,报教导处;每次评价的最后一周,各班进行达标申报。学生会根据评价标准确立星级、挂牌,并颁发本月"星级班级"认定证书。

4.学生个人与班集体挂钩

基础星达标的班级,学生"个人成长银行"的"储备金"按实际所得兑现;一项未达标的班级,学生"个人成长银行"按实际所得的80%进行兑现;两项未达标者,按实际所得的60%兑现。获得优秀星的班级,获得一项者学生"个人成长银行"按实际所得的120%兑现;获得两项者按实际所得的140%兑现。获得超级星的班级,学生"个人成长银行"按实际所得的160%兑现。

(四)评价模式实施成效与研究反思

1.实施成效

(1)学生学习积极性明显增强

工读学校学生以前习惯了在课堂上睡觉、说话,甚至打闹,有意扰乱课堂纪律。该评价模式实施后,老师们认为:现在上课比以前幸福多了!学生们终于开始关心自己的学习了。学生的行为表现出更多的是主动完成作业、主动找老师补课、遵守考试纪律。每月月底,所有学生都翘首以待"学业成长银行"开门营业。因为学生可以盘点自己的进步与收获,拿奖学金,上台领奖,得到老师、家长的及时肯定和赞扬,这是他们以前难以得到的。这让他们对学习更有信心。

(2)学生自我管理能力有效提升

学生在学习自我管理方面的成功体验,激发了他们自我管理的热情和自信心。学校在各项活动中为同学们搭建自我管理的平台。目前,学校运动会的裁判和各项组织工作均由班级负责,学校开学典礼由学生设计,学校的大型活动组织,来宾接待,课程教室、校史馆的解说均由学生负责。更为可喜的是学校的读书节、科技节等大型活动,我们的学生经过锻炼也都能顺利承办。

（3）"课堂观察"校本教研模式的诞生

为了深入了解和有效评价学生们的课堂表现，我们的"课堂观察"校本教研模式应运而生。教师观察小组通力合作，详细了解同一学生在不同课堂上的表现，找出影响学生学习参与的根本原因。教师们通过对不同班级的教学观察，深入了解"学生参与度与教师活动设计的关系""学生课堂学习实效性与教师问题设置的关系""学生课堂规范与教师教学行为的关系"等等。这一校本教研模式，有效提高了我们听课、评课的针对性与实效性。

（4）"学习目标叙写"研究启动

学习科学时代已经来到。所有的学习都是在学习者原有知识和经验的基础上发生的，即"前概念"。这些知识和经验，有的支持新学习的发生，有的则阻碍新学习的发生，但无论如何，它们都对新的学习发挥作用。为了有效勾出学生的"前概念"，我们推行了"学习目标叙写"的研究。每一节课，每一名教师都必须从教学目标的四要素出发，认真研究本节课的学习目标，将其书写在黑板的左上角，并在上课前与学生进行分享。帮助学生明确学习任务，了解学习方法，并能对自己的学习效果进行有效评价。

（5）"101种有效教学策略"的教师学习模式实施

当学生有了学习热情后，如果我们的课堂教学死板、单一，不符合学生的学习认知风格，就不仅不能维持学生的学习愿望，还会再次挫伤学生的自信心。为此，我们启动了"101种有效教学策略"的学习与实践活动。为期两年的学习，老师们以小组为单位，系统学习掌握了符合学生特点的有效策略，有效保障了学生在课堂上学习主体地位的发挥。

（6）形成了"思维导图"学法指导

学习科学理论引发我们对新的教学模式的构想，目前已经变为理解性学习。为了实现这一目标，我们深入研究和全面推进"思维导图"学法指导。一方面，指导学生自己设计有利于自己理解和学习的学科知识"思维导图"，另一方面用"思维导图"的方式，帮助学生们分析自己的现状，找出解决问题的方法。

2. 成果反思

（1）适合的才是最好的。以前我们也借鉴了许多评价模式，虽然付出了巨大的辛苦，但是并没有推动学生成长与教师的发展。

（2）"在成功中成长"有助于工读学校学生良性转化。我们始终强化学生内心的正能量，通过评价为学生制造"闪光点"，并帮助学生及时展示、放大"闪光点"，让学生反复体验到成功的喜悦，真实地感受到"我能行"。实践证明：让工读学校学生在成功中成长是推动他们良性转化的法宝。

（3）工读学校学生完全有能力进行自主教育。在该评价模式中，我们将评价的权利交给学生。由他们自己评价自己、管理自己，学会规划自己。实践证明：只要我们为学生的自我管理搭建适合的平台，他们完全有能力进行自主教育。

（4）尊重学生个体差异的个性化发展性评价激发了学生的正能量。强调学生自己与自己比，通过纵向比较分析来明确自身发展的优势与不足；关注学生的内在发展需要。两种评价模式正是针对学生的不同特点，及时关注每个学生的发展，关注学生发展中的个别差异。

> 第四章 <

玉兰花开满庭芳:
适合教育中的学生成长故事

无论是在教育领域还是在公众视野中，人们都普遍认为"儿童是祖国的花朵，民族的希望"。花朵是美丽、生命力的象征，以花朵隐喻学生，表达出教育者对儿童青少年的美好期盼及呵护之情。

"世上没有两片完全相同的树叶"，自然界有"娇艳的花朵"也有"蒙尘的花朵"。在学生群体中有天赋异禀、积极向上的孩子，也有资质平平、迷失方向的孩子，这符合事物的差异性规律和统计的正态分布规律。有教无类，因材施教。工读教育的对象就是"蒙尘的花朵"。

一、"蒙尘花朵"的分类

"蒙尘的花朵"到底应该包括哪些学生？相关法律和文件的表述不尽相同，但总体都规定专门（工读）教育的对象应该包括有不良行为、严重不良行为、违法或轻微犯罪行为的青少年。2019年，中共中央办公厅、国务院办公厅发布的《关于加强"专门学校"建设和专门教育工作的意见》进一步明确：专门（工读）学校是教育矫治有严重不良行为未成年人的有效场所。

从教育实践来看，国内现有的百余所工读学校虽然具体招生的标准有所不同，但总体大都服务于有严重不良行为或有轻微违法犯罪行为的学生，学生大都转自普通学校，无法适应普通学校的学习、生活。以我所在的学校为例，学生从普通学校转入的参照标准是：心理行为偏常，学习困难或有轻微违法犯罪行为。

2018年，学校对新生入学进行了入校调查，结果发现：《预防未成年人犯罪法》中的九类不良行为，我校学生都有涉及。14%的学生曾经接受过派出所的问询；学生大部分学业不良，70%左右的学生厌学或对学习持无所谓态度；非原生家庭（含离异、单亲、重组、隔代或远亲抚养）占比34%；父母文化程度普遍较低，大多没有固定职业，一些家庭经济状况比较困难；家庭教育方式中粗暴、过度干涉、溺爱的类型占比56.96%。

工读学校学生与普通学生在行为、学业、家庭背景等方面均有差异。这些差异让原本处于花季的少年遭受人生的挫折，让原本娇艳的花朵蒙上浮尘。但是，"蒙尘"并非"湮灭"。中学生还处于思想与行为高度可塑的阶段，蒙尘之下仍然是美好的心灵。他们具有很好的潜质，有教育转化的可能，这是工读教育的基础和逻辑起点。

园丁自有回天力，洗净花尘放异香。"蒙尘的花朵"呼唤"特殊的园丁"，即工读教育的实施者。浇灌"蒙尘花朵"的园丁有：班主任、任课教师、心理教师、生活老师、德育管理人员以及全员德育视角下的其他教育参与者（见图4.1）。

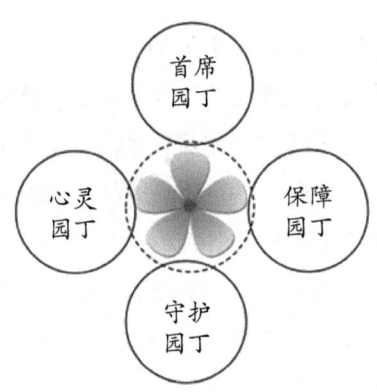

图4.1 浇灌"蒙尘花朵"的园丁们

海淀工读学校每班配备两名班主任，他们是"蒙尘花朵"的首席园丁，24小时全方位精心育苗，全面负责学生的发展与成长。心理教师是"蒙尘花朵"的心灵园丁，他们的工作如细细微风、涓涓细流，能拂去、洗净学生心灵上的浮尘。生活老师和德育管理人员是"蒙尘花朵"的保障园丁，他们准备好滋养花朵的土壤、肥料，除去周边的杂草，为花朵营造良好的成长环境。此外，工读学校的所有教师都是"蒙尘花朵"的守护园丁，他们或欣赏、或浇灌，多方位给予花朵光和热，让学生笑靥如花，让学校花开满园。

从技术层面来讲，无论哪种园丁都需要熟知"蒙尘花朵"的习性，尊重"植物"的生长规律，循序渐进地培育学生。从精神层面来讲，园丁要有敬业和默默奉献的精神，工读学校的园丁具备的是"爱生敬业、主动担当、团结协作、坚守奉献"的工读精神。从教育情怀来讲，园丁是最富有田园诗意的比喻，其寓意是工读学校教师扎根教育沃土的信念和淡泊名利、守护"蒙尘花朵"的情怀。

在教育隐喻研究里有两组对立的观点：农业与工业、生长与塑造。工读教育在这两组隐喻中取向农业观与生长观。

与传统农业精耕细作、家庭化生产相一致，工读教育也是小规模的。学校学生一般控制在300人左右，注重个性化教育，根据不同的学生实施"适合的教育"，为学生提供个性化的成长平台，让学生在各自原有的基础上得到发展。

工读学校主张"用放大镜观察学生的闪光点，用显微镜发现学生的上进心，用发展的眼光看待每一位学生"，力争让学生内心的每一点能量都能放大成为其成长的动力。就如同农民和庄稼的关系，庄稼是农民的"命根子"，农民会想尽办法去呵护，工读教育工作过程中，教师同样倾注全身心的爱，以润物无声的方式促进学生成长。

工读教育还有两个重要理念："在成功中成长""静待花开"。它们蕴含的正是杜威"教育即生长"的隐喻。工读教育不是要把学生雕刻成什么样，而是相信每一个学生都有向上、向善发展的可能性。工读学校学生之所以暂时表现出种种不良习惯，主要原因是曾经遭遇过挫折、受到不良环境的影响，导致自身的生命力被抑制。所以，工读学校为学生搭建了一个个小台阶及众多的小平台，让学生能够相对容易地获得成功的体验，修复过去失败、自卑的挫折经验，从而获得生长的自主动力。在学生"生长"的过程中，工读学校重视学生特有的"时序"，在创设好教育情境后，给予学生更多的等待，在"慢"教育中让每一朵花儿的生命力渐渐恢复、静静绽放。

二、"蒙尘花朵"的转化策略：五维生态教育

花朵的生长离不开土壤、温度、阳光、水、养料。"蒙尘花朵"的培育也离不开良好的教育生态，以下是与"蒙尘花朵"隐喻有关的教育措施，见表4.1。

表 4.1 "蒙尘花朵"隐喻与工读教育举措

序号	花朵生长的条件	"蒙尘花朵"的培育
1	土壤	创设适宜的环境
2	温度	用爱温暖"蒙尘的花朵"
3	阳光	正面教育指明方向
4	水	心育滋润心田
5	养料	优势视角和特色教育为学生发展赋能

土壤：创设适宜的环境。研究表明，青少年不良同伴交往会增加其冒险性行为。工读学校学生很多不良行为问题都与其不良社会交往存在关联。工读教育的首要特点就是半封闭集体化的管理方式。半封闭教育下，学生周一至周五在校住宿，最大限度地减少了与原有不良社会人员接触的可能性，从而阻断了学生与负面成长环境之间的联系，降低了学生采取冒险性行为的可能性。工读学校集体化管理源自马卡连柯集体教育理论，即创设良好的学校大集体和班集体环境氛围，充分发挥共青团、学生会的作用，以集体为教育对象，以集体教育个人，解决了很多面对学生个人无法解决或很难解决的问题。此外，我所在学校地处北京西山山脉，依山傍水，风景秀美，古色古香的四合院富有浓郁的文化氛围。这种典雅有序的环境是一种隐性教育资源，能给学生带来良好的心境，使其内心得到整合，获得心理上的宁静与平衡。

温度：用爱温暖"蒙尘的花朵"。爱是育人的基础，工读教育更是如此。在这里，为了保证每一个学生都能得到足够的关注，两位班主任与学生同吃同住、一起学习生活，24 小时陪伴学生，建立起如师如父、兄弟姐妹般的亲密师生关系。孩子们在老师的陪伴与接纳下，逐渐找回了在家庭中缺失的支持系统，重获安全感与信任感，获得成长与前行的动力。

阳光：正面教育指明方向。叶圣陶先生说："对于中小学生来说，我想还是应该以正面教育为主，着力培养他们辨明是非和美丑的能力。"工读学校学生虽然表现出许多品行问题，但我们仍然要坚持"和善而坚定"的正面教育。我们将立德树人根本任务和社会主义核心价值观教育融入工读学校德育实践，设置了正面养成教育、学生典型引领、正向主题教育等多种正面教育环节（见表 4.2）。正面教育如同阳光，给学生的发展指明了方向，帮助学生认识到自身不足、养成良好品行，树立正确的人生观、世界观、价值观。

表 4.2 正面教育环节

教育名称	正面教育内容
正面养成教育	在日常德育课程中设置三餐队列行进、军事化内务整理等正面养成教育环节，培养学生形成基本素养和良好行为，奠定学生适应社会的基础
学生典型引领	组建手拉手班级，为新入学学生配备高年级同学辅导员；优秀学生评比多元化，除常规的学习外，为每一个有进步的学生定制个性的表彰项目（如人际和谐奖、默默无闻奖），让更多的学生看到成长的希望
正向主题教育	设立明理、守法、健康、感恩、友善、诚信、上进、担当、自立9个一级德育主题和41个二级德育目标（如"明理"的第1个二级目标是"知是非"）及162个具体指标（如"知是非"的第1个具体指标是"听父母师长的话、听得进劝告"）；围绕以上指标体系分年级以日常教育、主题班会等形式加以落实，促进学生形成正确的思想认识、良好行为习惯与情感态度

水：心理健康教育滋润心田。泰戈尔说："使卵石臻于完美的，不是锤的打击，而是水的载歌载舞。"心理健康教育如水，浇根洗尘，能使"蒙尘花朵"重放光彩。学校特别重视心理健康教育在工读教育工作中的作用，设有学生心理中心，配备4名专职心理教师和12名兼职心理辅导员，建立了学生心理健康三级关怀系统（见表4.3）。此外，学校还对有相同发展需要的学生进行团体辅导，对家长进行家庭教育与亲子沟通辅导，基本实现了心理关怀普及到每一个学生。

表 4.3 学生心理健康三级关怀系统

级别	内容	对象	关怀者
一级普遍关怀	学生每周上一节心理课；每日填写自己的"心情天气预报"，教师每日共情、反馈	全体学生	专职心理教师、心理辅导员
二级特殊关怀	一般心理困扰的学生由专职心理教师进行个体心理辅导	少数学生	专职心理教师
三级危机干预	心理困扰突出学生，由德育副校长牵头，成立包括心理教师、辅导员、班主任、任课教师、重要家人在内的成长支持小组，共同开展教育	危机学生	危机关怀团队

养料：优势视角和特色教育为学生发展赋能。"蒙尘花朵"由于过去成长中曾经遭遇挫折，导致成长动力不足，自我效能感较低。很多工读学校学生在原来学校从未有过展示的机会，被严重边缘化。为使"蒙尘花朵"重获生长的动力，我们采取优势视角，关注学生的优势和长处，将共性和个性相结合，带动学生成长。共性方面，学校每年开展20次以上低门槛、重参与的活动，让所有学生都能多次走到台前，展示亮点，成为焦点。个性方面，学校基于学生的兴趣与能力，创设陶艺、乐器、合唱、舞蹈、篮球等社团活动参与平台，让每一个有特殊能力与需要的学生找到施展的舞台，实现了全体学生全面发展与关注学生个性发展的有机结合。

在优势视角下，每一个学生在学校都找到了自己的兴奋点，得到关注，每一个学生在一次次参与的过程中重拾自信、阳光成长。此外，学校还是北京市科技教育示范校、海淀区校园足球特色校，并有纸塑非遗传承项目，一大批孩子在科技、足球、艺术等特色教育项目中得到锻炼和滋养，实现了自我价值。

三、"蒙尘花朵"转化案例

（一）行为问题

1. 从"飙车党"到"摄影师"

在工读学校，谈到近几年转变较大的学生，从校领导、老师到学生，很多人首先想到的就是小Y。他痴迷于摄影并从当初的"飞车少年"成为一名未来"摄影师"的故事，在工读学校传为美谈。

如今的小Y也有新的苦恼，他发现自己在摄影技术上遇到了瓶颈：拿起相机，却经常不知道该拍什么、怎么拍了。他解释说，自己的核心苦恼在于自己的摄影作品始终没有形成独立的风格、强烈的个人烙印，"假如一个普通人拿了一台相机，看过一些好的摄影师的照片，或许也能很快拍出来跟我一样的东西"。这让他的自信心和成就感受到挫折，颇有些丧气和困惑。

他一直想要靠近乃至达到的，是自己在摄影上的师傅"仔哥"的境界。在小Y眼里，"仔哥"是一位"大神"级别的存在。"他总是可以用镜头拍出不一样的东西,拍到一个人内心的最深处。"一次,师傅拍了一个20岁不到的年轻女孩的照片,但是呈现出来的效果,却给人感觉那个姑娘已经三十六七岁了,满脸沧桑,这深深震撼了他的心。师傅后来告诉他,这个女孩是一个"北漂",刚参加工作没多久,一个人在北京打拼,面临比较大的生存压力,所以脸上才会有那种沧桑感。

在小Y看来,师傅"仔哥"教给自己的,摄影技术只是其中一个方面,更主要的是教给自己做人的道理,让他成长很多。而他之所以能够有机会跟着师傅学摄影,还要归功于自己的班主任徐恩会老师。

徐老师到现在还记得,几年前小Y是因为在外面打架,被送到了我们学校。在原来的学校,小Y经常旷课,整天和社会上一些不良少年混在一起,抽烟、喝酒、打架……不仅如此,他还痴迷于骑摩托车,没事就喜欢跟着这些不良少年找地方飙车,是所谓"飙车党"的一员,这让他的父母非常苦恼。

其实小Y的家庭条件很不错,但由于父母常年在外经商,没有时间照顾他。他从小和奶奶生活在一起,导致他从小就缺乏必要的约束,以至于走了弯路。分到徐老师的班上后,徐老师发现小Y的文化课基础很差,很多科目还停留在初中甚至小学的水平,文化课成绩在班上倒数。因为跟不上课程,小Y经常在课上捣乱。

除了耐心帮小Y补课,徐老师本着"因材施教""一个学生一个教育方法"的原则,给小Y提了最低要求:不要求你在课堂上认真听讲,只要求你在课堂上保持安静,不干扰他人学习就行。小Y没想到老师对自己如此宽大,痛快地答应了。徐老师说,哪怕小Y在课堂上看小说、漫画都可以,"总比他出去骑摩托车,打架斗殴强"。徐老师的宽容让小Y感激,他逐渐在班上安静下来,能较好地遵守课堂纪律,学习也慢慢有一些起色。

后来,徐老师发现小Y有一个爱好,那就是用手机给别人拍照,而且拍得还挺不错。徐老师敏锐地发现了小Y身上的这一闪光点,决定因势利导。徐老师告诉小Y,如果他对摄影有兴趣,可以介绍他利用周末时间到自己一个朋友的摄影棚里当学徒,跟着专业摄影师系统地学习摄影技巧。这让小Y相当兴奋。

在徐老师的介绍下，小 Y 来到位于昌平区的一家摄影棚开始了学徒生涯，也就是在这里，他认识了自己的师傅"仔哥"。刚开始只是打杂，给"仔哥"等摄影师打打下手，拎包、整理器材等，但在这一过程中，他耳濡目染地掌握了一些摄影技巧。尤其是通过这段在摄影棚实习的经历，小 Y 真正找到了自己的兴趣爱好和人生目标。他决心把摄影作为自己以后发展的主要方向，并把这个想法告诉了父母。他的父母自然高兴，为了表示支持，专门给他买了照相机和电脑，让他能够更好地练习摄影和图片制作。如今的小 Y 痴迷于摄影，他给自己设定的目标是将来成立自己的摄影工作室。

在摄影棚学习一年多之后，徐老师发现了他身上明显的变化，他比以前沉稳多了，阳光多了。班级甚至学校有些文艺活动，很多人会主动邀请小 Y 去拍照，这样他找到了被重视、被尊重的感觉。

这让徐老师感慨不已。在徐老师看来，且不说小 Y 将来能否成为专业摄影师，单说他现在生活态度积极向上，有自己的兴趣爱好，生活有了奔头，再也不是从前那种时而萎靡不振、时而亢奋脱轨的糟糕状态。

不仅如此，徐老师后来还发现了小 Y 身上的另一个闪光点：他性格活跃，组织能力强。徐老师再次因势利导，让他担任班上的体育委员。其实，班里有好几个体育委员，但时间一长，小 Y 逐渐成了首席体育委员，因为他组织体育活动非常得力，同学们都很服气。他每天在学校带着同学们站队、出操、吃饭、休息，对时间、节奏的把握非常精准，他安排活动的时间和步骤往往恰到好处，老师和同学都对他赞赏有加。

如今的小 Y，每周都会抽时间和朋友一起练习摄影，打磨技艺。面向未来，他也有了清晰的打算：一方面，完成高中阶段的学习后，继续升入高职学习；同时，他也在为建立自己的摄影工作室筹划着……

在徐老师看来，自己带班多年，小 Y 是转变成功、效果显著的学生之一。"家长对孩子的转变非常满意，作为老师我们自然非常欣慰，帮助孩子重新找到人生方向，生活步入正轨，这也是我们作为工读学校教师最有职业自豪感的事。"

2. 老潘成长记

2015 年 11 月的一天，刚刚走进办公室的张文老师接到传达室打来的电话。"有学生来看你了，就是那个老潘！"电话那头说。

放下电话，张老师赶快来到校门口。瘦瘦高高的老潘笔直地站在校门口，正满怀期待地等着张老师呢。

虽然叫"老潘"，其实他只是初中毕业生，1999年出生。由于形象气质与行为方式较为老成，平时喜欢独来独往，人称"老潘"。老潘转入我们学校之前绝对是一个让人头痛的主儿，最喜欢干的事是满校园地瞎晃悠，喜欢给老师找一些"麻烦"。最具代表性的一次是故意在校长室门口叼着烟，转来转去，摆出一副"以身试法"的样子，自然招来校长的教育。但谁也想不到，老潘不但不听校长讲话，竟然趁校长不备，动手打了校长。

在校外，老潘也有非同寻常的表现。他明知道乘坐地铁要进行安检，有一次却故意找事，兜里揣着一把小刀，嘴里叼着烟要进地铁站，就想看看工作人员对他能怎么样。结果与安检人员发生争执，他把烟一扔，迅速从兜里掏出小刀，跟人比画起来，还把一名安检人员的胳膊划伤了，把护栏也弄坏了。后来被带到派出所赔了款，因为那时他还不到14岁，就被放出来了。更让人想不到的是，一段时间后，在同一地铁口，老潘又如法炮制了一次闯地铁事件。这次，安检人员有所防备，没有发生严重的肢体冲突。但随后在派出所里，老潘又制造了一些事端。他竟然在大厅里拿出打火机，准备抽烟。正好碰到一位民警，民警一拍桌子，对他说："这是什么地方，你还敢抽烟！"他也一拍大腿，说："老子就抽烟，怎么着！"

在学校，老潘不爱学习，特别讨厌写作文，只要一写作文，就乱写，有时还写一些污言秽语，故意气阅卷老师。再后来，老潘来到我校，成为张文老师所带班级的一名学生。

"这样的作文还给我30分呢"

老潘刚来学校的第一个星期就赶上了期末考试，第一场考试就是语文。监考老师只看见他在作文纸上写写停停，一直到考试结束，交卷的时候，他还笑了笑。可是，下午张老师拿到试卷一看，这哪是作文呀——不是说原校老师不喜欢他，就是说学校不好，让他来到这个工读学校。作文里面还有一些污言秽语。张老师看了之后，并没有生气。虽然真心觉得写的内容乱七八糟，但是为了创造教育契机，在作文总分50分的情况下，给了老潘30分。

试卷讲评课上，张老师逐一将试卷发给同学。当念到老潘的时候，只见老潘满不在乎地站起来，一只手就从张老师手中拿过试卷，看也没看就直接扔在桌子上了。"请同学们先自己修改，查找问题。""怎么还有同学不关心自己的成绩呀？"张老师故意看了老潘一眼。只见老潘满不在乎地看了一眼成绩，就快速地往后翻了起来，不解地问："老师，就我这个作文您还给我30分呢！要是在原来的学校，老师连看都不看，直接揉吧揉吧就扔垃圾桶里了。"

　　张老师说道："只要写就是好的。写作文什么是好的？文学大家的文章也有不足，更何况是你们这些学生呢。只要写了，就值得表扬，问题可以慢慢改。你知道这次作文为什么给你30分吗？"

　　老潘答道："我不知道，里面全是骂人的话，您还给了我30分呢。"

　　张老师说："第一你没跑题，第二你还写了一件事，虽然事情描写得不够详细，中心也不明确，但是你确实写出了一件完整的事。这篇作文的主要毛病在于正面的语言太少。即使要表达类似的意思，也要含蓄一些，别让人感觉难受，让人听着刺耳。语言过于低俗了，也影响自己的心情不是？下次写作文语言还是得文雅一些。"

　　当时，张老师也不知道老潘到底有没有听进去这些话，还想着下周要与他详细地聊一聊。可是，在周一学生返校时，老潘的母亲悄悄对张老师说，上周五接老潘回家的路上，他就一直在说学校的人和事，特别是作文获得30分的成绩尤其让他感动。他甚至对母亲说："其实我知道自己的作文写得很糟糕，可是张老师还是认真进行了批阅，还写了一大段的评语，当时给张老师跪下的心都有。"可见这件事对孩子的触动是多么大。

　　老潘觉得，"我的作文写得再不好，老师也要看。再不好，老师也给我成绩。老师都这样对我，有毛病，咱就改毛病"。从这以后，老潘的作文虽然仍有一些负面的语言，但总的来说比以前少多了。等到初三的两次模拟考试，作文写的都是积极向上的事件了。

一桶早有预谋的泡面

　　"越是这样的孩子，你就越要想办法接近他，让他真正感觉到老师对他的关心。当老师真的是为学生的人生长远发展去做事的时候，学生是能体会到的。学生犯了错误，老师有针对性地去批评他，指出问题，学生是能接受的，但前提是学生得接纳你。如果不接纳你，反感你，你说什么也没有用。"张老师说。

初三9月份刚开学不久，张老师发现老潘上课时对任课老师不是太友好。不好好听讲，总喜欢接话茬儿，有时还故意气老师。为了解决这个问题，张老师给了老潘一桶方便面，说："有一位老师挺喜欢你的。觉得上课时你挺聪明的，回答问题都在点子上。虽然课堂表现上还有一些问题，但老师觉得你有进步，送你一桶方便面作为奖励。"老潘问道："是哪个老师？"张老师说："老师不让说。"张老师这么做的目的就是埋下一个伏笔。老潘在哪个老师上课时出了问题，张老师就说是哪个老师给老潘的。

老潘在数学课上的问题表现得尤为突出。有一次数学老师预备铃后还没有到教室，他就在教室里嘟哝："干××什么去了？还××不来，都打铃了……"

另外一次数学课，老潘又是抢话，又是乱说，直接影响了同学们的听讲效率。提醒几次都不见效，数学老师就严厉地批评了他，他反而与老师顶撞起来。下课后张老师及时找到他，问他："你还记得上次我给的方便面吗？吃了吗？"

老潘说："吃了。"

张老师说："好吃吗？"

老潘说："当然好吃。"

张老师说："你知道这方便面是谁给你的吗？"

老潘说："您不说呀。"

张老师说："当时人家老师说了不让告诉你，但现在我不得不说了，没有办法了。你课堂上跟数学老师顶撞，老师还给你方便面，你拍拍良心说，你这样做会让人寒心不？这方便面就是数学老师给你的。你说，数学老师以后该怎么做呀？人家暗自表达出喜欢你了，结果你上课却故意捣乱，这样时间长了的话，你给老师留下的最初的好印象是不是都没有了？"

经过这番沟通之后，老潘与数学老师的矛盾基本上就没有了。数学课上还经常积极回答问题呢。

给我讲讲枪的事吧

一次周末，老潘与父亲因为上网的事发生严重的矛盾，两人大打出手。周一，老潘没来上学，晚上下班后，张老师直接就去了老潘家里。

一看老师来了，老潘极不情愿地在客厅坐下来。父亲刚一说他的问题，他就与父亲吵起来，甚至还脏话连篇。张老师一边劝，一边将老潘推回他的卧室。在与家长沟通后，张老师走进老潘的卧室，见他正在那里写东西呢。张老师想这时候批评他，他肯定听不进去，刚才能将他推回卧室，已经很不容易了。

在此前的家访中，张老师就留意到老潘家客厅里挂着很多航模，了解到他喜欢动手制作模型，也喜欢收集军事模型，于是暗暗记在心上。这次进到老潘的房间后，看到屋子里面有很多枪械模型，进一步确定了张老师的想法。

张老师跟老潘说："你喜欢枪呀，这些都是什么枪呀，这枪不错……"把注意力转到模型上，让他聊聊枪的事。

张老师说："过来，来聊这个，我教的《中国远征军》一课中也牵涉枪的问题，但我对这个事比较模糊。这些都叫什么枪呀，这怎么玩呀，这能打子弹吗？"没用三五分钟的时间，老潘的注意力转过来了。俩人聊了一会儿枪，再说了点别的，张老师也没有过多地批评他。

就这样，在"闲谈"中，老潘的情绪慢慢平复下来。随后，跟张老师回到了学校。

你们俩做个伴吧

老潘这个孩子比较孤僻，不合群，什么时候都爱自己一个人晃悠。自从跟张老师关系好了以后，就爱跟在张老师后面转，有时还在张老师背后做个小动作，瞎"比画"一下，以表达自己对张老师的喜爱。看着孤孤单单的老潘，张老师就琢磨着帮他找个伙伴。

班里有个学生小刘，个子不高，比较内向。在小学三年级时，母亲就不幸离世了。父亲是一个出租车司机，每天都早出晚归，也照顾不了他，就将他送到武术学校上学。后来，因为学习成绩差、行为习惯不好，转到我们学校。张老师就跟小刘说："你平时多和老潘玩一玩，老潘这孩子不错的，你多帮帮他。别人说他，他听不进去，你说他，他没准就能听进去。"

再跟老潘说:"小刘这小孩老实,家里情况不太好,你们两家住得比较近,平时你就多照顾照顾他。"

经过张老师的"撮合",两人还真凑到一块去了。这两个孩子有一天去航空博物馆,回来之后,向张老师汇报。张老师问:"怎么样,还行不?"俩人高兴地说:"挺好的!"张老师问:"你们怎么去的?"俩人说:"坐公交去的,走着回来的。"回来的路上,老潘还请小刘吃了一顿饭。老潘自从有了小刘这个朋友,与其他同学的关系也慢慢好起来。

舍不得用的水杯与偷偷用的拖鞋

"越这样的孩子,你越得多关心他",张老师说。

有一次老潘生病了,吃药、喝水没有杯子,到处踅摸。张老师看到这种情况,对老潘说:"没杯子啊,怎么也不买一个呀。"老潘也没有回应。张老师就打开柜子拿出一个杯子,对他说:"老师这里有一个杯子,你也别嫌破,拿去用吧。买得起买不起的,老师送你一个。"

别看这件事不大,后来据张老师观察,这个杯子挂在他的课桌旁边有两个星期没有用,后来可能拿回家了。张老师觉得这个无意间的小举动,对他心理还是有影响。对于一般人来说,拿着杯子就用呗。但老潘没有这么做,他对老师送给他的这个杯子还是比较珍惜的,可能是拿回家留作纪念。

老潘和张老师的融洽关系还表现在喜欢用老师的洗发水、牙膏、拖鞋,还经常以这种行为跟老师打趣。"老师,我又用你的拖鞋、牙膏了……"他用张老师的东西,是觉得与老师的关系不再生分。张老师就对他说:"我的牙刷、洗发水,尤其是拖鞋,你可别用。"老潘说:"我就用拖鞋了……"

我要上提高班!

初三第二学期开学不久,学校就成立了提高班,对学有余力的孩子进行课外辅导。成绩不太好的老潘也特别想去。为了满足他要求进步的愿望,张老师几次去找主管领导,要求给他一个机会。还当着老潘的面,跟领导说:"现在这个孩子想学习,想拼一把,就给他一次机会吧。"经过几次要求,老潘到提高班上课了。

在提高班学习的时候,老潘严格要求自己,课下还主动找老师问问题。在老潘的努力下,他考上了一所职高,选择了自己喜欢的专业。

毕业离开学校的老潘，经常和张老师在QQ上保持着联系，只要有时间就回来看老师……故事开头说的就是那天下午老潘学校放学早，又回来看老师了，他更想告诉老师他现在的情况和他对未来的一些设想。

3. 重拾信任的力量

作为教师，穆彧飞经常会遇到学生"失信"的问题。

某个学生因为犯了错误，到你面前承认错误的同时，经常会给予你不同内容的许诺，大多都是"老师您相信我，下次我一定改，以后我一定好好表现"。但多数的情况是，他可能还会再犯，这时，老师心中肯定会产生无奈、愤怒交加的情绪，甚至有些老师可能会选择再也不信他们了。

当学生出现撒谎、吹牛等问题，教师在处理时，有时会给他们上升到"诚信"的层面。但如果换个角度想，学生有时候撒谎、吹牛、说大话，也是一种有上进愿望的表现，他可能还是希望自己变好的。其实，如果在关键时候选择去相信学生，对他们的人格培养或者行为问题矫治，有时会起到意想不到的效果。

学生群体中有这样一个特殊的"病症"，工读班主任称它为"周一综合征"，即经过一个周末的放松，出现周一上学困难的问题。有的学生是因为周日晚上玩得太晚，早上起不来；也有学生是因为想到回到学校就要告别自己心爱的手机和电脑，会找各种理由多在家耗一会儿。

一个普通周一的早上，穆老师班里的小涛"周一综合征"又犯了。面对父亲对他的督促，他把自己裹在被子里，有气无力地回答："爸，我有点头疼，你让我再躺会儿，然后带我去医院看看，我下午再去学校，行吗？"深知他问题的父亲，断然拒绝了他的要求，用近乎拖拽的方式，把他拉上了车，准备送到学校。上车的小涛并没有表现出更多过激的反应，但他已有了自己的主意。

早上8点钟父亲开车把他送到了学校附近，嘱咐他吃点东西就去上学，然后开车离开了。父亲离开后，小涛并没有走进校门。

8点半，等待小涛到校未果的穆老师，给他的父亲打了电话，才了解到早上的情况。穆老师以多年班主任的经验判断，孩子恐怕是因为和父亲的矛盾，离家出走、逃学旷课了。和他父亲核对了事情的详细经过后，穆老师发现小涛的身上并没有多少钱，这就意味着他可能不会在外面待太长时间。但是对于工读学校学生来说，只要没有正常在校上学，漂泊在校外，就可能出现安全问题和违法犯罪隐患。穆老师一边安排家长去小涛之前经常去的场所查找，一边发动身边所有的力量找他。周一一整天，小涛手机关机，微信也没有任何动静。

事情的转机出现在周二的晚上，穆老师接到了小涛家长的电话，家长说小涛给家里打了电话，一会儿可能会回来拿钱和换洗的衣服。穆老师立刻放下手中的事情，打车赶往小涛家。只要能够看到小涛，保证他的人身安全，消除他违法犯罪的隐患，做老师的也就放心了。

当穆老师推开小涛房间的门，小涛看到穆老师后的表情是：惊讶、慌张，还略带有一些悔恨。

穆老师没有责怪小涛，而是给了孩子一个说话的机会。穆老师问了他三个问题：第一，去哪了；第二，和家长发生冲突的原因是什么；第三，希望这件事情怎么解决。小涛详细地讲述了他成长中和父母的一些误解，尤其是和父亲之间的矛盾冲突，还对穆老师说了，长大之后感觉到父亲对自己的不信任。穆老师在认真给他分析事情发生的原因之后，又一次问他希望如何解决这件事。

小涛沉默了5分钟之后，"弱弱"地问："飞哥，这两天我都没怎么睡觉，您能让我在家睡一觉吗？我向您保证明天一早一定到校上学！"穆老师毫不犹豫地答应了他并不那么合理的请求。临出家门的时候，穆老师转身对小涛说："孩子，我信你，明早8点我准时在学校门口等你，明天见。"

第二天，穆老师早早就等在学校门口，等着"迎接"小涛回到学校。在等的过程中穆老师心里也没底，如果孩子不来，该怎么办？但换个角度想，其实他来与不来并不那么重要，如果他言而有信地回到学校，相信他以后不会再出现类似的问题，这种诚信教育的效果将是终身的。如果不来，也要给予孩子足够的信任，让孩子知道无论到何时，有一个人永远会相信他。大不了再一次努力把他找回学校。

8点零2分，小涛飞奔到穆老师面前，愧疚地说："飞哥，我出门忘带校服了，又回去拿了一趟，所以晚了两分钟，真对不起。"那一刻，两分钟已经不重要。后来小涛再没有旷课的问题，连迟到都没有再发生，还积极参加了学校的足球和管乐社团，慢慢变得阳光而守信。

其实我们学校的孩子经常因为自己顽劣的表现和有时"失信"的问题，渐渐地很难得到他人的信任，但他们心中真的对"信任"不在意吗？当然不是！他们是渴望被认可，渴望被信任的。

工读学校的教师面对这样的孩子，在他人生的关键时刻，忘掉他以前可能有些"拙劣"的表现，选择相信他们，这种信任的力量将会慢慢地在他们心中生根发芽，从而让他们从内心开始变得诚信、阳光而充满正能量。

4. 为孩子们的"优势特长"保驾护航

根据多元智能理论，每名学生都应该存在自身的优势智能，而教育应该让孩子发现并发展自己的优势智能，充分实现自我价值。与多元智能理论一致，20世纪八九十年代，社会工作领域兴起了一个新的实践工作取向，即优势视角。这种取向关注个体的优势和潜能，坚持发展与成长的服务方向。

问题成因分析

小莉是在初一时转入我校的，当时恰逢青春期，严重叛逆。经过三年的教育，小莉有了明显的进步，初中毕业后继续留在我校职高学习。进入职高后，小莉的问题依然存在，主要表现在：过度异性交往、结交社会青年、人际关系紧张、抽烟、文身等。

小莉问题的形成原因有很多，追本溯源还是原生家庭的问题。父母在她上小学时就因为关系不好而两地分居。小莉跟着母亲，很长时间见不到父亲。父爱的缺失和她本身直率的性格，使得她更容易和男生交往。不幸的是，她对男女生交往的界限不清，认知也存在偏差。首先，她不知道什么样的男生值得交往，缺乏正确的判断。其次，她很难发展一段较为稳定的关系。这个年龄的女生通常有几个"闺密"，小莉却没有。她嘴上说"不在乎"，其实是内心渴望的掩饰。

发挥优势特长，培养责任感

小莉自幼学习舞蹈，有几分舞蹈天赋的她每一个动作做出来都透着专业的美感。学校搭建各种平台，让有艺术才能的学生一展才华。在这样的校园环境下，小莉担任女生舞蹈队小教练一职。女生舞蹈队想要登上学校元旦晚会的舞台，为此，小莉一早就着手从网上搜索适合大家跳的舞蹈，十分认真负责。排练之余，她还自己制作舞蹈背景所需要的PPT。元旦晚会结束后，她负责回收整理所有的舞蹈服装，叠好装袋，清点数目。在排练、上场整个过程中，小莉发挥出了自己的特长，感受到为同学、为班集体服务的价值感，虽然遇到一些挫折和困难，但责任感驱使个性要强的她继续努力前行。

发挥优势特长，促进友善关系

如前所述，中学阶段的女生往往喜欢有几个"闺密"，能够分享秘密、共享快乐、倾诉苦闷、释放情绪。小莉没有特别亲密的朋友，有时会念及此事，却表现得不以为然。通过观察发现，小莉之所以没有亲密朋友，可能是因为她在语言表达方式上存在一些问题。

在组织舞蹈队排练的过程中，小莉也学习着如何与同学沟通。高一的时候，她会嘲笑某个同学的身材，毫不顾忌地哈哈大笑，引起同学们的强烈反感。指导同学细节动作时，她会很生气地责怪同学太笨，措辞伤人。当她意识到同学的背离和伤心时，老师及时纠正她语言表达上爱伤人的毛病，引导她换位思考，体会对方的情绪。逐渐小莉改变了自己交往上的不足，慢慢地，她会征求同学们的意见，在指导同学们的动作时也不再言语犀利、出口伤人。

肯定优势特长，增强自我价值感

小莉发挥舞蹈特长，带领女生舞蹈队不断演出新节目，得到老师和同学们的肯定。此外，她擅长绘画，班级的宣传海报也有她的一份功劳。期中表彰时，班级的表彰人员由同学们提名，小莉上榜了。期末全校表彰中，小莉也榜上有名。小莉认识到自己的价值所在，增强了自信心，提升了自我价值感。自我价值感指数高的人对自己的认同度较高，认为自己的存在有价值，对于自我、他人、社会都有一定的意义。

小莉学习更加努力认真，面对自己不擅长的数学科目，她没有放弃，有不懂的就问同学和老师。任课老师也反映小莉上课表现得很积极，能够回应老师的问题，配合老师的课堂活动。

在正确认识男女生交往问题上，小莉逐渐清晰了界限，保持应有的距离，建立起了正确的交友观。她在后来和老师的谈话中说到，只有自己变得优秀了，未来才可能找到一个更加优秀的伴侣。所以她要努力让自己变得优秀起来，让自己迈上一个又一个台阶，长大后再考虑找男朋友。

有研究认为，学生问题的本身可能破坏力并不大，反而是成人贴标签的行为会使学生陷入问题的困境中，这才是真正的问题。

我们学校的学生需要自信和鼓励，渴望关注和赞扬，在只看学习成绩的情况下，他们几乎不可能得到这些。我们学校的教育理念和"优势特长发展"的举措帮助学生发现了自我的生命价值。学校丰富的活动也为学生搭建了展示自我的平台。我们需要为孩子们的"优势特长"保驾护航，提供科学化的支持，帮助他们身心健康地幸福成长。

5. 风雨后，陪你看彩虹

小伟来自海淀的一所普通中学，身高体壮，眼神里充满着敌意，仿佛一个受伤的野兽在观察着周围的敌情，跟他说话时他也默默不语，拳头总是攥得紧紧的，他的班主任是章鲁川老师。

上小学时，小伟就经历了别人难以想象的磨难。他的父亲在他三年级的时候因为杀人被判了13年。妈妈经营了一家KTV，却因经营不善再加上染上毒瘾而失业在家。小伟四年级的时候，妈妈被送到戒毒所强制戒毒。因为缺失家庭的温暖，小伟变得特别的叛逆，上初中后，学习成绩一落千丈，还经常逃学旷课、打架斗殴。其实小伟内心世界非常脆弱。他讨厌别人谈及他的家庭，他感觉这个世界上已经没人爱他了，父母不要他、老师嫌弃他，甚至他自己都讨厌自己。

面对这样一个缺爱的孩子，怎么办？那时刚参加工作的章老师没有带班经验，只能硬着头皮上。章老师放弃周末的时间，一有机会就找小伟谈心，在前两个月里，章老师每周最少都拿出六个小时跟他谈心，谈原校的学习生活、对朋友的认识、对老师的看法，还有他所谓的女朋友。章老师耐心倾听，并巧妙表达自己的看法和感受。渐渐地，孩子跟老师就走近了，性格也慢慢开朗起来。

就在我们为小伟的转变高兴的时候，他又出事了：周一没有来学校。章老师找到小伟并把他带回学校办公室的时候，小伟突然爆发了，他扑到章老师怀里痛苦地喊道："是不是妈妈真的不爱我了？不想要我和这个家了？川哥！你别管我了！求求你放弃我吧！"原来，他在家里发现了针管，他怀疑妈妈又复吸了。

章老师问小伟，你看到你妈妈吸毒了吗？小伟说没有。章老师安慰小伟，让他问清楚了再说，他坚信妈妈是爱小伟的。章老师陪着小伟谈心，从下午一直聊到凌晨。

下周一小伟来到学校后特别高兴，他说："川哥，我妈没有复吸！那是给宠物打针用的针头，我都确认过了！"

从那以后，小伟性格越来越开朗，而且很有责任心，经过自己的努力当上了班长，最后顺利地毕业。后来小伟在一家公司里做到了中层干部，手下管理着20多个员工，小伟感慨说："章老师让我看的管理书籍和当班长的经历成就了现在的我。"

陪学生聊天、找学生、家访等等，是我们工读班主任的家常便饭。有人算过，工读学校班主任一周工作近80个小时。这就意味着，我们陪伴家人的时间少之又少。

章老师带的班级情况比较特殊，家庭离异重组的学生占到了将近四分之三，普遍问题都比较严重。为了保持班级稳定，保证学生们不出现问题，周一到周五章老师一直在学校值班，几乎每个周末都在家访、找学生、陪学生中度过。整整一个学期，加上所有的周末和五一假期，章老师只休息了7天。

我们学校的老师们对家人亏欠太多，但是没有办法，面对我们学校这样一群更加需要关爱的孩子，我们不能丢下他们，他们更需要我们的陪伴。因为，陪伴有时就是最好的教育，陪伴才能治愈他们受伤的心灵。

找学生是工读班主任工作的一个特点。我们经常被开玩笑说都快跟警察一样了。

在我们学校，只要是当过几年班主任的老师，都熟悉北京市特别是海淀区的各个网吧，包括黑网吧，知道每一个学生可能会去的夜店、台球厅。孩子如果没来上学，我们会第一时间去寻找，不会放弃。章老师曾经连续20多次反复找回一个孩子，直到这个孩子彻底稳定下来。因为，这就是我们的教育，不放弃任何一名学生。

章老师以前还带过一个叫小昌的学生。一天早上章老师刚起床，班里几个孩子就来找章老师，告诉他班里少了4个同学，其中包括小昌。

小昌，因为持刀抢劫被判三年缓刑两年而被送到我们学校。每个月，小昌都要去法院报到一次。小昌自从进入我们学校以来变化其实还是非常大的。不但学习成绩有了很大的提升，还入选了学校的学生会。鉴于他在学校良好的转变，章老师还为他开了一个证明，证明小昌在学校表现良好，建议法院重新判罚。

逃学的这一天正好是他去法院报到的日子，如果不去就会被取消缓刑。章老师必须得在下午2点前把小昌找回来才行。

章老师分析这4个孩子的情况，里面有一个孩子比较有组织能力，这次逃跑应该和他有直接的关系。上周聊天时这个孩子和章老师提起他有一个女朋友，因此，章老师就到他女朋友的学校寻找线索。在联系了她的班主任后，章老师找到了这个女孩，但是她说他们并没有联系过她。

在往回走的路上章老师突然想到，那个女孩的眼神有点飘，还有些不安的感觉。仔细回想后章老师确定，这个女孩在说谎。他们又折返回她的学校，经过半个小时的交谈，这个女孩承认这几个孩子联系过她，说小昌中午放学要来找她。中午放学的时候，章老师果然在这个孩子的学校门口等到了小昌。章老师把建议重新判罚的证明信交到小昌手里时，小昌哭了。

去年小昌给章老师发微信："川哥，我就要去加拿大学习厨艺了。没有您当时一次次的陪伴，一次次的寻找，我可能就留下案底了。谢谢您！"

因为找学生，章老师曾经在石景山马路中间的冬青树丛里蹲了将近三个小时，浑身被蚊虫叮了无数个包；也曾因为一个可能的消息驱车奔往河北找学生；还曾经在找学生的路上，被10多名流氓围攻；还碰到过家长帮忙说谎的、持刀威胁的、要自杀的等等。

虽然困难重重，甚至有生命危险，但是工读班主任是保障这些学生的最后一道壁垒，如果我们放弃了，那他们也就失去了美好的未来。在老师们的教育引导下，我们有很多孩子获得了海淀区三好学生、海淀区优秀学生干部的荣誉称号。章老师带过的学生很多都考入了理想的大学。

为他人之不敢为，为他人之不愿为，为他人之不屑为，正是我们的工作与众不同之处，而就在这不同中，每当我们扶正一棵歪斜的树苗，社会便会多一片青葱翠绿的树林，希望和温暖就会在林间生发，直到蔚然成风！

6. 无论你在哪里，我都要找到你！

作为工读学校的班主任，穆彧飞最担心的就是周一学生没有到校，最害怕的就是接到家长电话说学生离家出走了，因为孩子多在外边"流浪"一天，他们就多一分危险，而我们要做的就是尽己所能，尽快地找到他们，让他们安全返回学校。

外出寻找未到校学生，已经成了工读班主任的一项重要工作。穆彧飞老师曾经很多次外出寻找未到校的孩子，他们中有因为家庭矛盾拒绝到校的小雷，有不良交往导致厌烦管理的小桐，有初到学校不适应环境的小王……

2019年5月的一个周一，穆老师接到家长电话说，小陈不想来学校并且已经离家出走。穆老师赶忙打电话联系以前教过的学生帮忙，并找学校中熟悉小陈的同学打听他常去的地方。经过老师和家长的共同努力，周一晚上小陈终于被家长带回了家。周二中午小陈家长告诉穆老师，小陈现在在家，但依然不愿意来学校，家长没有办法，希望老师帮助。穆老师立刻放下手头所有的事赶到小陈家。

此时的小陈正在家躺着玩手机，穆老师问他为什么不去上学，小陈说，在学校住宿，没有办法和朋友们联系，学校的管理又很严格，让他一时有些适应不了。像小陈这种情况，初到学校表现出对于新环境的不适应，在工读学校很常见。穆老师告诉小陈，作为老师，对他的困惑和忧虑表示理解，但他也告诉小陈在他这个年纪学业是必须要完成的，可以想一想如何能让自己的学业充满乐趣。比如：可以在学校中参与自己喜欢的社团活动，可以在有困惑的时候多和自己在学校的朋友沟通交流。

经过穆老师的开导，小陈开始动摇，但碍于面子，他仍不愿意回学校。穆老师也很坚定："今天既然来了，就必须把你接回学校。"无奈之下，小陈跟穆老师走了。

没想到刚出家门，小陈就大声喊叫"老师打人"，让邻居的叔叔阿姨快帮他报警。穆老师顿时感到茫然又愤怒，但本着"一定要让孩子回到学校继续上学"的信念，穆老师马上冷静下来，面对渐渐围拢过来的人们，穆老师说："孩子，你以前就是这个样子，心情不好就不去上学，以前学校的老师不管你，家长劝你，你又不听，你才会走到现在这一步。我是你现在的班主任，我有责任，也必须把你找回学校上学，今天谁拦着我把你接回学校谁才是真的对你不负责任，谁毁了你一辈子。"

听到这里，人们渐渐散去了，小陈家隔壁的邻居边走边说："小陈，听老师的，老师说得对，你必须得上学。"就这样，小陈在穆老师和家长的努力下，上了回学校的车。

小陈也感受到穆老师对他的苦心，开始主动适应学校生活，参加了每天晚上的足球社团活动，开始有意识地改掉自己的小毛病，更多地与班级同学接触，参与班级活动。现在，每周一他都会准时到学校上学，周末在家的表现也有了很大进步。

在海淀工读学校做班主任工作，除了要有正确的学生观，更重要的是要具有教育转化好每一个孩子的强烈责任感。一旦我们的教育失利，可能丧失的是一个孩子一生的幸福生活。海淀工读学校的所有班主任都有一个共同的信念，那就是对每一个孩子"不抛弃、不放弃"，这就是一个工读班主任应有的使命担当。

7. 情景剧中的"教育现场"

新学期伊始或建班之初，每班都会确定符合班级情况、体现班主任带班思想的教育主题，开展系列教育活动。班级主题教育活动大都贯穿一学期或是一学年，目的是使学生形成某种思想认识，或养成某种品质习惯，或具备某方面的能力。

根据暑假家访对学生情况的了解，以及受"人人都有存在感"思想的影响，2015年9月，穆彧飞老师新学期的教育主题定为"尊重与平等"。计划通过小组合作管理模式，让学生形成尊重与平等的思想意识，学会尊重师生、尊重他人。

在班级发展的过程中，虽然我们班主任十分注重"尊重、平等"方面的引导，但是有些学生因性格原因，依然得不到他人的尊重，在班级中缺乏存在感，这一问题很难通过常规的教育方式有效解决。因此，穆老师编排了一个以"尊重和平等"为主题的情景剧，通过戏剧表演的形式，让参与者有体会，让观看者有思考。

情景剧的名字是《聪聪的日记》。为了达到教育效果，穆老师特意挑选了三个同学（小涵、小李、小茂）：小涵在语言上时常会对同学不尊重；小李总是成为同学之间出现不尊重问题的源头；小茂在班里则是极度缺乏被尊重；小涵和小李在生活中经常对小茂不尊重。之所以选择他们，是要通过排剧让他们发现自己的问题，从而改正自己的问题。

三名同学的排练热情很高涨，他们慢慢地意识到剧情好像有点"熟悉"。小涵问穆老师："飞哥，这剧情好像有点熟悉……"穆老师没有告诉他真正的原因，只是回答道："别想那么多，你现在只需要把自己当作一个演员，演好这个舞台剧，在元旦演出的时候为班争光，其他的别瞎想。"

后来小茂也忍不住问穆老师："飞哥，我觉得我挺像故事的主人公'聪聪'的。"穆老师见这是个引导学生的好机会，反问道："如果你是那个'聪聪'，遇到同学间的这个不理解，甚至是欺负，你会怎么办？"小茂思考半天说："飞哥，我会像那个'聪聪'一样，更加努力，通过付出去得到他人的理解。"穆老师的情景剧计划初见成效。

每次排练，穆老师都观察小涵和小李的表情，从他们排练后的沉思和面对小茂有时出现的愧疚的眼神中感觉到，排剧的真正目的达到了。

排练的过程中，利用晚班会的时间，穆老师详细地给所有同学讲解了《聪聪的日记》这个情景剧的内容，然后问："同学们，《聪聪的日记》这个节目中的问题，在我们班里有没有？"

基于之前每次排练完都会和学生说内容、讲情节，很多学生在心里已经对班级中存在的不平等、不尊重的问题有了自己的想法。但是有些同学怕影响同学间的关系，对于是否站起来表达自己的观点还是有些犹豫。

小涵举手站了起来，"弱弱"地说道："飞哥，我想跟小茂道个歉，我觉得我之前有时开玩笑太过分了。"

一石激起千层浪，同学们都没想到小涵会在这个时候站起来，当着所有同学的面主动承认错误。穆老师内心感到很欣慰，但故作平静地说："有认错的态度很好，但我更希望看到你去改正，现在首先你要做的，就是把这个节目演好，让更多的同学关注到这个问题！"

通过这次情景剧的排练和针对这次情景剧的班会，班级内形成了"尊重与平等"的氛围。随后，班级最大的变化就是凝聚力越来越强，集体进步显著。元旦之后的期末考试，班级平均分都在年级平均线以上，五科中有四科的平均分都是年级第一；学校常规评比中，三次流动红旗评比获得了14面（满额为15面），成为全校收获流动红旗最多的班级。

班级的常规成绩和学生成绩的提升，不能说完全是因为《聪聪的日记》这个情景剧而取得的。这个情景剧或许只是班级成长过程中一个非常普通的"点"，但是班级最终的成绩正是由这些非常普通的"点"，一点一点累积起来的。学生的思想和行为在不知不觉中被影响着，细微的习惯和性格也在潜移默化中发生了改变。

从某种程度来说，情景剧具有改变班级的力量。

（二）家庭功能缺失、教养方式不当问题

1. 高超老师的"小棉袄"

因为一个女孩，年纪轻轻的高超老师成了"高妈妈"。

这个十来岁的"大闺女"欣欣，一入学就成了美术课高老师的小助手。从学习陶艺、画画到节目主持，她都是跟着高老师，后来成了高老师的"贴心小棉袄"。

刚开始，欣欣非常不自信，最常说的话就是：真丑。但是接触一段时间后高老师了解到，她其实表现欲望很强烈，喜欢美的事物，最重要的是这孩子简单直接，爱表达自己的感受。虽然爱"碎碎念"，绘画基础也不算好，但她渴望进步，学习热情也非常高，又积极参加学校和班级的活动以及各项比赛，接触得多了，师生的感情逐渐升温。

第一次让欣欣做主持人时，需要她穿学生装制服裙上台，她直接反抗，问其原因，是因为腿上有文身，不能在台上露出来。高老师跟她说："我帮你把文身遮住，你穿不穿裙子？"她有些怀疑，但是为了能上台主持，还是答应试试看。高老师找出肉色的水粉颜料，调和好接近她肤色的颜色，画在她小腿上的文身处，几笔就把文身盖住了。高老师让她穿上丝袜，换上裙子，拍了张照片给她看，文身完全看不出来。照片中的欣欣亭亭玉立，清纯伶俐。

为了能让孩子们进步，高老师经常找班主任了解孩子们的情况。当探讨到欣欣的时候，班主任和高老师说，欣欣特别喜欢高老师，她觉得自己得到的母爱都是高老师给的，从此就称呼高老师为高妈妈。

来到工读学校的孩子都是有故事的，他们这么小的年纪就要承受不该承受的痛苦和压力。欣欣是龙凤胎，她有个弟弟，妈妈在她很小的时候就和爸爸离了婚，离开了他们。从小没有享受过母爱的她，还因为家里重男轻女，忍受着家人不平等的待遇。因为生活在这样的环境里，她内心很自卑，遇事紧张，需要不停地倾诉发泄。

高老师刚工作也没几年，是一个从小生活在幸福家庭里的女孩，其实很难理解并体会到欣欣这样的孩子内心深处的感受。高老师努力去了解孩子，不是以一个怜悯的角度去看待，而是真正做到感同身受。她尽自己所能为所有的孩子提供更多的展示平台，将新潮、有寓意的活动带给他们，让他们去体验。

最让高老师感动的是欣欣参加绘画比赛。绘画比赛与节目主持呈现的方式是不同的，主持人在台上光鲜亮丽，感受到的是最直接的掌声和羡慕的目光，是最能获得成就感的方式。而绘画比赛就像是幕后工作，它需要参赛者踏实耐心地创作作品，最终换来的只是一张含金量也许并不高的证书。

但是为了鼓励孩子们参加绘画比赛，高老师总是把备赛过程看得最重要，孩子们在老师的辅导下都能学到新的绘画技法，都能有进步。欣欣是唯一一个每场美术比赛都能参加的学生，不管这个比赛是否重要，是不是要占据大量的课余时间，她都会坚持去做。当别的同学都在休息的时候，她独自一人周末去比赛现场参赛。不管严寒酷暑，路途遥远，她都不用老师费心，这让老师感到很欣慰。

高老师平时工作任务繁重，欣欣总是主动帮高老师分担，她会帮高老师维持学生纪律，就像个小老师一样。师生的感情建立在一次次活动中，欣欣每一次主持，高老师都会在台后现场指导，当遇到临时突发的状况，高老师都会指导她去处理。每一幅参加绘画比赛的作品，从构思到绘制完成，都需要高老师帮助。当欣欣体验成功的同时，也感受到了高老师所倾注的爱。

随着参加各项活动，能力不断提升，欣欣现在能够主动承担任务，学习写主持词，组织学生排练节目。进步的同时，欣欣也还存在一些问题，比如执行任务的时候会挑选轻松、能够展示自己的活，不爱打扫卫生，不爱写东西，爱犯懒。每当有这些情况时，高老师都会找她谈话。谈话的时间很短，内容也很简单，其实就是表达老师对她的期望，希望她变得更加优秀，不仅仅是能力上，更多的是在价值观方面，鼓励欣欣学习做一个内心温柔善良的女孩。

2. 当教师没有桃李芬芳

白居易诗云："令公桃李满天下，何用堂前更种花。"当老师的都希望桃李满庭，都希望用一生的心血换得桃李芬芳。但如果，当一个老师倾尽全力，而他的学生依然是那么普通、平凡，不能如娇艳的花朵吐露芬芳，那么他的工作价值在哪里？他还能不能坚守在教育岗位上？

小雷父母工作繁忙，从小就无暇照顾他，经常由于临时性工作对他爽约，这就造成了他对诚信极度的偏执，遇到违约就冲动甚至狂躁。

一次，因为父母爽约，小雷狂怒，把自己锁在厕所里，大吼道："我谁的也不听，你们都给我滚！"父母拿他没辙，给学校打电话求助，他的班主任穆彧飞老师急忙赶到他家。穆老师到他家后什么也没说，只是搬了一把椅子，坐在厕所门口，一等就是一个小时，直到小雷打开了门，说："老师，你要是有事就先回去吧。"那一个小时，看似什么也没发生，但小雷却一直在观察穆老师，他在那一小时里知道有一个人不会对他爽约，信任也就是在那一个小时静静地发生着。

之后穆老师和小雷就如何和父母沟通聊了很多，与他家长反复探讨如何进行家庭教育，多次把不愿上学的小雷接到学校。3个月后，小雷和家长的关系有了很大的改善。

没想到中考前夕，他居然将一把40厘米长的水果刀带到了学校，并扬言要捅死一个叫小豪的学生。原因是小豪曾答应小雷继续陪着他留在学校上职高，而小豪的家长想让他换个学校，小豪只好听从家长的意见。小雷觉得又一次被欺骗，愤而做出了带刀的举动。

为了避免事情恶化，穆老师立刻把小雷拉到了学校对面的院子里。带着他回忆他和同学，尤其是和小豪之间所有的开心、快乐的时光。慢慢地，小雷露出了笑意，主动把书包递给穆老师，说："刀在包里，飞哥你自己拿吧。"

上了高中的小雷，慢慢学会了收敛脾气，但偶尔也会反复。他上课没认真听讲，穆老师批评了他几句，小雷就急了，揪着穆老师的脖领子，嘴里重复着"我怎么了？我怎么了？"教室里满是桌椅，穆老师怕他受伤，只能横着把他抱起来放到办公室的沙发上，然后就蹲在他面前静静地看着他。30分钟后，小雷渐渐地冷静下来，痛哭流涕，哽咽地说："飞哥，我对不起你！"

小雷因为家庭问题不来学校的时候，因为同学矛盾将要拔刀相向的时候，因为情绪激动将要挥拳动怒的时候，穆老师始终没有放弃他，在他身边默默守候。在小雷最青春的岁月里，穆老师陪伴了他5年。他用内心的平静证明了穆老师的5年教育生命没有白付出。

穆老师带过的另一个孩子小桐，是一个组织能力超强的孩子。因为不良交往、夜不归宿、打架劫钱来到我们学校。

初到学校的小桐展现出了与年龄不符的人际交往能力，老师和同学们也都很喜欢这个"嘴很甜"的新学生。但是很快小桐就又和他校外的朋友们联系上了，几周后，他离家出走了，一走就是三周。

在此期间，每周一、周四他都会给穆老师打个电话，说下周一定回学校，但每次又都放鸽子。穆老师没有放弃小桐，白天通过QQ、微信打听他的下落，晚上又去网吧、KTV找他，三周后穆老师终于将小桐带回了学校。

回到学校的小桐满心忐忑，觉得等待他的一定是一场暴风骤雨般的批评。那天晚上熄灯之后，穆老师找他谈话，他想，该来的终于还是来了。但出乎他的意料，穆老师只是简单地问了一句："小桐啊，这一段在外边吃了不少苦吧！"一句简单的话，温暖了小桐的心。他讲了这三周在外面的情况，也说到他父母把他的窗户焊死，把他锁在房间的成长经历。那天，师生俩人聊到深夜，小桐感到自己被理解，放下了心头的包袱，开启了新的生活，在学校广阔的平台上，迅速成长，最终当选为校学生会主席。

小雷、小桐和其他所有的学生一样，都是"蒙尘的花朵"，是成长中遇到问题、有特殊教育需要的孩子。为了这些孩子，工读学校老师如家人一般，和他们一起同吃同住。一周 70 多个小时陪伴，补偿他们家庭的温暖，修复他们的自尊，让他们重新获得成长的力量。

"唯其艰难，方显勇毅；唯其磨砺，始得玉成。""蒙尘的花朵"也许并不娇艳，也没有芬芳，但在老师的呵护下，历经风雨的他们是那么的鲜亮。在老师的引领下，重新起航的他们又是那么富有力量。

当教育没有桃李芬芳，当教育的目的不是培养成功的人而是一个善良的人、一个有利于社会的人，那么工读教师的工作就真正回到了教育的本原。而正是这种回归本原的人性教育才是教育的价值所在，也是支撑工读教师继续前行的勇气所在。

3. 小雨的教育日记

2015 年秋季学期，学校建了两个职高高一班，王宏祥老师担任其中一个班的班主任。与往常一样，建新班必须了解学生在初中的表现，王老师找到原初三班主任胡老师了解女生班留校学生情况。胡老师反映，问题比较多的是付某和何某，重点是男女生问题和家庭问题。

当时，班里只有付某、何某和小雨三名女生。王老师想一定要做好三位女生的工作，让她们在板报宣传、演出等活动中成为骨干力量，让她们在为班级做贡献的同时，也提高自己的能力。

根据胡老师的意见，在初三毕业准备建职高班的家长会上，王老师也重点对何某、付某进行了关注，与家长进行了较为透彻的沟通。当时，他以为小雨的问题不大，却没想到她之后出现了一系列的严重问题，让王老师猝不及防。

高一开学前的那个暑假，两位班主任对小雨进行家访。到小雨家后，发现小雨不在家，来家访之前多次沟通，小雨的父亲说一定让孩子在家的。老师现场给小雨打电话，但是没人接。

通过和家长沟通，两位老师了解到小雨出生两个月时母亲就因病去世，父亲老实木讷。小雨从小跟着姥姥生活，小时候一直很乖，初中之后开始有复杂的社会交往。经过两个多小时的聊天，老师们了解到小雨暑假生活很"出格"。基本每天都有"文身""戴金链子"的年轻人接小雨出去玩，整夜不归。

小雨姥姥已经70多岁了，有一次半夜，小雨出门，姥姥堵门不让她出门，她居然动手推搡，姥姥摔倒在地，她却独自离去。从小除姥姥外，小姨对小雨照顾也比较多，要求也相对严格，以前小雨比较听话，假期里却出现了打骂小姨的现象。之后，姥姥、小姨已经基本处于放弃状态，觉得对小雨无能为力，想把她交到少管所。

因为见不到孩子，老师们只能先给家长一些建议。最重要的是不能放弃孩子，每个孩子可能都会有这样一个逆反期，帮助孩子顺利度过，孩子就能健康成长，放弃孩子，孩子的一生可能就完了。给孩子创造一个比较温馨的家庭环境，但同时也要坚持底线原则，违反底线的事情不能听之任之。

十天后，小雨的父亲给王老师打电话，小雨因在外欠钱，被债主追到家里要钱，她姥姥彻底伤透了心，决定不再管她。孩子几次想逃跑，被父亲追回，锁在家里，小雨还试图割腕恐吓父亲。开学第一天，她父亲把她送到了学校。鉴于假期中的表现，一开学，她便成了两位班主任工作的重点对象。

开学第一天，班级事务特别多，但两位班主任还是抽了一个多小时和小雨谈心，从个人到家庭，从现在到将来，小雨在口头上的表现还是不错的。

工作首先从抓发型开始。学校有规定，女生不能烫发、染发，而小雨来学校时顶着一头黄发，是典型的"社会发型"。在老师的工作下，她终于把头发染了回来。

之后，老师们设法带动、稳定小雨，抓住她学习基础好、脑子灵活等特点"大张旗鼓"地表扬她，使她在校期间心情愉悦，愿意来学校。同时，极力创造条件让小雨成为学校咖啡屋的实习生，让她有更多的机会锻炼。

开学第一周，围绕小雨做了那么多工作，但第二周她还是没能管住自己，没能来学校。两位班主任没有放弃，一直和家长保持联系，鼓励家长不能放弃，也一直在通过以前毕业的学生等寻找小雨。

在小雨逃学期间，王老师了解到她有一次被派出所送回家，原因是抢别人手机。之后的某一天晚上9点多，王老师接到派出所电话。小雨又因抢别人东西被派出所抓住，家长不想去接她，所以打电话找学校。晚上11点多，王老师把她接回了学校。

为了能对小雨进行更好的教育，德育副校长姚鹏龄请了公、检、法三个部门的工作人员对小雨进行了训诫教育，把小雨的姥姥、小姨、父亲也都请到了学校。训诫进行了整整一个下午，结束时天都黑了，天下起了小雨。这次，小雨哭了。

王老师说："相信她吧，给她一次机会。"

之后小雨的状态确实好了很多，虽然周末还有不踏实的情况，但情况要好很多，至少在外面玩再晚也要回家，不再在外面抢人东西，也没再出现旷课逃学的情况。

4. 用心聆听，静待花开

英语老师高瑜是怀着忐忑的心情来到工读学校的，她的头脑始终定格在一群调皮捣蛋的特殊孩子们身上，各种心理压力扑面而来，担心自己被学生气哭、掌控不好课堂……就这样战战兢兢地，高瑜老师站在三尺讲台上开启了自己的教学新篇章。

青春期的孩子如果不叛逆就好像无法证明自己的存在感，为了突出自我，引人关注，课堂上"演讲"就成为他们表现自我的最好选择。

刚开学不久的一次英语课上，小A同学像演说家一样异常兴奋地和周边同学谈笑风生。高老师台上讲他台下讲，老师停他也停，仿佛在跟老师比赛。高老师用目光暗示他不要讲话，未果。高老师不停地安慰自己要淡定，她说："小A，你别说话了！你不学习，还影响别人！"小A不屑一顾地瞟了高老师一眼，不吭声了。没过多久，小A又开始"演讲"，这一次高老师瞪着他说："你再这样就扣分！"没想到小A怪声怪气开了句玩笑，全班同学哄堂大笑。

为了不影响其他同学，高老师强压着怒火把课上完了。课后，高老师叫小A到办公室，他像没事人一样大大咧咧地来到办公室，高老师示意他坐下，他却像没听见一样，张望别处，眼神中满是不屑，高老师感觉小A存有敌意。师生的谈话在短短的课间十分钟不了了之。

高老师开始反思自己到底哪里出了问题，后来从其他同学那里得知，有一次高老师把作业写得好的同学都表扬了，唯独把小A给遗漏了，他就开始"恨"上高老师了。

高老师又去班主任那里了解情况，得知小A父母离异，极度缺乏关爱，又有轻度抑郁。高老师顿时同情起小A，埋怨自己不了解学生就在课堂上批评他，不够冷静。

　　了解小A之后，高老师对他多了一份包容和同情，课堂上更加关注小A的一举一动，并及时给予表扬和鼓励。无论小A的态度是抵触还是不情愿，高老师始终微笑着面对。也许他感觉到高老师对他的友善，渐渐地小A对高老师露出了难得一见的笑容。

　　高老师课后经常找小A谈心，做一个忠实的听众去倾听他内心的声音，在平等温情的氛围中，小A终于打开心扉，道出他内心的痛苦、迷惘和不安。后来高老师利用放学后的时间给小A补课，纠正他的发音，当面批改他的作业，给他讲解习题。有时会和他聊一聊未来和人生，鼓励他进步，给他信心和力量，有时不经意间会看到他眼里闪烁着泪花，高老师知道，自己的努力起作用了。

　　渐渐地，小A习惯了来办公室找高老师朗读"周目标"，甚至有时候会在课前跑到办公室帮高老师拿课堂上用的资料。而且小A对高老师改称"瑜姐"，后来这成了所有学生对高老师的昵称。

　　当学生出现问题时，老师不能简单地认为他是在违反纪律，而应该看到他背后隐含的话语，"我的努力和进步你看到了吗？我的困难你知道吗？快来关注我吧，快来鼓励我吧"，然后寻找机会多和他沟通，多听听他内心的声音，从而消除误解，减轻他的压力，增加他被认同被肯定的感觉。只有把学生当朋友对待，学生才会"亲其师，信其道"。

　　北师大教授肖川说过这样一句话：教育就是一个不完美的人引领着一群不完美的人追求完美的过程。懂得这个道理，我们就会对学生多一分理解，少一分埋怨。

　　5.用"爱的赏识"打开她的"心锁"

　　在很多人看来，工读学校的这些孩子或许问题很大，很难让人去爱他们。但在周春娜老师看来，每个孩子都是上天赐予父母最珍贵的礼物，只不过他们在成长的过程中因为某些原因而变得自卑、内向、冲撞、彷徨，需要老师给予更多的关注，用"爱的赏识"来呵护才能重拾他们的信心。

周老师班里的涵涵初三来到工读学校，来校原因是暑假期间一直"游荡"在外不回家。原校开学一周，她也没去上学，后经原校老师劝说来到工读学校。经了解，涵涵父母在她很小的时候就离异，父亲是她的监护人，有时会把自己的坏情绪释放到她身上，总是抱怨她，对她看得很紧。涵涵但凡回家晚一点，父亲就不断地盘问。

母亲再嫁后对她也不闻不问，使她内心深处极度自卑，缺乏安全感，需要陪伴。而且她的自控力极差，每隔一段时间就要出去疯玩，虽然她知道这样不对，但是她控制不了自己。涵涵双休日及寒暑假经常不回家，四处游荡。她做事容易粗枝大叶，忽略一些细节，莽撞欠思量，常常做出一些令自己后悔的决定。

对于涵涵这样的孩子来说，家庭不能成为她的避风港，父母婚姻的不幸，教育上的简单粗暴，不断地抱怨指责让她很自卑。和她接触的过程中，周老师发现她似乎对什么都不感兴趣。

直到有一次，周老师和涵涵一边聊天一边选班级活动照片，她指着周老师选好的照片说："这张照片人太多了，没有主次，如果选一张只有两三个人的照片会更好。"她又指着另一张照片说："这张颜色太单一了，不能吸引别人的注意，可以选一张撞色比较明显的。"从她的聊天中周老师发现，她在照片的选择上有自己的见解，似乎她对摄影特别感兴趣。

或许这会成为这孩子转变的一个突破口，于是周老师采纳了她的建议，而且对她的眼光很是欣赏，同时建议她学学这方面的知识。

涵涵迟疑了一下，同意了。周老师陪着她上网找了很多摄影方面的小知识，比如怎样调光、选参照物的角度和画面比例等等。通过一点一滴的学习，涵涵对摄影开始感兴趣了，班级活动时她常常担任小摄影师，拍好的照片被老师做成了工作日志。

周老师把涵涵推荐到了校学生会的摄影部，让她积极参加宣传、摄影等方面的活动。每次学校大型活动结束后，她都能在微信稿摄影那一栏看到自己的名字，这让她很有成就感。渐渐地，涵涵不再像以前一样封闭自己，相反，她变得越来越活跃了，见人能主动打招呼，性格也开朗大方了不少。

有一次，涵涵偷偷躲在厕所吸烟被周老师发现，老师从健康、校规班规、安全隐患等几个方面和她进行了沟通，她意识到自己触犯了班规。周老师没有让她马上承认自己的错误，而是让她"将功补过"，让她尝试着写无烟班集体申请书。

涵涵一听以这样的方式去补过，自然是高兴得不得了。她先上网查阅了申请书的格式以及关于吸烟有害健康方面的资料，然后开始动笔写申请书，写完，修改；再写，再修改。在四次改稿以后，申请书终于完成了。

当主持人拿着涵涵写好的申请书在讲台上宣誓的时候，涵涵感到非常自豪。老师也夸她的申请书写得非常好，主题突出，用词准确，内容也完整。她有点不好意思地说："老师，我想先说一声对不起，其实我并不是很喜欢吸烟，只是觉得偷偷地吸一口很刺激，现在班级申请了无烟班集体，我也不想给班级抹黑，所以，我决定从此以后不吸烟了。"说着，从兜里掏出了一盒被藏起来还未打开封口的烟交给老师，从此以后她再也没有在学校吸过烟。

后来涵涵通过竞聘演讲，顺利进入了学生会。在学生会执勤期间，她做事认真，记录完整，无论多么糟糕的天气她都没有迟到、早退过。为此，她多次得到生活组老师的表扬和肯定。

直到毕业，涵涵都表现得很好。现在的她已经是一名大学生了，在新环境中，每天都积极阳光地面对一切。

人的生命潜能激发需要赏识，赏识教育往往能成为转化"问题学生"的灵丹妙药。作为老师，我们要带着爱心，怀着热情，用"爱的赏识"帮助更多的孩子找回自信，找回自我教育的能力。

6. 只要你不放弃，我定助你向前

高越老师班里的小帅初三才转来工读学校。因为家教严，小帅具有良好的学习习惯。小帅入校后立马展现了他的优势，无论是学习能力还是队列内务能力，可以说都是班里做得最好的。翻看小帅的原校档案，发现他学习成绩曾一直处于年级前列。这样一个学习成绩不错，各方面习惯都还挺好的孩子怎么会转到工读学校？

问题出现在小帅入校后的第三周。周一他迟到了，并且返校后接连几天上课都无精打采，接连几天的作业、笔记全是空白，这引起了高老师的注意。找他谈话时，小帅说："老师，其实我在原校就一直很懒散，我行我素，不交作业、不听讲，来到咱们学校后我试图改变，但是坚持了两周实在太累了。"

高老师利用周末对他进行了家访。经过长达两小时的交流，明白了小帅为什么会转到我们学校。小帅的父亲是警察，对他的管教从小就很严格，但是随着青春期的到来以及父亲由于公务经常不在家，他与家人的隔阂开始增多，也不再言听计从。

最严重的一次，他和原校老师发生矛盾而不愿意上学，还和父亲发生了肢体冲突，甚至用吞钉子的行为威胁父母和老师。就这样，小帅和家人的矛盾冲突不断加剧，接着又出现顶撞老师、违反校纪、手机成瘾、成绩下降等诸多问题。一切的问题就像蝴蝶效应一样在小帅身上逐渐放大，学校里曾经的榜样渐渐变成了困难生，直到初三小帅转到我们学校。

家访回来的周一，高老师找小帅谈话："小帅，你刚刚转学入班的时候多优秀啊，大家当时都很佩服你呢！"

他低着头，不说话。

高老师接着说："这说明你还在寻求改变自己，希望自己变得更好！"

"老师，对不起，让您失望了，我尝试过几周改变自己，但是我的成绩远达不到上高中的分数，一切都太晚了。"小帅说。

"什么太晚了！难道你不愿意重新做回曾经那个优秀的自己吗？"

他默不作声，再次低下了头，虽然小帅没能直面自己的问题，但他想让自己变得优秀，希望重新得到家长和老师的认可。于是，高老师从重建小帅的学习状态入手。特别是在自己的物理课上，高老师尽量让他多回答问题，给予他更多的关注和监督，经常展示他的作业和笔记，并推选他当班级作业辅导员，让他督促和帮助其他同学落实"周目标"。

一来二去，小帅成了班级学习的焦点人物，只要大家有学习上的问题都会请教他，这样他不好意思在学习上偷懒了。两周之后，他主动找高老师，希望帮他想想办法提高英语成绩。

期中考试没过多久，小帅又开始变得没精神了，高老师鼓励他："这次期中考试成绩不错，说明前段时间的努力有了效果，但是你要继续坚持。"

小帅解释道："我周末可能玩手机玩得太晚了……"原来因为在学校一周都碰不到手机，周末回家后小帅趁着爸爸不在家，不顾妈妈的劝阻，通宵玩手机游戏。

于是周五放学时，高老师把他父母约到学校跟他们商量对策。高老师提议让小帅周末不要将手机带回家，改为周四晚上在学校完成作业后可以玩一会儿手机。权衡后，小帅同意了。

高老师意识到小帅需要有更多的兴趣点才能不沉溺于手机之中。高老师发现小帅口才很好，于是推荐他试试在学校元旦晚会上说相声。一开始他并不愿意。为了鼓励他，高老师和他一起找段子、编相声，让他多听多模仿，并在周五他父亲接他回家时，鼓励夸奖他练习相声非常勤奋。没想到回家之后，他竟然和爸爸一起编起了剧本，二人合作练习起了相声。小帅的相声通过评审顺利进入元旦晚会，获得大家一致好评。

小帅在学校重新找到了自我，找到了手机之外学习生活的乐趣，行为习惯上也明显发生转变。就在一切向好的时候，2020年新冠疫情突然来临，学校开始停课。疫情居家的小帅一直无心学习，父亲的严格管理让他非常难受，既没学好，又没玩好。父亲一旦不在身边，小帅便处于疯狂玩手机的状态，学习完全被抛在脑后；父亲在家，他也是人在网课上，心在游戏中。

高老师建议他父母先从营造居家学习氛围抓起。让他们在家自制中考倒计时牌，在倒计时牌上写上中考目标和家人对他的简短祝福。通过家校视频会议，深入讨论小帅学习上的不足，并让他在小黑板上列出每日学习计划，摆放在书桌前。手机则由他父亲保管改为由他自己保管，按照计划合理使用。通过这样的改变，小帅的学习状态趋于稳定。

2020年5月，北京疫情趋于平稳，学生准备返校上课。临近复课的一天晚上，高老师收到小帅的消息，大意是他感到中考的压力越来越大，决心返校后全力冲刺中考，并希望高老师能够监督他学习。高老师鼓励他："我非常看好你！我一直都是你坚强的后盾！"回到学校，高老师帮助小帅制定了详细的中考复习计划，并且针对他的薄弱项英语科目每天督促他背单词、做错题本，每天晚上辅导他做一个小时数学、物理练习……

功夫不负有心人，在2020年中考中，小帅以总分486分的成绩如愿考取了一所普高。

做老师最大的幸福,就是看到自己的学生能不断成长,找到自己的人生方向。其实,促进学生真正发生转变的力量来自他们的内心,班主任的作用在于点燃,在于支持,在于发现,在于让学生知道:"只要你不放弃,我一定助你向前。"

7. 出现在孩子最需要的时刻

2016年初春的一个深夜,正在值班的杨小冬老师刚入睡,隐约听见有人在说话,仔细一听是学生的声音,而且声音不小,出于对工作的警觉和敏感,他料想学生肯定出事了。

杨老师没顾上披衣服就来到一号宿舍,刚推开门,就闻见一股浓浓的酒味。杨老师开了灯,只见小石光着身子,躺在地上,吐了一地,嘴里唠叨着,听不清在说什么,学生们围着他不知所措。

杨老师走到小石跟前,小石的头发上、鼻孔里、身上都是呕吐物,宿舍里也都是刺鼻的味道。杨老师蹲下身,叫着小石的名字,但他没有回应,在地上嘟囔着,翻过来翻过去,他竟然在宿舍喝醉了。

杨老师赶紧拿了纸,把小石鼻孔旁边的呕吐物擦干净,怕他呛着,然后再把其他地方也擦干净。杨老师让四个学生把这个体重二百一十斤的大块头抬到隔壁一间空置的宿舍。

小朱主动要求留下来和小石睡在一起。杨老师叮嘱小朱,有什么事马上叫他。

杨老师问学生们为什么小石要喝酒,他们说小石周一偷偷把酒装在矿泉水瓶里带到学校,晚上一点来钟到厕所偷偷喝的,可能是家里有事。杨老师没再问,拖完地就睡觉了。

第二天上早读的时候,杨老师问呆坐在椅子上的小石好点了没有,没想到小石起身就跪在了地上,给杨老师磕头,说:"杨老师,昨天晚上的事同学都跟我说了,我吐成那样,您还给我擦,您是个大好人啊,我的父母都不管我,就您管我……"

杨老师把小石扶起来,带到了办公室,以免影响其他孩子上早读。在办公室,小石说出了喝酒的实情。上周末,他爷爷说他没出息,把他和他的堂姐做比较，说他的堂姐学习好，还考上了好大学，又懂事，而他干啥啥不成。他也觉得自己什么都不是，一事无成，他爸也不管他。从他的话中能感觉出这个孩子的自卑，但也渴望被人重视。

杨老师在一旁安慰小石，鼓励他多发现自己的优点。这件事之后，小石干活比原来认真多了。以前让他扫地，得叫他好几遍，他才磨磨唧唧地开始干，还得盯着他扫。现在，老师只要布置扫除任务，他总能自己去完成，不用老师督促。而且，他能听进去老师说的话，不再像以前那样和老师顶撞。

孩子所需要的，不是你能给他多少，而是他在有需要的时候你能帮助他，让他体会到你的关心和爱护。

8. 惩罚变激励，"后进"变"先进"

工读学校的班主任一周近80个小时和学生在一起，许多烦琐的事情，都需要我们用心去分析处理，否则就可能给班级建设和学生成长带来不良的影响。工读学生不是单纯的白纸，他们已对某些事物有了自己的认识，或正确，或错误。要去改变他们，按正确的期望去塑造他们很不容易，这要求教师不仅仅要关心学生，更要用科学的方法和技巧去引领他们成长。

工读学校新建班级的特点是随时会有新生进班。小张是高越老师班里特点比较突出的一名学生，原校反映小张已经逃学长达两个月了，推荐他来工读学校的时候，他对工读学校的严格管理有严重的抵触情绪，从家里再次逃学。

小张外表透露出的是桀骜不驯，但从他眼神深处能感觉到他的压力和慌张。据了解，他在逃学过程中接触了一些所谓的"社会大哥"，社会关系复杂，并且由于长期逃学，学习基础不好，再加上主动性不够，所以对学校十分抵触，不愿意上学。因此，对他进行行为规范以及学习习惯等方面的教育是高老师工作的重点和难点。

小张的家庭完整并且家境也不错，但是爸爸长期跑工程挣钱，妈妈平时在家对他的管教偏于溺爱，加上在家庭中缺少沟通对象，因此小张的性格发展偏向于自私、任性。给人印象最深的一件事是他刚来学校的第二个礼拜，当时他还很抵触来寄宿制并且管理比较严格的学校读书，因此在家三番五次闹腾要转学。

那个周一下午，父母出于无奈，"连哄带骗"把他送到了学校里，但是父母前脚刚走，小张就趁着下午活动课时间翻墙逃跑了。第一时间高老师和他父母取得联系，确保孩子安全后，老师们才放心。但是他一天不回学校，老师始终担着心。

最终，在多次和小张沟通后，他主动回家，并勉强答应来到学校坚持到期末。这时高老师意识到需要对小张深入关注了，只有让他融入班级这个大家庭，他才能踏踏实实上学。

高老师发现小张非常喜欢篮球，并且投篮能力非常强，于是抓住这个教育契机，让他加入了学校的篮球队。高老师正好也负责篮球课程教学任务，所以在篮球课上会对小张增加关注，并且经常让他担任队内重要位置。

要想让一个同学消除对学校的抵触情绪，首先应该让他在学校获得成功的乐趣，让他找回自信。就这样，通过篮球，小张找回了一定的信心，多了一分在学校中的存在感。

在物理课上，高老师也为小张制定了简单的学习目标，但不强迫他学习，只是想办法多给他鼓励和引导，提高他的积极性。最后在期末考试中，小张在物理这门课上成绩及格了。小张得知考试成绩时非常激动，第一时间把考试成绩报告给父母。慢慢地，小张能接受班级这个大家庭和学校这个大环境了。

可是，学生问题总会出现反复，出现反复时，老师不能对孩子失去信心，还是要耐心地处理。暑假过后，一开学，小张又重新暴露了抵触上学的情绪，可能是假期的生活给了他很多诱惑，导致他开学后很难收心上学。

再次出现问题后，高老师首先与家长进行了沟通交流，坚定了他父母对学校的认可，坚定了让孩子上学的信念。其次，重新引导小张制定好学期的成长路径：在篮球队里，确立他主力得分手的位置，让他在体育运动这方面找回自信；在内务方面，基于他上小学时读过寄宿学校，对于叠军被有基础，帮助他树立在班内内务标兵的形象；在学习上，虽然他跟不上学习进度，但是他在书写时字迹很认真，笔记很工整，并且只要课堂上得到一点鼓励，他就能特别积极，充满自信；在班级里，任命他为纪律委员，让他用课上的积极态度带动全班。以后他上课时特别起劲，虽然有时听不懂跟不上，但是他始终知道课上应该怎么做。

通过较长时间的努力和时常保持对他正确的引导，小张逐渐走向了正常的轨道。新学期，小张做到了没有一次缺勤迟到；课上也经常受到老师表扬，在班级内发挥了纪律委员的积极作用；内务方面也从没扣过分，并且经常在晚点名中受到表扬。

在海淀区中学生篮球赛中，小张代表学校出战，场场拿到最高分，成为球队得分主力，最后还代表全队在赛后面向全校师生发表了赛后感言。

总之，转化"问题学生"是一项既艰苦又令人愉快的工作，教师要始终明白自己的职责，教书育人，不放弃任何一个学生，"每个学生的身上都蕴藏着他独特的个人潜能，教师的责任在于把它挖掘出来，把它发扬光大，不断提升它的生命意义"。

9. 一次夜谈

小青："老师您晚上有时间吗？我想找您聊天。"

吴佳熙老师（以下简称"老师"）："今天晚上已经有两个人提前预约了，你再聊就要零点以后了，你确定要聊吗？"

小青："必须聊一下，不论多晚我都会等您！"

老师谈完前面两个学生已经是夜里十一点半了，小青还等在值班室门口。从小青最近的表现来看，吴老师隐约感觉到这次谈话可能是孩子转化的一个转折点。

小青："老师，我很迷茫，不知道该怎么办。"

老师："因为什么迷茫呢？"

小青："说实话，我父母把我送到这个学校，答应我只要在校五天好好待着，周末回家就给我自由，我只为了周末的自由才来这个学校的。"

老师："看出来了，前两周你对学校和班级的事情都是一副漠不关心的状态。"

小青："老师，其实之前班级里的事情我都不愿意参加。咱们班在朗读亭录制中秋节朗诵的时候，我内心特别抗拒，烦这些活动，只想当一天和尚撞一天钟，只求不违反规定能按时回家出去玩。"

老师："嗯，你能这样开诚布公地和老师说这些，我还是挺开心的。"

小青:"后来咱们班又录制国庆节《我爱我的祖国》,您分配好了每人朗诵一段。我和您说我不想朗诵,我当时以为和您说完肯定会批评我,结果您只是很认真地问我,'真的想好了不参与朗诵了吗?'我说想好了,您并没有生气也没有批评我,平和地说'想好了就行,那你不朗诵就在朗读亭等大家朗诵完一起回班级',我真的没想到您能那么平和地同意我不朗诵。"

老师:"你们在老师眼中已经不是小孩子了,会有自己的想法和选择,也能为自己的选择负责,只要是你们认真想好做出决定又不违反学校规定的事情,我一般会尊重你们的想法和选择。况且我那时候清楚知道你心思不在学校,你觉得这些活动幼稚、烦琐。"

小青很是吃惊:"你咋知道?我当时真的是这样想的,说实话在旁边看着大家朗诵,一个人出错就要全体重来,您和张老师一字一字地教同学们应该如何朗读,太费劲了!"

老师:"正因为费劲,最终大家录制成功,喜悦才格外真切。"

小青:"看到大家录完后发自内心的喜悦,我有些后悔。"

老师:"但这是你自己的选择啊,每个人都要为自己的选择负责。"

小青:"我现在就是迷茫不知道将来怎么办。"

老师:"说说因为什么迷茫。"

小青:"本来我过来就是混日子的,但是身边的小颖同学说她来这个学校之前也是和我一样在外面混圈子,现在来咱们学校进了足球队,想考二级国家运动员。还有小然同学来咱们学校充分发挥了绘画设计特长,也要参加绘画比赛。我不知道自己往哪方面走。"

老师:"能想到这说明你进步了。"

小青:"老师,我也不知道自己怎么会这么想,最初在学校不出错就是为了周末能出去玩,现在觉得周末出去越玩越没意思,看到身边的同学都有自己的目标和规划,我不知道该怎么办,心里很难受!"

老师:"我能理解你现在的迷茫和焦虑。有一位名人说过,当你不知道该何去何从时,努力做好当下该做的事,走好该走的路,前方就是心中的方向。我之所以记得这么清楚,是因为我和你同样年纪的时候也一样迷茫,那时候不知道自己将来要走向何处,但是我知道,只要努力学习,就会有更多的选择，就会有机会找到适合的专业。所以虽然不知道将来做什么，但我却一门心思努力学习，中考、高考……现在我的同学中有精算师、律师、建筑师、会计、护士、医生、警察等，我也在当老师的过程中实现着自己的价值。"

小青："老师，你们都是好学生，我这样天天逃学旷课，还去夜店的人能和你们比？"

老师："你这样说可就不对了，你才多大就给自己未来定性，在老师眼中你可不是坏学生。虽然现在你自身行为有些错误还没改过来，但是只要你心里认识到自己的错误，就能改正过来，成为一个名副其实的好学生。不要给自己贴标签，更不要给自己人生设限，你这么年轻，一切都来得及，一切也都有可能！"

小青："老师，我妈妈如果和你一样想就好了，每次和她在一起都把我数落得一无是处，我现在一句话都不想和她说。"

老师："是吗？有一件事我一直没和你说，咱们学校开设家长课堂要求家长自愿报名，你猜第一个报名的家长是谁？"

小青："难道是我妈？"

老师："就是你妈妈，我通知一发，你妈妈就立即报名了！"

小青："真的？不可思议！"

老师："你妈妈报名的时候还说要好好学习如何做家长，和你共同努力共同进步。其实谁也不是生下来就会做妈妈，做家长的。你妈妈现在意识到了要积极主动地学习做一名好家长，你也要看到父母的进步啊！"

小青："太让我感到意外了！"

老师："你家在房山，离这里最远，你妈妈为了你默默做了很多努力和牺牲的。"

小青："老师，我也和你说一个事情。我爸妈在我小学三年级时离婚了，我妈妈又找了一个人。后来因为我逃学'变坏'了，我妈妈为了我，和那个男人离婚又和我爸复婚了。"话说完小青眼里的眼泪夺眶而出。

老师："你是能感受到妈妈对你的爱，心里知道你妈妈是爱你的。"

小青："我也知道她为我付出了很多，但是我每次犯错就是控制不住自己,我妈妈不让我谈男朋友,我们俩每次因为这件事吵。"

老师:"问你一个问题,如果你考上大学你还会继续和现在的男同学在一起吗?"

小青:"不会!"

老师:"你好好想想再回答,你都没想就这样回答。"

小青:"这个问题真不用想,我考上大学肯定不会和他在一起,肯定会找一个也上大学的。"

老师笑着说:"小青,其实从你的话语中看得出来,道理你都懂,你还需要老师说什么?"

小青:"我最近挺烦那个男孩,我也跟他说了我现在挺迷茫的,不知道以后该往哪方面走,他说想那么多干吗,就知道在那打游戏。"

老师:"其实无论是男朋友还是前途方面,你内心里早就有自己的想法了,你只是不相信自己会有这样的想法,你需要从老师这里得到你想要的答案。我给你提供一个方向,你从自己内心来选择愿不愿意,如果不愿意就不要强迫自己。咱们学校的法治基地需要法治讲解员,你愿意试一试吗,如果你愿意试一试,我可以给你推荐一下。"

小青:"法律,我可以吗?我之前做的一些事情有可能是违法的。"

老师:"哈哈,你还能意识到之前做的事可能是违法的,说明还是很有法律意识的。你问自己内心愿不愿意,真诚地面对自己内心做选择。"

小青:"老师,我愿意,我想试试。"

老师:"你看你的内心觉醒了,你应该为自己感到高兴。"

小青:"我也觉得我最近对班级的事情也上心了,班级的卫生这块都是我带着大家做。"

老师:"你确实对班级各个方面比之前用心许多。你今天不找我谈,过两天我也准备找你谈,你最近的变化是很大的,不光我看到了,其他老师也都感受到了,都来我这里表扬你,都为你高兴!"

小青:"老师,和您聊完,我心里舒服多了,之前心里特别纠结。"

老师:"和你聊完,看到你的改变和进步,看到你内心的觉醒,老师真是特别高兴。"

小青："老师，都后半夜了，影响您休息了，快快休息吧！"

老师："看到你的进步，一夜不睡也是值得的！你也早点睡，明天还要上课。"

小青："老师，晚安！"

小青刚来工读学校的时候，一头褐色披肩发、黑色紧身T恤、超短裤、烟熏妆，和现在判若两人。虽然夜已深，但吴老师睡意全无，思绪万千，想起当初上大学时教授问什么是教育，从教多年还是无法去定义教育。

卢梭说："什么是最好的教育？最好的教育就是'无所作为'的教育：学生看不到的发生，却实实在在地影响着他们的心灵，帮助他们发挥了潜能，这才是天底下最好的教育。"

（三）学业不良问题

1."刺头"劝学记

小超，圆圆的脑袋，胖乎乎的脸蛋，笑起来眼睛眯成一道缝，样子非常可爱。这是语文老师杨云霞对小超的描述。

语文课要开始学一篇新的课文。按照惯例，全班同学先把课文齐读一遍。这样做是为了让同学们初步感知课文内容，并且在读的过程中发现不会的字词。

孩子们打开书放声朗读，虽然不够熟练，但是都很认真。杨老师走下讲台在教室里巡视，走到小超身边发现他把书举得高高的，遮住了半边脸，却一点声音都没有，仔细一看，他根本没有读，连书都没有翻到相应的位置。

杨老师以为他没有听到提示，低声提醒他"第26页"，看着他把书翻过去杨老师才走开。

杨老师第二次走过他身边的时候，还是没有听到小超的声音。他还是没有开口。杨老师低声提醒他："怎么不跟着读？"他不耐烦地晃晃脑袋说："我不会。"全班同学读完课文，杨老师说："刚才同学们读得都很不错。这篇课文重点在第四自然段，我想请一个同学再为大家朗读一遍。小超，你来读吧。"

小超很不情愿地站起来，还是那句话，"我不会"。

"都不会吗？不可能吧？"老师说。

小超扭着头不说话。

"这样吧,我请一个会读的同学带着你一起读好吗?"杨老师让朗读比较顺畅的同学一句一句带着小超读了一遍。读完以后,杨老师特别表扬了小超的进步,他不好意思地晃了晃脑袋。

从那以后,小超一般都能跟上班级的朗读节奏。有时候状态不好,杨老师问他要不要请同学来帮助他,他都赶紧拒绝,自己努力跟随其他同学的进度,不肯张嘴的问题在一定程度上得到了解决。

除了不愿意张嘴,上语文课的时候,小超也不愿意动手。每次记课堂笔记的时候,小超都不愿意配合,不是说没有笔,就是说看不清楚,要么就是下课再补上。杨老师一次次巡视到他身边提醒他、督促他,一节课下来,老师和他都觉得很累,但一直都没有很好的办法来解决这个问题。

有一段时间,小超突然在课堂上表现好了,认真听讲,积极举手回答问题,大声朗读课文,仔细抄写笔记。

下课以后小超还问杨老师:"老师,你觉得我上课表现怎么样?还不错吧?"

"那当然了!"那段时间,小超的名字几乎每节课都能出现在被表扬的学生名单里。杨老师当时觉得不管什么原因,这种转变总是让人高兴的。

后来谜底揭晓了,小超被班主任推荐成了入团积极分子。学校规定,积极分子在通过团课考试以后,还必须得到任课老师的认可,如果有两位老师不认可的话,就不能加入团组织。

客观来说,小超离团员的标准还有相当的差距,但是从激励学生这个角度出发,杨老师同意了小超的入团。如果从现在开始小超能一直保持这样的状态,那也是一件非常令人高兴的事情。

这种日子并没有持续多久,小超故态复萌,开始每天上课睡觉,不听课,不记笔记,不回答问题,怎么提醒都没有用。小超已经正式入团了,觉得进了保险箱,所以又松懈下来。

老师们觉得同意小超入团的决定有点草率了,更重要的是为小超着急,马上要中考了,这种状态怎么可能取得理想的成绩?杨老师在课堂上不断提醒小超,希望他以一个团员的标准来要求自己,但是收效甚微。小超采取了

"非暴力不合作"的方式，不回答不回应，对老师的要求视而不见。

终于有一天，杨老师将小超请出了教室，结果发现小超悠闲地坐在台阶上看风景，老师非常无奈。杨老师找小超谈话："你现在上课的表现为什么会变成这样？能告诉我为什么吗？"

显然这个问题没什么效力，小超把头扭到一边不说话。杨老师换了一个问题继续问他："那你能告诉老师，你这么做想要达到一个怎样的效果呢？"同样这是一个无效问题，同样没有得到回应。

杨老师停了一会，突然问道："你觉得我是故意针对你对吧？"

小超迅速抬起头看了杨老师一眼，还是没有说话。但是她知道，这是个有价值的问题。

杨老师继续问道："那你知道为什么老师要针对你吗？"

小超小声嘟囔道："我不知道。反正上课表现不好的也不止我一个人。"

杨老师回答道："对啊，其他有表现不好的同学我也有提醒，不过没有那么多次，也没有那么严格对吧？"

小超轻哼了一声。杨老师耐心地告诉他："老师并不是针对你，刚好相反，老师对你寄予了比其他同学更多的希望，所以才对你有更多更高的要求。你懂吗？"

小超认真地看着她说："真的吗，老师？你不是讨厌我才管我的对吗？"

杨老师笑着说："我讨厌你还管你干吗？如果你不喜欢我管你，以后上课你想干吗干吗，只要不影响别的同学，不想进教室也可以。你看行吗？"

小超赶紧笑着说："别呀，老师，以后我会好好上课的。"如今，小超已经毕业离开了学校。可是每次想到这件事情，杨老师心里还是有些遗憾，如果早一些、多一些和小超沟通，结果也许会更好一些。

2. 用爱为孩子的成长架设桥梁

从教二十五年的刘春莉老师这些年一直担任数学教学工作。2020年的寒假后，由于"新冠"疫情学校开始进行线上教学，刘老师给所教班级建了数学讨论群，将全班14名学生拉到群里为线上教学做准备，但以往在学习上最用功的数学课代表小可两次退出班级的微信群。

刘老师赶紧联系小可想问她退群原因，但因小可的微信设置了隐私用户，根本加不了她。刘老师和班里平日里与她关系比较好的学生一一联系，结果发现小可把班内有她微信的学生都拉黑了，大家和她失去了联系。

刘老师觉得放弃了这个孩子特别可惜，就联系班主任，班主任说："根本联系不上她，这个孩子所有的群都不加的，什么课都不上，班会也不参加。我只有她爸妈的微信。"于是，刘老师申请加了小可爸妈的微信。

刘老师打电话给小可妈："您孩子是我的数学课代表，是班上最聪明最用功的孩子，自从孩子退群之后就没有参与任何学习，我心里很难受，班内有好几个孩子想当数学课代表，但我都没同意，我等着小可！"当时小可就在她妈妈旁边，听到这番话，孩子心里也很感动，随后和刘老师建立了联系。

刘老师又和小可推心置腹地谈了一次，表扬她以往在数学课上课下帮助老师做了很多工作，善良能干、聪明用功，还经常帮助同学，一直是最理想的课代表。如果不上网课，学习就会停滞不前，以前学得再好也会落下很多课。小可被打动了，她表示以后一定按时上网课。

刘老师告诉家长："数学知识之间是相互联系的，一旦落下来就很难补上去。受新冠疫情影响，现在只能上网课，家长必须和学校大方向保持一致，坚定地支持孩子上网课。"

第二天小可开始上课，自此所有的学科未缺过课。每次上数学课前，除了在班级数学群里发链接外，刘老师还会单独给小可发一个上课链接，并鼓励小可一定要好好学习。虽然小可在课堂上发言很少，疫情期间也不能见面，但明显感受到小可一天天慢慢地转变着。

2020年6月，初二学生返校复课，小可也按时来学校了。刘老师找小可到办公室，和她交谈："人可能因为一时的情绪化，做出错误的决定，但我们要学会调整自己，学会适应周围的一切，不然耽误的只能是自己。"小可也对刘老师表示感谢，表示一定认真学习所有的科目。返校复课期间，刘老师经常在课余时间为小可单独补课，填补了她落下的知识点。

返校复课两周后，由于北京新发地出现疫情，学生再次居家学习。第二次线上教学时，小可每天都早早进入课堂，每节课都积极回答问题，其他同学不会时她会帮刘老师为同学讲解。期末考试小可数学考了91分，是班上的最高分。小可高兴地和刘老师说："谢谢老师对我做的一切！"

2020年教师节的那天早上，小可送给刘老师一个扎染的布袋。小可真诚地说："这是我亲手做的，送给您，刘老师。"

正如陶行知先生所说："不要你的金，不要你的银，只要你的心。"当工读学校老师满怀爱心去对待学生，用爱为孩子的成长架设桥梁时，那爱甜甜的，沁人心脾，回味无穷。

3. 重塑折翼天使的翅膀

工读学校的孩子就像折翼的天使，而教师就是负责给他们重塑翅膀的工匠。工读学校的老师要沉住气，不要急于求成，慢慢就会有奇迹发生。

崔玉姣老师曾教过一个叫可新的女生，她15岁，看起来像个"假小子"，着装男性化，剃着一头不到一寸长的短发，酷爱拳击。刚来我们学校时，满脸戾气，活像一个小刺猬，时刻准备战斗。

从小学四年级开始，她就不再听课，老师讲的对她来说就是天书，班主任对她的策略就是想办法让她在课堂上安静坐满四十分钟。

起初的语文课，崔老师对她的要求也是这样，只要她不捣乱，能够安静坐到下课就可以了。而她的表现也确实"非常棒"，没有发生搅扰课堂的事。但崔老师觉得应该可以适时地让可新参与到课堂中。

在《人琴俱亡》这节课上，崔老师抛给她一个最简单的问题：这篇课文在讲什么。崔老师鼓励可新，如果能答出来，奖励两朵小红花，她答了一个字：爱。尽管她的答案未必准确，崔老师还是在黑板上她的名字后写了一个大大的"2"，她感受到了老师对她的关注，后来的每节语文课，她都积极参与，争取更多的小红花。遇到简单点的问题，崔老师总是交给可新来回答，在回答问题的过程中，她享受到了成功的乐趣，这种课堂上的快乐是她很多年都不曾体会过的。

从此，可新喜欢上了语文课，因为语文课她能够听得懂。崔老师鼓励她各门课都要尝试去听一听，慢慢地就懂得越来越多了。期末考试前，可新主动找崔老师补课，语文成绩出来，她欢天喜地告诉所有人她及格了，"62分！"眉眼中难掩兴奋之色，那一刻没人打破这份美好，告诉她语文的及格分其实是72分。放假期间，她借来下学期的语文课本，在假期里预习新课，准备在下学期能有新突破。

刚入学的时候，班主任和几位老师专门围绕她学习拳击的事展开了讨论，担心拳击成为她打架的"得力助手"，一旦那样，后果不堪设想。但综合考虑之下，老师们还是同意了她学习拳击的要求。几周下来，老师们发现她有用拳击动作打闹的苗头，几位老师轮流和她谈心，让她明白拳击是什么，为什么要学习拳击。在交流过程中，她慢慢懂得了拳击可以成为她的人生选择，而不仅仅是炫耀的手段。为了不打击她的积极性，班里安排了班会时间，让可新为同学表演拳击，从此以后，她再没有用拳击来进行打闹。

从可新一年的巨大变化可以看出，每个孩子都是可塑的天使，不管曾经她们因为什么问题，走向了极端，放弃了学习，在爱心的浸润下，她们都可以茁壮成长。

教师只能是学生人生道路上的引路人，而不应成为决策者，正如可新对拳击的选择一样，如果当初考虑到学生关系而劝她放弃拳击，可能如今的她还是一样迷茫，一样找不到目标。现在她可以骄傲地喊出："我以后要做一个拳击教练。"像可新这样的孩子还有很多，每一个孩子都值得我们付出真心，奉献爱心。

4. 用付出唤醒学生的潜能

期末数学考试刚结束，数学老师汤远菊还没开始判卷，小峰就跑到办公室，兴高采烈地说道："老师、老师，您先看我的试卷吧，这次的题我都会呢！您先判我的好不好，看我考多少分。"两个月前小峰还对数学很排斥，但现在学习热情竟然这么高涨。

两个月前的一个早自习，课代表告诉汤老师全班只有小峰没有写数学作业，而且她催了好几次，小峰都不写。汤老师非常生气，当着全班同学的面质问他："小峰，昨天晚上的作业你为什么没写？"

可能小峰觉得老师当着全班同学的面质问他让他很丢面子，所以他也态度非常不好地说："有什么用啊！"

"那你说对你而言什么有用？"

"反正数学没用！"

…………

气氛剑拔弩张的时候，上课铃响了，汤老师也算暂时找到了台阶，对小峰说："先上课吧，你的情绪要是暂时平息不下来，就先到班主任章老师办公室去冷静冷静。"

课后，汤老师反思自己的行为，觉得还是太着急了，孩子认为学习数学没有用可能是他的真实感受，所以汤老师决定找小峰好好聊一聊。

当天晚自习，汤老师找小峰进行了一次深度谈话，从他的家庭环境聊到小时候的生活，从他在原校的感受聊到他对我们学校老师的看法，从他的兴趣爱好聊到他小学时辉煌的学习成绩。

在聊天中，小峰明白了老师着急是为他的前途担忧。汤老师说："小峰，我一直觉得你是想做什么都能做得不错的孩子。你看学生会的工作你做得多好，说明你有很好的管理才能。你的画画也很有天赋，将来你可以专门从这方面突破，现在和美术结合的专业很多，比如建筑设计、工业设计等等，当然你也可以专门学习纯美术。不管怎样，将来要想有不错的发展，还是应该到大学参加系统的培训。"

小峰听了汤老师的话，很忐忑地说："老师，您看我成绩一点都不好，能考上大学吗？"汤老师肯定地说："只要你想干，就没有不能的。"

这次谈话愉快地结束了，和小峰的小小"冲突"发生后第二个礼拜就是期中考试。这次期中考试时间安排在周二，大多数同学只要一回家，就不在学习状态，周末两天把复习内容基本忘光了。考试结果出来后，班里很多同学的数学得分都很低，小峰当然也不例外，只考了16分。

下课后，小峰找到汤老师说："汤老师，对不起，这次考的分数太低了，我觉得特别对不起您，也特别内疚。我以后一定好好学数学。"

听完他的话老师特别欣慰，汤老师对着全班同学说："我知道，这次的考试成绩，大家跟我一样，都非常不满意。不过这次考试成绩只能说明刚过去的这一段时间我们没有学好，不代表将来我们学不好。从今天开始，我们大家都跟小峰同学一起好好学，下次一定能有一个令我们自己满意的成绩。"

同学们开始自发商讨如何提高数学成绩，最后决定每天晚上巩固一个知识点、搭配三道题。接下来一个多月的时间，小峰跟换了个人似的，每节课都认真听讲，积极回答问题，课堂上有不明白的马上就问，课后作业也都能认真完成。不仅如此，每天下午都会询问汤老师是否有时间给他"开小灶"。

班里的同学们经过两个月的努力，大多数同学在期末考试中都有了较大的进步，小峰的成绩从 16 分提升到了 68 分。

5. 老师您再讲一遍，我就会了！

由于各种原因，工读学校学生在学习上对自己信心不足，从而导致学习兴趣缺乏，在课堂上经常处于游离状态，专注力不够。一旦老师提醒听课或做题时，则习惯性地用"我不会""没听懂"来应付老师，逃避责任。

面对这种情况，数学老师汤远菊尝试着去改变，有了一些效果。

初中数学有一节"解含绝对值的不等式"的课，它的基础是"绝对值"和"解一元一次不等式"，难度不大。汤老师就其中一道题，特意请平时经常把"我不会"挂在嘴边的小辉回答，不出意外，小辉在人还没有完全站起来时就习惯性地说："我不会！"

"小辉，老师换个数再给你讲一遍。你再做这题，你一定会做的。"

汤老师将小辉回答练习题中的未知数系数换了一下，结构与形式完全一样，然后一步一步给他讲解，还没等老师讲完，小辉兴奋得叫起来了："老师，原来这种题这么简单！"

"是啊，这种题就是这么简单，现在你可以解答刚才你不会的题吗？"小辉高兴地把之前不会的题顺利地回答出来，脸上露出了兴奋的表情。

借着小辉这个契机，汤老师对全班同学说："大家看，事实上没有什么是学不会的，即便你暂时不会，老师再讲一遍，你就会了。有的同学习惯于回答老师'我不会'，一旦你这样回答老师了，你也相当于告诉自己你学不会了，这是一种负面的心理暗示，会极大地影响你们的学习。以后上课我不希望听到同学回答'我不会'，即便真的暂时没有学会，请你告诉老师：'老师，您再给我讲一遍，我就会了。'"

汤老师跟同学们定下约定，以后的数学课上，一旦有同学还是习惯性地回答"我不会"，其他同学就善意地提醒他换个说法。慢慢地，说"我不会"的同学少了，大家的参与度也越来越高了。

在汤老师的课堂上，经常会出现这样的对话——

"老师，第几步到第几步是怎么得到的？"

"老师，没听懂。"

"哪儿没懂？"

"哪都没懂。"

"看来是老师讲得太快了，这样，我们再一步一步重新回顾一遍，其他同学也一起看，如果遇到没有明白的，立刻告诉老师，好不好？"

解决完疑难点后，汤老师和同学们一起分析，为什么老师讲完之后，有的同学会认为自己完全没有听懂。经过大家七嘴八舌的讨论，得到如下结果：

（1）听课过程中如果前面有一步不明白，后面的就不想听了。

（2）听课过程中偶尔走神，一步没听着，后面就跟不上，也不想听了。

（3）对题目有畏惧心理，只是其中一个步骤没懂，但是就感觉自己啥都没懂。

既然找到原因了，那就要尝试着去改变。汤老师总结了三个解决方案：第一，老师讲课时注意力一定要集中，一不留神，老师就讲了好几步了；第二，老师讲题过程中，只要你觉得这步没听懂，就马上打断老师，懂了再往下进行；第三，在老师讲完后一步一步回顾，看看是不是每一步都懂了。当老师问大家听懂了没有的时候，你的回答只能是："老师，这一步是怎么来的？"在汤老师的坚持下，越来越多的孩子们在课堂发问："老师，这一步如何得来的？"同学们听课的状态也越来越好了。

将"我不会"变为"老师，您再讲一遍我就会了"，将"不懂"变为"这一步是怎么来的"。改变的不只是语言的表达方式，而且通过表达方式的改变去改变他们的心理状态和思维模式，从不学、逃避到"我再学一遍"。这种心理状态和思维模式的改变，短期内可以在课堂上见到一定效果，长期看对于他们的终生学习也有一定的促进作用。

6. 以退为进，恰到好处

刚刚接下高一班的计算机课程时，计算机老师韩丹就听之前的老师说，班里有几个孩子还是需要特殊关注，其中问题最多的学生叫小洋。

新学期第一节课，韩老师先观察学生们的状态，大致了解每个孩子的特点。韩老师无意中看到一个女孩把水杯传给了男孩子，男孩子接过水杯就在课堂里喝起水来，两个人可能有比较密切的关系。经确认，两位同学确实在交往，其中的男孩就是小洋。

经过一天的适应，韩老师的第一堂课开始了。班里采用小组合作制，由学生自由组合形成小组，课堂的座位也是由小组成员自主安排，成员间要相互帮助，共同进步。

小洋和"女朋友"就坐在讲台的左手边，韩老师一直在暗中观察，尽管两人在一起会不自觉有些"腻在一起"的感觉，但如果强硬地把两个人分开了，可能会对两人产生不可预期的影响。所以综合考虑，才由着两人坐到了一起。

随后的日子里，每堂课韩老师都会观察这两个孩子，昨天好像是吵架了，两人谁也不理谁了；今天好像又好了，两人又有了往日的交流。每次课堂上作业完成最快的是小洋，可是每次他的作业都完成得不够精细。最开始，韩老师委婉地提示他，可是每次小洋给的回答都差不多："我觉得挺好的，不用改了，我就是这个想法，这是我的作品……"

对于要求严格的韩老师来说，这样的作品她是不满意的，但如果一味地要求学生修改，反而会激起学生的逆反心理。

于是，韩老师转换沟通方式，又一次与小洋谈起作品的问题时，韩老师让小洋先评价自己的作品，小洋说，"我觉得挺好的！"然后韩老师接着问："你认为需不需要改呢？"他说："我觉得不需要改了。"这个时候，韩老师故意当着全班同学的面说："我觉得小洋最大的优点就是坚持原创，这一点非常好！"然后韩老师观察小洋的表情，小洋虽然脸上表现得很高兴，但是心里似乎有些动摇了。

看到小洋动摇了，韩老师说："这是你的原创作品，你觉得它足够完美了？"小洋不好意思地笑一笑，继续在自己的作品上，又加又减地忙活着。

又有一次，韩老师开始讲课了，小洋还在跟他"女朋友"讨论问题。韩老师提醒了几遍，他依旧没有停下来的意思。他满不在乎地说："您讲的我都会了。"并坚持认为自己是对的。

课后，班主任把小洋叫到办公室，就上课出现的问题与他沟通，可是他仍然坚持自己的想法。后来小洋迫于班主任的压力，找到韩老师道了歉，但他心里仍然还是坚持自己的想法。

后来同学们要开始准备考计算机证，韩老师对大家要求更加严格。小洋对此很不满意，找班主任诉苦。

之后的日子小洋经常找韩老师问："老师，这题就做成这样了行不行？"韩老师每次的答案都是"不行"。他只能垂头丧气地回去改。

终于有一天，小洋爆发了："我觉得自己做得很好了，您就别再找我茬了，您不嫌烦啊！把我没完成也记成已完成吧！"韩老师不紧不慢地说："不烦，这是我们任课教师的本职工作，你今天要是觉得我可以给你记上，那我就都给你记上。"

随后，韩老师就把小洋没完成的题目全部标记为"已完成"，小洋没料到老师真的会这样做。得知这样的结果后，小洋默默地坐回到自己的座位上。下一节课刚上课，在布置任务的环节，韩老师也没有对他做任何特殊要求。当发现小洋跟其他同学一样，正在练习本课的学习内容时，韩老师就故意对他说："上节课应你的要求，我已经把你标记成作业全部完成状态，所以你是不用做这些的。"

小洋很尴尬地说："老师，那些题目我确实没有做过，我还是重新再做一遍吧！"当时韩老师心里暗自欣喜，或者对于他来说，欲擒故纵还是有一定的效果的。

就在这样一天天、一次次地与韩老师较量后，小洋讲条件的时候越来越少，直到有一天，在讨论一道考试题时，韩老师要求他改，小洋的回复是"改！"当时说得掷地有声，一开始韩老师还觉得有点诧异。但在随后的日子里，小洋对韩老师的修改要求再也没有抵触过。

实际上，对于像小洋这样的孩子，如果老师一味地只想着用规矩、约定来改变他，其实不容易。但有时，适当放手，或者让他在挑战老师的同时获得些许的胜利感，而在这些许的胜利感之后，就是他的自我成长。

7. 抓住契机，慧眼识"珠"

在工读学校，学生出现问题是正常的。在学生犯错时，教师应该尽量避免严厉的斥责，而应将关注的目光投向每一个角落，用一双赏识的"慧眼"，从孩子身上找到"宝贝"。

小冯是高二班的一名学生，他最大的问题就是做事拖延、学习意愿不强、得过且过。比如，对于当天的作业，他常找出各种理由拖延，时间晚了，就想明天早点起床完成，起床后又是如此，能拖一时是一时，结果总是完不成作业。

在行为养成方面也是如此。学校组织大扫除，要求把操场或卫生区内的杂物打扫或捡干净，他却连弯弯腰这样的动作也懒得去做，于是常被班主任"盯梢"，成了班主任、任课老师都比较"头疼"的学生。

老师对他进行了多次教育，都收效甚微。然而有一次"交锋"却给了英语老师王建立意外的收获。

王老师在一次复习课讲解练习卷后，让大家把卷子中错误的部分改正后再交上来。下课后，王老师刚走到教室门口，身边就飞过一架纸飞机，王老师捡起来一看，这个纸飞机的制作材料竟然是刚刚留下的卷子。

王老师愤怒地回过头，马上有同学检举，"老师，是冯同学！"王老师刚要发作，忽然想起了什么，没有去找冯同学，而是直接回了办公室。这下冯同学反而害怕了，从后面追着王老师，一边追一边道歉和保证："王老师，对不起，我再也不这样了！"一直追到办公室。

王老师当时确实很生气，真想惩罚他。但转念一想，教育的目的是让学生改正错误，而不是惩罚学生。王老师知道冯同学在学校的科技社团，曾代表学校参加了区里的比赛，获得了二等奖，这是他骄傲的事。

于是王老师说："把你的纸飞机给我看看。"

"别看了老师，我再也不用卷子叠纸飞机了！"冯同学有些忐忑。

"听说你代表学校参加区里的纸飞机留空比赛，得了二等奖？"王老师的目光缓和下来，并露出了微笑。

"嗯，是，老师！"冯同学的语气里透出了骄傲。

"你是不是很喜欢这个活动？"

"是，老师！"语气很坚定，可能这是他在学校唯一喜欢做的事。"只是纸飞机社团这学期招新人了，今年的比赛可能不让我参加了。"他又补充道。

"是吗？为什么？"王老师问。

"有个新来的同学叠的比我好，留空时间比我长 2 秒钟。"他的声音开始有点减小。

"那你还想参加比赛吗?"王老师又问。

"当然想了!"他迅速回答。

"那你的留空成绩就需要比他好,有没有想过怎么做才能比他好?"王老师继续问。

"改进细节,一次次练习,一次次改进,才有可能一点点提高。"冯同学说。

"对!如果你愿意,我可以帮你,我在网上帮你查些资料,你利用中午的时间来我这里练习吧,我相信你一定能胜过他的!"王老师用目光鼓励他。

"真的吗,王老师?"他有些不相信,他没想到犯了错误,老师还会帮他。

"真的!"王老师很坚定地说。"而且你不仅纸飞机可以叠好,英语你也能学好!"

"对不起老师!"他不好意思地低下头。

之后的三周,冯同学中午常来找王老师,王老师帮他练习纸飞机留空技术,冯同学又一次参加了区里的比赛并取得了优良的成绩。

有时候教育引导孩子的机会就在那么一瞬间,抓住了就可能有意外的收获!

8. 抓好契机,巧拨心弦

陶行知先生曾说过:生活皆教育。也就是说生活中处处都隐含着教育的契机。

作为一名工读学校的老师,应时时做一个有心人,要善于抓住每一个细小的教育契机。当学生因不适应环境导致情绪不稳定时,是教师及时沟通取得相互信任的最佳时机;当学生不自信时,是教师唤醒和激发学生自信的最佳契机;当学生感觉前途迷茫时,是教师培养学生自我发展意识的最佳契机;当学生在成长过程中需要家庭引导时,是消除亲子沟通困难的最佳契机。

古人云:"一人之辩,重于九鼎之宝;三寸之舌,强于百万之师。"谈话教育更是如此,它是班主任工作的一个重要组成部分。当学生内心滋生消极情绪时,抓好谈话过程中的教育契机能产生更好的教育效果。

一天早晨,高越老师班上的小杰无故不写作业,拒绝完成各种任务甚至提出退学。高老师在宿舍耐心地开导他:"你可以不喜欢学习,但是不能不上学。我可以带你出去散散心,但是晚上你得跟我回来。"他同意了高老师的提议,师生俩人来到学校对面爬山,路上边吃冰棍边聊天。

在山顶上小杰说:"老师,一开始您带我出来散步时我还想过一逃了之,但是一想到您这么信任我,肯带我出来和我聊天,我决定不跑了。"高老师说:"我既然能决定带你出来散心,就是对你足够信任,所以你别辜负我对你的信任。"同时告诉他:"现阶段学生的任务就是读书,但是不要给自己过多压力,所有事情从头来,慢慢做。"听到高老师说的这一番话后,小杰慢慢放下情绪,同意跟高老师回到学校上课了。

高老师抓住这一次谈话契机,通过精心设计的谈话方式以及谈话环境实现了和小杰情感上的交流、融合、升华,由知情到知理。

教育,面对的是人,而人是具有主观意识的鲜活复杂的个体,不同的人由于性格上存在一些难以磨合的地方,所以冲突和摩擦是难以避免的。教育过程中随时都可能出现的冲突状况往往会让教师措手不及,但如果能够把握住临时冲突中蕴含的契机,运用合理的教育方式,及时对学生进行教育,通过冲突状况让学生心灵受到震撼,就能使孩子们更加理解和体会其中所含的道理,从而取得更好的教育效果。

一天中午,小杰反复折腾,情绪激动,声称自己待不下去了,要回家,原因是周末的时候由于感冒父亲同意帮他请一天假在家休息,但是他病情好转后父亲没兑现请假诺言。

在宿舍午睡期间,他甚至大声冲高老师喊道:"不让我走,我就死在这!"于是高老师站在宿舍门口将门堵住,劝他说:"你要想死我陪你一起。但你不能无故离开学校。"高老师死死地站在门口,坚决拒绝他无理的要求,直接跟他表明底线——不能无故离开学校。

经过几分钟的僵持,小杰终于失去耐心坐下哭了起来。高老师递给他纸巾让他先平复心情,心平气和地和他说:"你有困难老师能够理解,有什么事我们可以商量,但是这种过激行为是无法解决问题的。"后来高老师联系了他的父亲，请他来学校和孩子谈一谈，但底线是不能回家，一定要在学校继续上学。通过这次冲突契机，小杰明白了学校的教育底线，从此他再也没有提出过类似的无理要求。

研究发现，人的成就高低很大程度上取决于自信心等方面的差异。这就提醒老师在教育过程中要时刻注意树立学生的自信心，对学生的些许进步要及时表扬鼓励。

高老师在和小杰一次聊天过程中得知，在原校他参加过乐队，会吹次低音号，于是高老师推荐他到乐队试试当小号手。一开始他不愿意尝试，原因是他虽然接触过管乐，但是小号他没吹过，怕学不会。于是高老师鼓励他一定要有信心，凭他的乐器乐理基础一定能够学得很快的。

练习了几天，小杰的吹奏水平有了明显提高。周五放学时他父亲来校接他，高老师又在他父亲面前对他进行了一番表扬。出人意料的是小杰回家之后竟然拿出了自己尘封已久的乐器在家练习起来，还说一定不能让老师对自己失望。

第二周，他如愿完成了乐器展示并加入乐队，并在不久后的运动会中成功完成了校乐队表演展示。高老师抓住了一次很好的教育契机，让小杰重新树立起了自信，在学校中找到了自己的存在感。

当小杰逐渐适应了学校生活后，高老师开始着手寻找机会解决他的家庭矛盾——当初由于转学造成的父子之间的矛盾。小杰还没想好自己中考到底选哪几门科目（小杰中考那一年，北京市采用的是选考的方式），并且初中毕业后的去向也没有想好，所以有些科目他课上课下都处于游离状态。高老师抓住这次他对中考比较迷茫时的教育契机联系了他的父亲，建议他们父子周末好好聊聊关于中考以及将来毕业去向的问题，希望能够形成统一意见。

小杰的父亲听从了高老师的建议，将这次父子谈话安排在周末外出钓鱼活动中。后来据他父亲讲，在钓鱼过程中，他们终于敞开了心扉，好好聊了聊过去这一年来发生的种种变故，父子关系也有了缓和，并且在中考问题上小杰也有了目标。

第二周高老师和小杰谈了学习方面的要求。现在确定了中考的目标，但是不代表他现在就要参加中考了，学习是为了丰富自己的知识阅历，并不是为了中考而学习，所以平时的课程不能耽误。最终他也接受了老师的建议。后来小杰和高老师说："现在的我想到周一要来学校时不知为什么还挺开心的，高中我干脆也和大家一起留校吧！"简单的一句话，能够感受到他从最开始来校时的不适应到现在能够稳定下来的转变。

对学生的教育是一门艺术，需要我们慢慢去琢磨和摸索，而教育的契机尤为重要，抓住了合适的教育契机，及时有效地对学生进行教育，往往能够收到"事半功倍"的效果。抓好教育契机需要我们对学生深入了解，全面仔细观察学生，抓住那个能拨动他们心灵的"东西"去实施教育。从学生的心理发展特点入手，力求让学生不仅能够在知识技能方面有所进步，更能在道德品质方面有所改进，树立正确的人生观、价值观和是非观，努力发展成为一个德才兼备的人。

（四）心理问题

1. 从"自厌"到"自赏"

心理辅导老师罗伟从与小张同学的谈话中，了解到了他对他自己的厌恶和不满。班主任也告诉罗老师：小张同学特爱发牢骚，看问题非常消极；情绪波动大，不爱搭理别人；情绪爆发时总是辱骂自己，说自己是傻瓜；平时总是神神叨叨，抱怨社会的各种阴暗面，看不到生活中的积极面。

罗老师进一步了解到，小张很少得到父母的关爱。母亲病情比较严重，父亲压力大，对于他的教育简单粗暴：几乎总是指责他，从没有表扬和认可；说急了，就动手打他。

罗老师决心帮助小张实现从自我讨厌到自我喜欢的转变。罗老师发现了小张身上的三个优秀品质：认真、坚持、真诚。小张负责每天饭后擦桌子的工作，他擦的桌子是全校最干净的，这体现了他的认真；小张周一骑车来学校，路上需要两个小时，这体现了他的坚持不懈；身边的好朋友反映小张从不骗人，这体现了他待人真诚。

为了让这些优秀品质深入他的内心，提高对自我的认可和接纳，罗老师把这几项优秀品质编排成心理剧，并安排小张同学参加排演。在排演的过程中，罗老师要求他声音洪亮，感情饱满，对老师说，也是对自己说。罗老师希望通过排演，逐渐增加小张同学内心的正能量，让他体验到自己的优点，并逐渐提升自我接纳水平。

在排演中，小张同学体验了不同的角色，还当起了导演，并在导演的过程中提出了自己的建议和看法。在这过程中，小张同学流下了快乐的眼泪，声音从胆怯到坚定，情感从动摇到饱满，面容从焦虑到放松。小张同学的变化，是他自我接纳水平不断提高的结果。

同时，在排练过程中，罗老师还运用了沙盘来提升他的生命能量。他一共做了7次沙盘。7次沙盘的主题分别为：荒芜的无人岛、幽深的寺庙、长征、沙漠中的动物、孤零零的音乐会、夜晚的心声、欢乐大派送。从7个沙盘，我们可以看到小张同学的成长历程：内心从荒凉到愉悦，从孤独到开放与交流，从抵制到包容与接纳。

心理剧的排练和沙盘的表达，让小张同学发生了明显的变化：抱怨和消极的观念少了，微笑和积极的参与多了，同学关系和亲子关系都得到了明显的改善。期末，他被班级评为进步显著学生，在校园卡拉OK歌手大赛中，台上的微笑和自信、节奏感极强的歌唱让他获得了二等奖。

在小张同学的教育故事中，老师感受到了学生内在生命的力量，只要教师搭建适合学生成长的平台，学生一定会走出一条成长的路。在搭建平台的过程中，发现、体验和陪伴非常重要。只要细心观察，找到学生的优势，通过一些平台让学生体验到自己的优势，再加上老师静静地陪伴、内心温暖地支持，这条成长的路一定会通向成功。

2. 从封闭的"树屋"走到地面

心理辅导员杨领娟老师以前教过的小胜最近状态不太好，他的班主任说小胜有些心结打不开。小胜看上去垂头丧气、极不耐烦，并告诉杨老师："老师，其实没什么好说的。就是不想上学了。"同时他眉宇间拧得紧紧的，一副抵触的状态。

杨老师先问小胜参加学校活动的情况，他说有参加足球、舞蹈、声乐、科技和美术。可以看出他的爱好广泛，而且在足球、舞蹈、科技活动方面表现特别出色。从活动聊到了学习，聊到了人际关系。

杨老师最担心小胜与同学的交往，听说他有男女生过度交往的问题，杨老师有意识地往这方面引导,逐步搭一个阶梯,让小胜从封闭的小树屋里走到地面上来。这个阶梯要从地面搭起,一级一级朝着他的树屋方向走去。

小胜听到这个话题,又拧起眉头,他说了最近跟班里男生差点打架的事情。小胜和喜欢的女生闹矛盾了,那名男生阴阳怪气嘲讽他,小胜虽然心情郁闷,但是一直忍着。

有一天,小胜从女孩包里拿东西。那个男生说:"你跟人家分手了,还从人家包里拿东西,你这不是偷东西嘛。"小胜忍无可忍地说道:"你什么都不知道,瞎嚷嚷什么呀!"那个男生肆无忌惮更大声地嚷嚷着:"小胜偷东西。"小胜追过去挥起拳头就要打他。最终由于同学的阻拦没打起来,这让小胜更加窝火。于是他后来找个机会便翻墙要逃出学校,幸好被同学拽了回来。

小胜对此做了一番深刻的自我剖析,他说:"其实,我不应该有打同学的念头,虽然他的话让我生气,但是都是同学,忍忍就过去了。更不应该翻墙逃学,这是咱们学校的底线了,我不应该碰触底线。这些,老师在晚班会上经常讲,可是到事儿上,我还是这样做了。"最后小胜承认错误,并承诺写检查,同时在全班同学面前检讨。

杨老师意识到,道理和做错事的后果小胜都明白,这就不会有更恶劣的后果。于是杨老师鼓励小胜认识到自己的错误,并敢于承担后果;也引导他意识到自己和同学相处上的问题。为了让他状态更稳定,老师和他约定每周去心理中心做心理辅导,帮助他学会广交朋友。

小胜欣然答应,少年终于打开了心结。

3. 教育转化问题:学生没有任何借口

李志强老师班里的小柏,初来我们学校时给人的印象是阳光俊美的。但在常人和原学校老师眼里,他就是一个"不可救药""哪个学校都不可能教育好"的初一孩子。

李老师在家访中发现,这个孩子有一定的暴力倾向,在"发疯"的时候非常凶狠且有危险性。家里因小柏打砸破坏而家徒四壁:房子没有一块完整的玻璃,门框摇摇欲坠,墙壁上的电源开关没有一个是完整的,已经裸露出里面的电线;床只剩下了架子,床上的物品已经面目皆非;衣服、书本、物品满地都是,根本找不出下脚的地方;连结实的水泥墙壁也被他用利刃刮得斑驳不堪……

李老师继续深入了解，得知了小柏家庭成长的不幸。小柏两岁时经历过一次车祸，做了开颅手术，花光了家里的所有积蓄。三岁起父母离异，随后父亲弃母子而去，再也不过问孩子的任何情况。日常生活只能靠妈妈打零工的微薄收入来维持。身体的伤害，亲情的缺失，加上经济的拮据，让他缺乏应有的关爱，并患有双重情感障碍。

小柏的内心是孤独的。每个周末，他一个人早上四五点钟自己起床，坐公交车去郊外爬山，爬一整天的山路，要攀登到山顶。他说："到了山顶，只有我一个小孩，再也没有人嫌弃我了。"他一整天不吃饭，也没有钱买饭。有时连回家的车费都没有，常常搭乘驴友的顺风车回家，每次一个人回到家已经是半夜时分了。

在学校，老师发现小柏表现出以下几个特征。第一，特立独行，完全按照自己的节奏，丝毫不考虑集体的感受。他不受校规校纪的约束，铃声对他不起任何作用，饭还是慢慢吃，衣服还是慢慢穿，被子还是慢慢叠。第二，与同学相处不友善，常常打架，不分地点、不分场合。第三，喜欢吃好吃的，但所谓美食也是常见的普通食品，一个苹果、一块饼干对他来说都是美食，且吃的时候很生猛，完全不注意自己的吃相。第四，有强烈的表现欲望，总想表达自己的观点，不论课堂还是课下，他总是滔滔不绝，说话头头是道，而且经常是一开始说就停不下来，表现出思维与语言上的奔逸状态。第五，喜欢看书，涉猎书籍比较广泛，有自己的主见。

在工读学校老师看来，他的所有"毛病"都是有原因的。为什么他特立独行，是因为孤独惯了。为什么与人不友善，因为别人都敌视他。为什么喜欢吃好吃的，因为他根本就没有吃过好吃的。为什么他要有强烈的表现欲望，因为他要得到别人的关注。为什么他喜欢看书，因为看书会让他忘记烦恼。

作为老师，我们无法改变他之前的生命状态，但我们有义务改变他未来的生命状态。

首先，在家庭生活中帮助他。一旦他的妈妈告诉老师，小柏在家砸东西、不想上学了，老师们立刻就将他接到学校里来，进行教育和心理辅导。

就这样,一次又一次,不抛弃、不放弃。

其次,在学校生活中引导他。对于他的特立独行,老师给他机会,让他慢慢去改,静等花开。对于他的交往问题,老师告诉其他同学不要敌视他,要对他谦让,做到骂不还口、打不还手。对他强烈的表现欲望,给他机会但引导他先举手,树立规则意识。喜欢看书,就给他提供书籍。

经过老师们不懈的努力,现在小柏在学校里变得开朗、活泼,与同学也友好相处,更是非常喜欢这所学校。

老师们的努力就是希望让他知道,这是一个友善的世界,而他所面对的不是一个冰冷、残酷的人生。

4. 倾听是一切转化的开始

她是开学第一周就被禁假的女孩子,皮肤白白的,戴着眼镜,在老师面前比较稳定。在抄写《弟子规》的过程中,她小声地请求老师放点歌,同时答应更加认真地抄写。她写字时坐姿不好,当天值班的心理辅导老师斑威及时地提醒她。

中午吃饭,斑老师把菜放到了她的碗里,她刚开始不好意思吃。辅导老师又和她聊起了爱好、家庭等等。孩子没有戒备地和老师说了很多。

在交谈中斑老师了解到,孩子比较有个性,也很善良。聊天中,她说起妈妈和爸爸的情感问题,眼角有泪花。斑老师拍了拍她的肩膀,鼓励她说下去。她的话题就打开了,把自己假期不愿意回家的事也说了。斑老师了解到是家庭的原因导致了她自身的问题,生活和学习偏离了正常的轨道。于是,斑老师从正面引导她积极面对生活,对于家里的变故,多从父母的角度去考虑问题,多理解并把家里的事情做好。女孩表示认可。

到了吃晚饭的时间,她还在拉着斑老师倾诉埋藏在心里的"秘密",包括她和朋友,还有班里的事。从孩子的言谈举止中老师明白她确实需要关心,需要正能量的引导。师生这样的交谈对孩子是心理的一点安慰。

在她需要的时候,老师像家长一样守护着孩子,尤其是青春期逆反的孩子。作为工读学校教师,爱学生,读懂孩子的需求,是做好日常工作的一项基本功。我们的孩子性格不同,针对每个孩子都要对症下药,有的孩子就需要去倾听,去读懂她的内心的需要。

5. 种下"爱"的种子，开出"奇迹"小花

小雯长相灵巧，很有艺术细胞，但是心理辅导老师张凌淼从她的眼中看到的是孤独、不信任与疏离。

张老师人生第一次家访就是去小雯家。她的家不过十平方米的小屋，他们一家三口平日就在这间小屋里生活。

通过家访，张老师了解到他们一家深刻的家庭危机。

小雯六年级时，她的父母早已对彼此没有爱了，每天有的只是冲突、指责与冷战，最后发展到双方婚外情。有一次她爸妈吵得很凶，年幼的她很害怕，她希望他们别吵了，就哭着跑过去拉妈妈的衣角，她爸却随手抄起水杯砸向她的头，瞬间血就从她头顶流下来，她当时吓傻了，忘记了疼。这一举动让她一生都无法忘怀，现在那道疤还留在她的头上。

没有一个人顾及这个内心渴求着家庭和睦的女孩心里在想些什么，她憋着多少话不敢说、无处说。小雯觉得自己不该活下来。

爸爸长期的离开让小雯正式爸爸的位置一直空缺，开学前的暑假小雯的爸爸因在外发展不顺回到家中。找不到工作的他每天就赖在家里给孩子讲"道理"。虽然小雯妈妈表示接纳，但小雯心里对爸爸离开的恨，久久不能释怀。

开学前一天，张老师接到了她的消息："有爸爸没我，有我没爸爸，他不走，我不会回学校的。"

张老师问小雯在哪，过得好不好，如果可以就去接她。不过她还是选择了逃避。数天后，她被妈妈带来了学校。这是小雯第一次逃学。

经过张老师的努力，最终和她爸爸达成协议：爸爸离开北京，但定期要主动给小雯妈妈需要的支持与问候，让小雯知道无论父亲在哪里，还是爱着这个家的，还是爱她和妈妈的。不过后来老师才得知，那份承诺只是昙花一现，这位父亲只坚持了不到一个月就又没了音讯，再出现时，是向母亲借钱。

连番借给爸爸几次钱的母亲手头并不宽裕，恰巧小雯向妈妈要钱，心情本身就不太好的小雯妈妈便劈头盖脸地说了女儿一通。不服气的小雯回家偷了妈妈结婚时的订婚戒指和金项链，拿到当铺换了钱。

得知此事，气疯了的母亲在女儿回家后将她打出了家门。于是，小雯第二次没来上学。

小雯妈妈在告知张老师事情经过时，声音里透着无力、无奈、无助，她一次次地表达自己希望女儿幸福且未来有作为，别像自己一样，可一次次却把孩子推向岔路，不愿回头。

在此期间，张老师一边劝解这位深陷痛苦泥潭中的母亲，一边去温暖小雯那颗结冰的心。班里的每位成员都给她写了一封"致迷路的你"的信。爱是奇迹的种子，四天后，爱的种子发了芽。老师收到了小雯的信息："老师，我想回学校上学。"

后来，张老师和她起过不计其数的冲突。小雯习惯性把很小的情绪扩大化、绝对化，以偏概全。不过通过冲突，她表达出了那些深埋在她心底的话，表达出了那些消极的负面想法。每次跟她深入谈心时，老师都了解到她希望自己能有所改变，但没有力量，也不敢相信自己真的能改变。

张老师决定每晚睡前，单独找小雯进行辅导，每晚跟她一起做练习正能量的句子，比如："我作为女孩来到这个世界是受欢迎的。""我值得拥有可以相互信任与支持的朋友。""我愿意在每次说话做事前，想一想我说话做事后，我会不会更爱我自己。""我有勇气和毅力做出改变。"……在此期间，还有很多人都在用自己的方式支持她，指引她。

就这样，在多方面的影响下，渐渐地，小雯脸上有了最自然的笑容，她认识问题的态度也从最初的不耐烦，到现在的羞涩一笑；有了承担错误的责任和勇气；她最初"气势汹汹"顶撞老师的小暴脾气收敛了很多；她从敷衍地完成自己的值日，到不怕脏累去拾干净水池里的残渣和头发；她从整日在班内哗众取宠演小丑，到变成文静了许多的小淑女；她从整日"打压"别人，开同学不好的玩笑，到学会认同与欣赏同学的优点，考虑同学的心情和感受；她从班里一个朋友都没有，到有人愿意接近她；她从满脑子的负面想法和一开口的自我攻击，到经常在班内发挥积极且正能量的带头作用……

当看到那"爱"的种子，终于开出"奇迹"的小花时，老师内心是欣喜的。但同时老师也知晓，在成长中，总少不了风吹日晒，短时间的凋零或枯萎，那是大自然周而复始变化的规律。每个人都拥有一颗爱的种子，需要被悉心呵护与照料，它可能深埋在土壤下不曾被看到；但爱一直在，相信只要你愿意，终有一天，它会开出芬芳、绽放，且充满爱的"奇迹花"。

6. 陪着你走一程

小慧自从转到我们学校后各方面表现都很不错，学习名列前茅，担任班级体育委员，积极参加足球、曼陀铃、橡皮章等社团活动。但小慧国庆假期与父亲发生了冲突，夜不归宿，父亲报了警。班主任发动班级同学通过微信与她联系，可她不答复，就像在地球上消失了一样，随后班主任通过高年级同学才联系上她并在上学前一天把她带回学校。

第二天中午，心理辅导老师郭俊峰约谈了小慧。由于平时关系不错，小慧如实向郭老师讲述了10月6日和7日事情发生的详细过程。10月6日中午，忙碌归来的父亲不问青红皂白地要没收她的手机。她当时急了，下午先到朋友家然后跑到附近公园，晚上回家后见家中亮着灯没人，她就想着直接带手机、书包到班里王同学家去住，8日按时返校。父亲见深夜了女儿仍然没回，在焦急无奈的情况下选择了报警。可小慧不体会父亲的担忧和焦急，到同学家后索性关机直到第二天天亮。班主任得知情况后发动班级同学主动用微信联系她，她却一意孤行，干脆不回信或者找理由拒绝，甚至欺骗老师。班主任不得已，让高年级同学联系上了她，并请多日没怎么吃饭的小慧吃饭，带回小慧与她同睡直到第二天上学。

通过深入的访谈，郭老师找到了小慧夜不归宿的原因。小慧适逢青春叛逆期，可被生活所累、文化程度偏低、长时间在老家的父亲与她疏于沟通。父女二人潜滋暗长的矛盾，通过夜不归宿这个导火索爆发了。之前，全家五口人蜗居在北京海淀五彩城附近，小慧排行老大，下面有两个妹妹，父母靠在北京打零工维持生计。后来为了节省开支，母亲回家待产，父亲长期在老家陪护母亲，只剩下孤独无依的小慧周末宅居在北京偏远郊区的出租屋内，有时甚至在家没饭吃。今年暑假，她的母亲在老家又生了一个女孩，这让本来拮据的家庭雪上加霜。父亲忙于工作，疏于与她沟通，父女二人隔阂越来越深。

女儿有万般委屈，但父亲也有无奈与辛酸。尽管有做得不到位的地方，但做女儿的是否能心平气和地与父亲进行有效沟通呢？孩子能否换位思考，站在父亲的角度体会父亲的痛苦、无奈、焦虑与担忧呢？如果她能想到这些，或许不会出现后面的一系列情况。

郭老师感同身受地说能够体会到她独自在京的孤独、彷徨与无助；讲到父亲抚养小孩的艰辛和所要承受的家庭重担，唤起她对父亲的感恩之情；郭老师讲到自己在青春期与父亲发生冲突的切身经历，和对自己当时做法进行的反思与忏悔，引起她对某些不妥做法的共鸣；共同想象父亲对夜不归宿的她的牵挂、思念，以及采取的各种努力等。

听完这些，小慧对父亲的抱怨少了，包容多了，脸上露出一丝不易觉察的愧疚之色。她逐渐意识到有时需要进行换位思考，并做出积极有效的应对。她更对夜不归宿有了更加深刻的认识，与自我有了联结。

7. "我是哥哥，做得要比弟弟好！"

李明父亲开公司，母亲从事美容工作，他们为人正派，没有不良嗜好；家庭条件一般；李明是双胞胎中的哥哥。

李明来到我校后，状态不稳定，情绪易冲动。个人爱好是篮球。在班中有一定的威信，被选为班委。身上充满了正能量，有理想，有目标；希望能考上理想的高中，然后参军。

刚入学的一段时间，李明的情绪非常低落，总是一副闷闷不乐的样子。和同学关系紧张，只要有同学不小心招惹了他，马上就翻脸，张口骂人，甚至动手打人。

李明一般喜欢按自己的想法做事情，较少照顾到周围环境的变化，不太关心别人的感受。他性格上的固执让班级工作无法正常开展。比如说买班服，他一定坚持他喜欢的颜色，不考虑其他同学的感受；晚上加餐买泡面，他一定要买他喜欢吃的口味；上课回答问题，和老师发生了好几次冲突，就因为他举手老师没有叫他回答……

刚入校的时候，他有很明确的目标，要上高中，要和弟弟比一比，证明自己不比弟弟差。但是一段时间之后，他就颓废，不思进取，有时候连作业也不能够及时完成。

李明的问题很多，但是最大的问题还是他心理上的纠结，这个纠结就是他的双胞胎弟弟。从一出生到现在，李明一直都是以哥哥的角色在处理着和他弟弟的关系。由于是双胞胎，母亲的奶水不够，李明从小是吃奶粉长大的，而弟弟是吃妈妈的奶水长大。这种哺乳方式导致两个孩子长大后，作为哥哥的李明处处忍让弟弟，迁就弟弟的行为，从小时候让弟弟玩自己的玩具、吃独食，到长大后玩游戏机、电脑、手机，都是弟弟优先。

在外面弟弟受了欺负，他一定挺身而出，跟别人干仗，为此还受到学校的点名批评。总之，他处处表现出一个大哥的风范。

这样的一个大哥，唯独学习不仅不能够照顾弟弟，还和弟弟差距很大；弟弟反过来没有照顾他这个当哥哥的，还总是用学习成绩来讥讽他、嘲笑他，为此他没少和弟弟打架。而更让他难堪的是哥俩都在一个学校，这么大的差距让老师和同学经常比较，认为既然是双胞胎怎么智力水平差距却这么大。他一次次地被留下来完成作业，一次次地被点名批评，甚至被叫家长。

李明的心理从最初的难堪，到后来的愤怒，从愤怒到最终放弃：既然怎么学也不如弟弟，干脆就不学了。破罐子破摔，自暴自弃，上课睡觉，下课胡闹，完全变了。面对孩子的变化，家长着急，原校的老师着急。

我们中国传统教育的固定思维就是大的让着小的，哥哥照顾弟弟。李明在成长过程中从小受这方面的教育思维的影响，认为自己就应该照顾弟弟，弟弟是弱者就应该被照顾。这种心理模式对照顾者和被照顾者形成的心理暗示，就是天经地义，不存在付出和感谢的心理因素。

对双胞胎教育上的一致性也是导致李明出现心理巨大落差的原因之一。双胞胎就要穿的、吃的、玩的都一样，才更能体现出是双胞胎，才更能让邻里街坊羡慕。这种一致性还包括家长对孩子发展的一致性期望：都能够考上大学，都能够找一份好的工作。这忽略了人的发展中的差异性，对于双胞胎来说最大的差异就是心理性格、兴趣爱好、学习能力、思维模式的差异性。

李明和弟弟从小在一样的教育关心中长大，而随着年龄的增长，差异性越来越明显，其中学习能力的差异性对李明的心理冲击是巨大的。

"当一个婴儿的社交行为，成功地引发了另一个婴儿反应时，就产生了婴儿之间的简单的相互影响。"从小到大一直是李明照顾弟弟，弟弟也坦然地接受哥哥的照顾：家里不是很富裕，买了一个游戏机希望两个孩子轮流玩，但是李明总是让弟弟玩；家里做什么好吃的，都是弟弟先吃，李明吃弟弟剩下的。

李明的这种哥哥的行为得到了家长的表扬。哥哥这个头衔也让李明从内心根深蒂固地形成了"我是强者，我要照顾弟弟这个弱者"的心理状态。这种状态一直延续到初中。随着年龄的增长，学习难度的加大，两人学习能力表现出不同，这导致角色反转：李明从强者变成了弱者，弟弟从弱者变成了强者。

而新的强者没有顾及旧的强者的感受，没有想过曾经的被照顾，单纯用一个孩子最常有的思维讥讽旧的强者。巨大的心理反差带来的肯定是争执，甚至升级到打架。

班主任赵卫东通过沟通让李明认识到，他的这个哥哥的角色是不准确的：你应该懂得照顾你的弟弟，但不是必须的，更不是用自己的委屈和缺失去照顾弟弟。在平时的家庭活动中，吃东西不要都是弟弟先吃，好玩的不要都是弟弟先玩，买手机不必弟弟都用好的。这些在以后的生活中一定要避免，大家在家庭中都是平等的。

近年来，"个性教育""个别化教育"越来越引起人们的普遍关注。许多父母抛弃了陈旧的观念，希望自己的双胞胎孩子能有健康完善的个性，活出自我，而不再被当作双胞胎中的一部分。通过和家长沟通，让家长改变对孩子的传统教育理念，尽早凸显他们的差异性，实现个性化发展。让家长认识到，虽然他们长得一样，但是心理、个性发展是非常不同的。

赵老师引导家长，在家庭生活中要多关注李明的感受，尤其是在两个孩子发生矛盾冲突的时候，要一碗水端平，不厚此薄彼。不能因为李明的谦让就表扬他，要让孩子明白，谦让对弟弟就是迁就，反而对弟弟的发展不利。

赵老师还在日常的交流中，不断让李明看到自身的长处和优势，懂得弟弟虽然比自己学习好，可是他也有自己的优势，篮球打得好，表演能力强，尤其是懂得关心别人，包容别人，这是比知识更重要的品质，对一个人的成功起着至关重要的作用。

一个学期很快就结束了，我们看到了李明的改变。当他站在学校元旦联欢会的舞台上表演小品的时候，当他在国旗下代表班级发言的时候，他的眼光中流露出了自信。

老师去家访，开门的是李明的弟弟，和李明长得一模一样。大家一起坐下来聊天，李明话少一些，弟弟更爱说，尤其是说到成绩时流露出的是自豪。李明考得也不错，全校第10名，和弟弟比还是有些差距。

临走时李明对老师说："老师，下学期我争取考得更好一些。"老师偷偷问他："你不和弟弟比了吗？"他笑了笑说："不比了，我只和自己比。"

8. 肩并肩，和你一起走

金超然老师班里的小刘，是个看起来还不错的小姑娘，聪明，字写得好看，也会来事儿，可私下里，小刘很喜欢钻空子，小刘所有的聪明才智都用来满足自己的小愿望了。

小刘的愿望也都不算大，无非是吃东西和化妆，可为了满足这两个愿望，她也算是竭尽全力了。她会竭尽所能把零食和化妆品藏在各种地方，也会通过帮男生传话等方式索取"费用"，如果被老师发现了，也一定会编各种故事，将自己伪装成"不得已而为之"。除此之外，小刘更是不能允许老师说她的不好，但凡老师上课说了她，她就一定会在课下背着老师的时候，毫不留情地报复回来。

小刘的这种竭尽所能的钻空子行为，老师觉得必须给她纠正过来。金老师试过很多方式，强硬的、温柔的手法也都试过，可是，最多能保持一周，就又恢复原来的样子了。甚至，在管得比较严厉的时候，孩子还会在背后骂老师。

金老师也没有想到，学生会用那么恶毒的语言在背后骂老师，只是因为她上课走神老师说了她。但金老师没有放弃，这么聪明的孩子总耍小聪明，总有一天会坑了自己。

金老师没什么思路，便向学校社工求助，社工给了金老师一本书——《尊重与希望》。这本书实际上是在讲一种新的治疗方法——焦点解决短期治疗。焦点解决短期治疗的核心是将关注点放在要改变的行为和特点上，而不是深入挖掘行为背后的东西，更重要的是，焦点解决短期治疗强调治疗者要和服务对象站在一起，为实现服务对象想要的目标共同，思考解决的思路并支持服务对象沿着解决思路实现目标。这一思路给了金老师很大的启发。

新学期开学以后,金老师就一直在寻找一个能够激发小刘改变的机会。很快,机会就来了。早上起来跑操的时候,小刘又一次找借口偷懒、撒谎,只为了少跑两圈。金老师在操场上指出了小刘的钻空子,并让她重新跑。但是,随着升入高中,小刘也不再像原来一样有那么多的忌惮,她只顾着自己的面子和偷懒,在操场上就顶撞了金老师。

金老师没想到小刘会这样,也挺生气的,就离开了操场,看孩子后面会怎样处理,同时,心里也想着,机会来了。小刘也被自己早上的表现震惊到了,后面整整一周,小刘都不敢与金老师对视。

一周后小刘来到金老师的办公室,说希望和老师聊一聊。小刘最开始还是在强调自己不是故意的,自己是有道理的,在接近一小时的不断澄清之后,小刘终于说出,实际上她上周早上的"对抗"是因为她对老师有所期待,希望老师能够对她更加温柔、更加看重她。

金老师本来可以借着这个机会让小刘意识到自己的错误,一起讨论为什么她觉得老师对她不温柔,和她讨论自己平时做事情的问题,然后讨论她需要怎样改正。

但金老师决定要换一个方式。虽然仍旧需要和孩子讨论她的不足,但更要和孩子讨论,怎样才能实现她想要老师更多地关注她、重视她的目标。

前两年对小刘的工作还是有效果的,小刘的内心里实际上对金老师还是有很大的依恋和期待,只不过,当这些依恋和期待变成了"求而不得"的时候,就通过抱怨、对抗展现出来了。而当我们一起剥开层层抱怨真正看到内心里的期待的时候,行动的转机也就到来了。

接下来的一小时,师生一起讨论如何能够实现小刘的目标,并拟定了陪她实现的方案,师生约定三周之后看她的状态。在之后的时间里,小刘还是会有钻空子的情况出现,但是当金老师站在她身边和她一起讨论这些事情的利弊,而不是直接指出她的错误的时候,问题好像看起来更容易解决了。

小刘现在身上还是有很多小毛病,但却少了和老师的冲突,也不再总是给自己找理由、编故事。

金老师和学生经常性地不是面对面坐着讨论问题,而是肩并肩走着讨论问题。从面对面,到肩并肩,不仅仅是位置的变化,更是关系的变化。面对面的时候,是我要你怎样,你要怎样;肩并肩,则是我们要一起怎样。

  从面对面,到肩并肩,是要双方共同努力。教师要努力把自己放在孩子身边,而孩子也需要勇气和信任,真正将老师看成战友,而不是管理和约束的敌人。

> 第五章 <

温泉之花常呵护：
奉献、坚守的海淀工读团队

在工读，有一种陪伴持续二十四小时。他们抛下嗷嗷待哺的孩子，把时间献给学生。他们的孩子问得最多的一句就是"爸爸，你什么时候回来呀，我想你"。视频那头，孩子噘着小嘴，有点嗔怪但又满脸期待，一脸疲惫的妻子安慰着孩子"爸爸很快就回来了啊，别打扰爸爸工作啦"。他很想说点什么，但很快侧过脸，快速抹去泪花，他满心的愧疚。是父亲，自己的孩子却不能陪伴；是老师，别人的孩子更需要陪伴。

在工读，有一种情感叫家人。多少个夏日的夜晚，忙完工作，时间已到深夜十二点半，那是和学生约定好的关空调时间，担心学生被冻感冒，他总去检查空调关没关，学生睡得踏不踏实。有时候确实没关，有的学生蜷成一团，有的抱着枕头取暖，还有的偶尔咳嗽一声。他赶紧关掉空调，轻轻推开窗，给学生盖好被单，捂好肚子，确定没那么凉了，学生的睡姿也放松了，他才放心出去。

在工读，有一种责任叫义无反顾。为寻找逃家的学生，四处走访、彻夜蹲守。有一个极其叛逆的学生，逃学离家到了河北，家长无能为力，他的班主任得到消息后，立即行动，驱车数百公里将他找到。在返回的路上，由于太过疲惫，与一辆违章停放的大货车擦身而过，只差那么一秒，险些钻入货车底部！为了挽救一个孩子，那是怎样的决心与信念！

这就是我们的教师团队！他们在海淀温泉这片热土上，用悉心的陪伴、忘我的投入以及无悔的担当构成了工读学校最亮丽的风景。我喜欢这种风景，我陶醉于这种风景，我更佩服这风景背后的付出与坚守。

一、教师队伍建设初探

在我任校长之初，发生了三件让我印象深刻的事。

第一件事：在学校反复抓师德师风建设、强调教师更新教育观念时，我校发生了一起师生冲突事件，而涉事教师是一位优秀的班主任。更让我深感震惊的是，在讨论如何处理这一事件时，当时学校的个别干部和教师认为，面对工读学校"这样的学生"，不可避免会发生冲突。不仅如此，由于个别老师不尊重学生的行为被传到普通学校，致使一些原本要进入我校就读的学生，担心受到教师的不公正对待和同学欺负，选择了不来工读学校。

第二件事：有家长明确表示，工读学校的教学不能使他的孩子完成学业，要求我们提高教学水平。越来越多的家长希望学校在矫正学生不良行为的基础上，也能提高孩子的学业水平。但与此同时，个别老师认为，我们的学生基础太差，花费那么大的精力也不一定能有好的收获，因而也不愿意在教学方面进一步探索，学校的教学改革一度难以推进。

第三件事：曾在我校任职的一位教师调至普通学校后，因教学能力欠缺而处境尴尬。这并非个例，我校一些年轻教师自毕业后就在工读学校工作，几年之后，再与同批在普通学校工作的教师对比，发现自己的授课水平远远落了下来。这背后是教学相长的问题，在普通学校，学生勤学好问，自然能带动教师提升教学水平。我校教师则需要把更多的精力放在教育转化学生的问题行为上，无暇研究教学。加之学生学习基础薄弱，每天老师们只能给孩子们讲最简单的题，教学水平自然上不去。在这种情况下，有的年轻教师思想开始动摇，认为针对工读学校学生的教学研究毫无意义，再努力教，再用心研究教学，学生的成绩还是上不去。久而久之，教师产生职业倦怠感，甚至怀疑当初选择来工读学校是否正确。

善之本在教，教之本在师。想要提升学校的管理水平，首先要抓教师队伍建设。在反复研究以上种种问题之后，我们开始探索有针对性的队伍建设活动，转变教师教育观念，提升教师专业化水平。

一是用科学理念促学习、促成长。

我们邀请了当时的区教委副主任胡新懿为干部、教师反复讲解新的教育理念，介绍先进教学方法；邀请首师大、北师大教授讲授教育教学、心理科学理论与方法；邀请区教研专家讲解新课改背景下对教材的理解，以及课堂教学与评价等专业内容。那几年，我们组织的讲座达数十场，每个讲座之后都会组织讨论、交流，将新理论、新方法融入教师的思想与实践之中。

我们还请外地兄弟学校老师来校传授经验，请普通学校优秀教师送课入校,请海淀区教研员做顾问辅导教师教学,请大学或相关研究机构与学校建立研究合作,带动教师的科研。例如,与首师大心理系合作开展学生情绪管理的研究,与北师大合作开展"防艾拒毒"项目研究等,先后与大学及相关研究机构建立合作研究达7项。

学校还派教师到其他地区学校体验生活、听课学习,先后派出20余名教师到国内外学习考察体验先进教育理念。选派5人赴新西兰学习"友善用脑理论",这5位教师不仅虚心学习、耐心请教,同时还将我国的工读教育介绍给了新西兰"友善用脑理论"专家克里斯蒂女士。我们一直探索工读教育的国际合作,想看一看国外是怎么教育有心理、行为问题的孩子的。在这个过程中,我们发现了英国赫尔学校的学生与我们的学生具有相似性,他们的教育管理方式和我校有内在的一致性。所以,近些年我们多次与赫尔学校开展交流合作,他们的师生多次来我校学习、体验生活。双方交流互鉴,拓展了我校教师的教育思路。

与此同时,我们还分期、分批选送30名教师完成了教育心理学研究生课程的学习,有效提升了教师的专业化水平。我们采用"请进来,走出去"的方式,邀请荣景甡、汪耆年等专家来校指导学校的艺术教育、科技教育,选送体育教师到西班牙参加足球培训,多次组织心理教师外出参加专项培训,为学校特色教育发展奠定了师资基础。

二是建立学习型组织,使学习制度化。

我校定期组织各种教师学习活动,建立理论中心组、学科小组、青年教师成长共同体、班主任成长共同体等多种形式的学习组织,将学习融入日常工作,开展灵活、多层次的学习活动。

理论中心组主要由干部、支委组成,每月开展一次学习活动,学习内容主要是党建、教育方针与政策、上级文件精神等;学科小组以教研组为单位,每两周开展一次学习活动,学习内容主要围绕最新课改精神、教法学法等;青年教师成长共同体与班主任成长共同体分别依托教工团和班主任组,开展团队建设、读书分享、基本功比赛等多样化的学习活动,促进青年教师、班主任两类重要群体不断成长。

三是注重教学专业提升，提高业务能力。

学校组织了"说课比赛""教学基本功比赛""同课异构""优秀德育个案评选"等活动，给教师搭建展示平台，让教师获得工作成就感。

各种专业提升活动有效地提升了教研活动的规范性、科学性，激发了教师的创造性。部分教研组和一些教师已经初步形成了深受学生欢迎的教学风格。例如，语文组老师的"单元整体教学"，数学组老师的"任务驱动法学习""摘苹果法目标达成"，英语组老师的"大声朗读法"教学，物理组老师的"问题链式"教学法等。这些尝试与探索让我们的教学更适合学生，也给学生带来了更多的学习获得感。

二、创新教师培养机制

在上述初步尝试后，近几年，我们将教师培养的分散做法逐步整合成教师培养机制，以青年教师成长共同体、班主任成长共同体、"同读一本书"校本教研模式、"真人图书馆＋教师沙龙"双翼课程等多种方式带动教师团队不断成长。

（一）青年教师成长共同体

青年教师是一所学校未来的中坚力量，是教育事业发展的希望。学校能否得到持续发展关键在青年教师。

由于我校师生比高、班主任紧缺，大部分青年教师一入职就直接走上了最具挑战的班主任岗位。随之而来的就是教师个人角色适应不良、学生教育转化能力不足、教师感到孤独和压力大等诸多问题。

为了促进青年教师尽快地适应工读教育教学岗位，促进青年教师的专业成长，学校很早就进行了实践探索，采取了新任教师岗位培训、师徒结队、教学基本功比赛等具体措施，在一段时间内促进了青年教师的成长。但相关措施相对比较零散，存在单打独斗多、强拉硬派多等问题，不适合青年教师的成长特点。因此，学校队伍建设方面亟须一个适合80后、90后青年教师个性特点，真正属于教师自己的，符合学校青年教师师资发展需求的教师专业与思想发展的组织形式。

现代教师专业发展理论认为，教师之间的同伴合作对于教师的成长具有极为重要的价值。教师成长共同体可以破解当前存在的青年教师个人成长问题。2008年，学校在前期青年师资培养实践的基础上，成立了具有成长共同体性质的青年教师组织——青年教师互助成长小组。小组主要成员是35岁以下的青年教师，也吸纳了校长、团委书记、青年教师指导老师等成员加入，以"个人反思、同伴互助、专家引领"为基础，专业与思想发展并重，实现教师自我成长、团队发展与学校发展的有机统一。

1. 形成共同的发展愿景

海淀工读学校历经60多年的发展，逐渐积淀了"爱生敬业、主动担当、团结协作、坚守奉献"的工读精神，这一精神支持一代代工读人在工读教育这一特殊领域拓荒、改革、发展，实现了学校不断跨越式的发展。

学校始终围绕工读精神，推进青年教师成长共同体建设。

（1）将十六字的工读精神作为成长共同体的精神纲领，作为每一位共同体成员的发展愿景与工作指南。

（2）组织成长共同体成员走进工读教育前辈家中，聆听他们在工读初创和改革时期，致力于党和人民的教育事业的奋斗历程与全情投入工读教育砥砺奋斗的情怀，亲身体会，培育工读精神。

（3）每年学期初，对新入职教师开展学校精神文化教育，促进成长共同体成员传承工读精神。

（4）组织共同体成员参加"我与工读教育"演讲比赛，以工读精神为主题，组织青年教师分享自己在工作岗位上弘扬工读精神的故事。

共同的事业是共同体的合作之源，意义定制之源，共同介入之源。在工读教师精神的熏陶下，共同体成员的思想得到迅速凝聚。青年教师在这一精神的指引下，将自己归属为工读教育的一分子，从内心深处认可工读事业，确立了自己的归属感与认同感，增强了责任感与成就感，形成了共同体内部的核心动力。

2. 设置带动共同体发展的机制

对于成长共同体内部的青年教师来说，首先要完成两个转变：一是从学生到教师的转变,二是从普通教师到工读教师的转变。

当前,北京市中学青年教师的学历正过渡到以硕士为主的水平,知识储备、思想品质都非常优秀。但在具体实践中,青年教师对把握学生的心理特点还缺乏经验,在班级管理中还缺乏有效措施,在教学组织上还有待优化。尤其是对工读学校来说,青年教师还缺乏站稳课堂的能力和应对特殊学生的技巧。这些问题与困惑都给青年教师的成长提出了挑战。

为解决这些问题,学校在青年教师成长共同体内切入两个引领机制:师徒结对制度和学习身边榜样活动。

师徒制是一种帮助新手教师快速适应环境的入职教育模式,其实质是新手教师在"做中学",在观察借鉴模仿中吸收大量的外部知识和蕴含于资深教师教学行动中的知识,提高自身的教学技术,拥有自己的教学知识和智慧。将带头人、骨干教师吸纳到成长共同体中,为每一位青年教师配备一名教学师傅和班主任师傅。每三年为一个周期,举行师徒结对仪式,明确师徒关系,要求师傅在结队期间全面负责所带徒弟的思想与专业成长,通过发掘闪光点、主题性教育教学辅导、深度会谈等方式,指导青年教师的教育教学工作。

此外,学校每学期定期推出一名身边典型,通过校刊校报、教师沙龙、真人图书馆等形式,面向青年教师宣传先进事迹,促进青年教师向身边榜样学习,尽快提高教育教学水平。

3.搭建实践与交流的平台

实践不仅是青年教师获得教育教学知识和经验的主要源泉,检验知识、经验、真理的唯一标准,而且是青年教师把所掌握的知识、经验内化成职业素质和教育教学技能的根本途径。青年教师成长共同体的构建必须通过丰富多彩、鲜活有力的实践来落实。

(1)团队建设

青年教师成长共同体建设必须以团队凝聚力的形成为基础。构建成长共同体的首要任务是建设充满生机和活力的青年教师团队。学校自成立青年互助成长小组以来,每年组织成长共同体全体成员外出开展团队拓展活动,走出校门、亲近大自然,打破团队成员间的坚冰,提升团队的凝聚力。根据团队的成长情况，学校还定期组织共同体成员到特殊学校、先进企业、工读前辈家中开展访学交流活动，在增长见识、培养能力的同时，增加团队感与归属感。

（2）共同悦读

一个人的阅读史就是他的精神发展史，读书应该是教师的基本生活方式。对于青年教师而言，阅读有助于沉静内心，站在先贤的肩膀之上开阔视野，汲取教育智慧。

学校精选《给教师的一百条建议》《马卡连柯教育文集》《给青年的十二封信》等书籍，依托"同读一本书""原本读书会"等机制，在分组阅读、共同分享的过程中，加深青年教师对教育理论、工读传统的认识，并且通过共同阅读将思想集中到相同的视域之中。

（3）对话分享

要构建成长共同体，正式或非正式的对话交流平台是必不可少的。工读学校的青年教师成长共同体是一个开放的社区，通过搭建"我与我的工作"演讲、青年教师国旗下讲话、青年教师辩论赛等各种对话分享平台，促进青年教师表达思想、分享情感、共同提高。

以青年教师辩论赛为例，青年教师分两组围绕"工读校园文化传承VS创新"展开激烈辩论。辩论的胜负并不重要，关键是两队选手在准备和辩论的过程中，加深了对学校历史、文化的理解，促进了自身对学校未来发展的思考。

（4）教育实践

成立青年教师成长共同体的根本目的是指向教师的教育实践，因此必须通过教育教学实践来构建共同体。

依据现代教师的三种基本职业生活方式——教学、研究、学习，我们为共同体搭建了公开课研究、课题研究、教学基本功竞赛等提升平台，让共同体成员在日常教育教学情境中，以合作、交流的方式完成日常工作任务，在教育教学实践中锤炼思想、磨炼意志、增长才干。

4. 取得初步成效

（1）营造了合作成长的教育生态文化

成长在独生子女时代的当代青年教师存在明显的自我中心特征，反映在教育教学中是缺乏合作意识。在青年教师成长共同体中，青年教师心灵自由、思想开放、乐于分享，围绕各项任务与安排，他们阅读、分享、合作、研究，相互支持、相互鼓励、相互肯定，形成了合作成长的教育生态文化。这种生态文化的形成有助于突破青年教师在性格上对合作解决教育教学任务的限制，对于学校的发展有积极的意义。

（2）促进了青年教师自我发展

在青年教师成长共同体中，教师可以围绕教育教学实践中的心得、困惑进行坦诚交流，在贡献自己经验、思考与智慧的同时，不断引发思维的碰撞，从而对实现教育实践进行思考。这种调动教师内在力量解决教师在教育教学实践中遇到的问题，或者重构教师对教育问题的理解的过程，能让教师个体不断地进行自我教育。

教师在青年教师成长共同体中提出自己在教育教学实践中的困惑，是把自己的职业生存过程、状态与青年教师成长共同体紧紧地联系在一起的外在表现。这种表现对教师理解自我教育有着促进作用。其原因在于这种外在的表现具有开放性，可以使教师在学习共同体中解开心结，体验自我教育。

（3）加速了工读学校青年教师队伍建设

青年教师教育教学水平提高。通过青年教师成长共同体构建的深入开展，青年教师通过同读一本书、教学基本功比赛、上研究课、师带徒等活动，教育教学观念得到进一步转变，工读教育转化能力得到提高，课堂教学实效得到改善。

青年教师思想的成长。专业成长之外，青年教师在共同体中长期浸润，通过真人图书馆，潜移默化地传承了工读前辈的教育智慧，转变了学生观，培育了工读学校教师的内在精神价值，完成了从学生到教师、从普通教师到工读教师的两次角色转变。

（二）班主任成长共同体

与青年教师群体一样，班主任团队也是工读学校办学的核心力量之一。我们在队伍建设的过程中，也是以共同体方式来推进。建立工读班主任成长共同体有两方面的考虑。

第一，工读学校学生问题复杂、教育难度大。学生的总体特征是有严重不良行为或有轻微违法犯罪行为，但学生个人的具体问题又是极其复杂的。可以归为大类的行为问题有 12 种以上，这些问题背后又涉及复杂的个性原因、家庭原因与社会原因。面对这种情况，以个体存在的工作方式往往会让班主任应接不暇、手忙脚乱。这就需要形成共同体，共同研究学生的复杂问题，共同面对解决学生的复杂问题，以达到促进每一个学生生动活泼发展的目标。

第二，工读学校有特殊的正副班主任制度。工读学校班主任工作的最显著特征是两位班主任轮流值班，24 小时陪伴学生。两位班主任承担了一个班的管理工作，也在工作过程中建立了兄弟姐妹般的友谊。正副班主任之间形成的教育共同体是整个班主任共同体的构建基础。

所以，工读班主任成长共同体是由若干正副班主任教育共同体相互关联而构建起来的。夯实正副班主任教育共同体的核心是工读班主任成长共同体发展的重要条件。

1. 彼此担当，相互成就

正班主任对班级的发展和个别学生问题行为的矫正负主要责任，具体职责包括：制定班规及班级管理制度；定期开展主题教育活动；把握学生的思想动态，及时采取有效的教育手段；监督管理学生的队列、内务及卫生等。副班主任协助正班主任做好各项班级工作，职责包括：辅助正班主任做好班级建设；及时洞察学生的思想状态，并与正班主任共商对策；加强师生间的交流，协调解决师生矛盾等。虽然分工不同，但工读学校正副班主任的工作目标是一致的，即携手并进、攻坚克难，努力促进工读学生的教育转化。由此形成了彼此担当、相互成就的教育共同体。为形成正副班主任这种"彼此担当"的作风，学校对其工作进行评价，首先考虑班级整体水平，其次才是工作量与工作成效，以共同评价促进共同担当。

2."青蓝组合"，彼此成全

学校在安排正副班主任搭档时，遵循"青蓝组合"原则，充分发挥骨干班主任的作用，带动和培养青年班主任快速成长。"青蓝组合"可以是有经验的正班主任帮助带领青年副班主任开展工作，也可以是由青年教师做正班主任，而由经验丰富的教师做副班主任协助其开展工作。第一种情况下，作为副班主任的青年教师是正班主任与学生间关系的润滑剂。第二种情况下，青年班主任因其热情和责任感，可以带出更有"冲劲儿"的班集体，有经验的副班主任则可以从旁指导、纠偏、点拨，助力班集体健康成长。"青蓝组合"一方面带动了青年班主任的成长，保证工读学校班主任队伍有序发展，促进青年班主任尽快地形成工读教师职业身份认同。另一方面，也可激励有经验的班主任实现"二次成长"，减缓职业倦怠，保持职业热情。

3."红脸白脸"，适时补位

"一个唱红脸，一个唱白脸"是对工读学校正副班主任具体工作的最生动描述。学校采用半军事化管理，对学生在队列、内务和纪律等方面有严格的规范。班主任在执行学校规范要求时，通常要以"白脸"的角色面对学生，严肃纪律，严格管理，因此很可能引发与学生的对立。这时，副班主任可以在执行纪律的过程中给学生适当的安抚，充当"红脸"的角色，缓和师生关系。"红脸白脸"共同发挥作用，一方面让学生明白纪律必须严格遵守，促其改正不良习惯，另一方面也让学生感受到浓浓师爱，创建和谐班级环境与师生关系。例如，学生张某多次扰乱课堂秩序，正班主任反复提醒无效后，矛盾逐渐激化，这时，副班主任可以从正面积极的角度鼓励和肯定学生，在学生情绪基本稳定后，再带领学生与正班主任和解。

在正副班主任组合的基础上，学校注意加强各班主任共同体间的横向连接，以智慧集群代替班主任单兵作战。如图5.1所示，各正副班主任教育共同体之间相互联系，形成了班主任共同体、班主任组、德育处、德育副校长间层层递进的关系，共同面对和处理学生的德育问题。学校设有生活纪律组、社工站、心理中心，从日常管理、行为纠偏和心理辅导三个层面协助和支持班主任开展教育工作。这些部门从业务上加强了正副班主任教育共同体

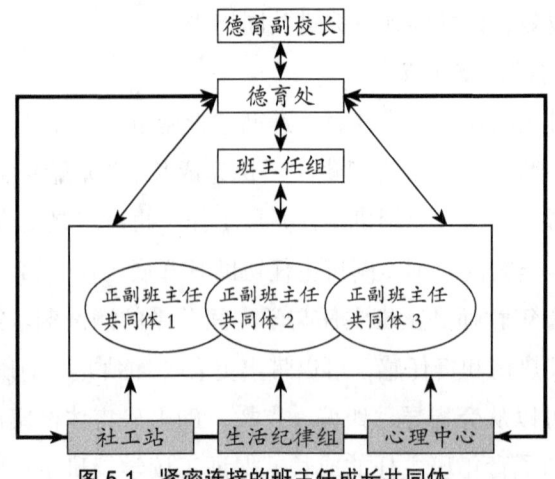

图 5.1 紧密连接的班主任成长共同体

之间的横向连接。

班主任在共同体中长期浸润,通过"青蓝组合"和智慧集群,潜移默化地传承了工读前辈的教育智慧,转变了学生观与教育观。班主任围绕各项任务与安排,彼此分担、相互鼓励,形成了合作成长的教育生态文化,培育了工读教师的内在精神价值,完成了从学生到教师、从普通教师到工读班主任的两次角色转变。班主任成长共同体在工读学校的具体落实,也为全员德育提供了现实途径。

(三)"同读一本书"校本教研模式

"同读一本书"是一种全体成员共同学习的学习方法。全校教师分成4人一小组的若干个小组,将一本选定的书拆分成与教师组数相同的若干部分,全校在同一时间内,通过"学习、分享;再学习、再分享;实践、分享;再实践、再分享"的学习过程,最终达到全体教师掌握书中全部内容并付诸实践、创造性应用。

自2012年我校运用"同读一本书"校本教研模式以来,开展了7本图书的阅读实践工作。全体教师依托自身资源优势,小组合作,在精神能量、言语表达、知识更新、创新能力等方面展现出巨大的成长空间,使个人所蕴藏的潜能在教育教学中得到广泛的发挥和发展。

1. 精选书籍：教育前沿与工作实际的结合

读书是我校校本教研模式的基石，因此选择什么书很关键。图书既要有先进的教育理念，又要有可借鉴的实操内容，这是我们老师工作中的急迫需要。在相关教育专家的推荐下，近年来我们前后精选了7本著作。

2012—2014年，《积极学习：101种有效教学策略》同读与应用。

2013—2015年，《给教师的一百条建议》同读与应用。

2015—2017年，《学习性评价丛书（中学版）》同读与应用。

2018—2019年，《班主任工作思维导图》《教师自我突围的秘诀》同读与应用。

2020—2021年，《主题班会不会开怎么办》《不奖不罚：如何让难管的孩子拥有自控力》同读与应用。

2. 全员参与：读书与实践中彰显教育智慧

全员参与读书和实践，进行智慧碰撞，需要有教研氛围和教研制度的双重保障。基于我校教师工作强度大，读书实践具有一定挑战性的现实状况，我们将集中学习与自主设计相结合，保障了教研活动的实效性。每一本书的同读与应用包含前期准备、共同学习、深入研究、集中推进、合作实践几个步骤，以同读《积极学习：101种有效教学策略》一书为例，具体实施过程如下：

（1）前期准备："三力同构"是关键

关键点一：动员聚力。主要目的是凝聚人心，鼓舞士气，激发全体教职员工热情参与。通过"同读一本书，快乐共分享"活动方案的解读，让全体教职员工看到我们必须共同学习，我们能够有效保障共同学习，在共同学习之后我们每个人都会有很大的收获。

关键点二：保障有力。首先是时间保障，学校规定时间，统一安排。其次是组织保障。一方面，学校成立专门的读书领导小组，由组长、执行组长、核心成员构成。另一方面，教师自愿结合形成3—4人的读书学习小组，每组确定组长一人，该小组形成后在共同学习、深入研究环节始终保持不变。再次是物质保障，学校教导处、总务、信息中心等部门全力保障此项活动所需的一切物质，包括书、评价单、多媒体、表彰物品、宣传推广等。

关键点三：评价给力。在活动的准备阶段形成完善的评价举措。既包括过程性评价（每场交流的前三名），又包括结果性评价（在整个活动中，表现突出个人与团队）；既要有团队评价，还必须有个人评价；还必须将该项活动纳入教师校本培训的学分。

（2）共同学习："四步稳进"把好关

教师以学习小组为单位，在规定的时间内，共同学习学校所下发的任务，并在全校大会上汇报学习成果。操作步骤如下：

分组：把教师分为20个学习小组，所有成员都参与其中。每组最多4人，最少3人。

拆书：把《积极学习：101种有效教学策略》这本书拆分成20份，分别发给每个学习小组。最多的学习13页，最少的学习5页。

学习：要求所有小组利用三个连续的周五下午3:00—5:00的时间共同学习本组的任务，并根据学校的要求，准备全校汇报。即利用6分钟汇报，介绍学习的主要内容及收获。

交流：召开全校学习交流展示大会。每组选派一名代表上台进行6分钟汇报，利用多媒体向大家介绍本组的学习内容及相关收获。

本环节的主要目的是帮助大家在有效的时间内尽快了解本书的主要指导思想和全部内容，激发深入学习研究的欲望，并初步掌握"同读一本书"校本教研模式的操作流程。为了保障此项活动的实际效果，在共同学习环节，必须严格遵守学校的相关规定，把好"分组""拆书""学习""交流"四个关口。

（3）深入研究："五环紧扣"共完善

该环节的主要任务是在全面了解该书指导思想以及全部内容的基础上，继续以学习小组为单位，各组每轮集中研究一个策略，并向全体教师推荐。操作流程如下：

选题：各学习小组在本组前期所学习的策略中，选择一个策略作为研究项目。

研究：以学习小组为单位，针对本组选择的策略，围绕学校提供的六个问题进行深入研究。即：这个策略是什么？这个策略的实施步骤是什么？这个策略在哪些情况下运用？预期的效果（显性与隐性）？这个策略体现的先进理念是什么？举个例子说明"活学活用"。

备课：学校将20个小组分为三个大组，进行全校性的策略介绍大会。每次上会介绍之前，学校读书领导小组都要对所有汇报稿进行统一审阅，辅导反复修改，逐一审核通过后，方可上会介绍。每周三学校备课小组成员都集中在大会议室做统一备课的准备，每组进行汇报的代表，利用多媒体先给备课小组教师进行汇报。大家共同研究，共同完善。一看汇报内容是否忠实于原文，再看表述是否清晰、完整，三看呈现方式是否直观、明了。备课环节的任务很重，难度也很大，但是备课环节不仅是共同研究的重要载体，更是提高本项活动实效性的必要保障。为此，在此环节中，备课小组成员必须要提前做好一切准备，认真学习研究所有相关策略。同时，在共同备课的过程中，大家要畅所欲言，群策群力，相互启发，共同完善。

点评：每一组在全校大会上介绍后，由主持人随机邀请台下教师进行点评。主要从该策略介绍的情况、自己的收获，以及建议等方面进行点评。此环节的目的是：让全体教师在认真听讲的同时，深入思考；并在相互交流中，帮助策略介绍团队进一步加强对该策略的思考以及下一阶段的实践。

推优：每场介绍结束后，由全体教职员工无记名投票，推出每场策略介绍的前三名，工作人员进行现场统计，主持人现场宣布前三名名单，并组织相应学习小组全体成员合影留念。

（4）集中推进：承上启下是关键

经过以上两个环节，大家对"同读一本书"的学习模式已经比较了解了。《积极学习：101种有效教学策略》一书共有101个有效教学策略。我们共同学习、深入研究的目的是学习和应用策略。为此，一方面，必须加快策略学习、研究、推介的速度，另一方面，要启动已经介绍的策略深入课堂进行教学实践工作。为此，很有必要增加集中推进环节。

第一步，研究新策略，集中推介交流。20个学习小组，在规定的时间内重新研究一个新的策略。学校备课小组继续进行深入备课、辅导与审核。在新的20个策略全部通过备课小组审核之后，学校利用双休日集中安排三场策略学习与推介大会。

第二步,增加研讨环节,侧重如何应用。在每一场策略学习推介中,继续执行现场点评、推荐优秀两个环节的同时,增加重新分组、深入讨论与交流环节。打乱原有的学习小组,将全体教职工根据本场介绍策略的数量分为相应个数的小组(如果介绍8个策略,就将教师分为8个小组,介绍6个策略,就将教师分为6个小组)。每组分别抽取两个策略,并围绕这两个策略进行共同讨论。要求:① 在深入讨论的基础上,深入理解相关策略,熟练掌握该策略的操作步骤。② 小组成员交流分享如何在今后的教学中使用该策略。③ 共同制作展示海报,进行5分钟的汇报。

第三步,选择试点策略。全体教师在已经推介的40种策略中,任意选择4个策略,作为自己的教学试点。

第四步,形成试点研究小组。根据教师的选择情况,选择同一策略的教师形成一个教学试点研究小组。如果选择同一策略人数超过8人,则分为两个或两个以上小组,并确立组长。

(5)合作实践:共同参与强调体验

此环节的主要工作是教师们以教学试点小组为单位,分别在自己的课堂上着手试点所选择的教学策略。并通过合作观摩、共同研讨等方式,逐步探索出该策略适合学生特点的有效操作步骤,并归纳、总结出相应的注意事项。

操作流程如下:

制定计划:每位教师明确自己的实践计划。计划主要包括上课主题,教学设计,策略使用说明,上课时间、班级,希望获得的支持等。

共同观摩:实践小组根据个人计划,统筹安排成员上课时间(教导处负责调课)。要求做到一人上课,其余成员全部到场观摩,并根据分配的任务,进行详细记录。

及时交流:小组成员上完实践课后,组长召集成员及时进行交流,共同分析策略实践情况,聚焦亮点,共同完善,明确下一位教师实践中应引起注意的问题。

总结汇报:全体教师实践课结束后,各组统一进行策略实践情况研究,结合每位教师的实践情况及时进行总结，汇总教学实践中的优秀案例或者片段。完善策略使用步骤，提炼注意事项或特殊说明，并在学校备课小组会议上交流，促进各试点小组间的相互学习与借鉴。

总之，通过"同读一本书"校本教研模式的持续推进，有效提升了教师的专业基本功。通过反复的阅读、分享、交流，教师的语言表达能力得到很大提高，教师的智慧语言就在一次次发言中彰显出来，爱阅读、善讨论、会分享成为我校很多教师的特点。通过具体图书的学习，教师掌握了更多的教学方法与策略，并在自我加工的基础上，创新出自己的教学设计。

教师的改变带来课堂的改变，课堂的改变带来学生的改变。通过推行"同读一本书"教研模式，老师们不断更新教育教学理念，寻求适合学生的教育教学策略，各学科也根据本学科的特点，采取适合学生的教学方法，课堂学习氛围越来越浓。学生在课堂上参与的积极性有了较大的提升，学生的厌学情绪得到了有效的改变，课堂学习氛围发生了很大的变化。

（四）"真人图书馆＋教师沙龙"双翼课程

课程包括两大系列，一个是真人图书馆，旨在促进教师师德成长；另一个是教师沙龙，旨在促进教师专业发展。

"真人图书馆"理念源于丹麦，倡导的理念是"我们每个人的经历本身就是一本书"，通过邀请不同人生经历的人，与读者一起以一种面对面沟通的形式来完成"图书"的阅读。

在真人图书馆课程中，课程授课者把自己当成真人版本的图书，是通过真人图书与读者（授课对象）面对面的交流和沟通来完成一种新型的、互动式的阅读。学校将真人图书的理念引入教师培训课程，目标是增进教师对教育事业的热情，提升教师工读教育智慧，培育教师"爱生敬业、主动担当、团结协作、坚守奉献"的工读精神。

教师沙龙课程的授课教师均为学校的带头人、骨干教师，他们在课程中把自己的专业发展经历和专业智慧与授课对象进行分享，授课对象与授课教师以沙龙座谈的形式，在自由的氛围中展开互动交流，共同树立专业发展意识，促进专业共同提高。

有别于学生学习，本课程抓住成人学习的特点，注重创设轻松的学习氛围。采用真人图书阅读、沙龙互动交流、榜样示范的形式，达成教师师德与专业能力方面得到显著提升、教师树立自我成长与发展意识的学习目标。

双翼课程分别关注教师的思想与专业成长，直击工读学校教师面临的最大困难，解决的是工读学校教师生涯发展中的真问题。另外，由于工读学校的教育与普通学校有较大的不同，来自本校教师的工作生活经历更具有实践指引性，是非常好的课程资源。本课程的实施对于挖掘校内教师培训资源，促进培训者的成长也具有重要的意义。

1. 课程模型

"真人图书馆+教师沙龙"教师师德与专业发展"双翼"课程模型图示如图 5.2。课程分为真人图书馆（师德发展）模块和教师沙龙（专业发展）模块。两个模块，一体两翼为教师发展保驾护航，激发教师内驱力，共同迈向教师专业发展的目标。

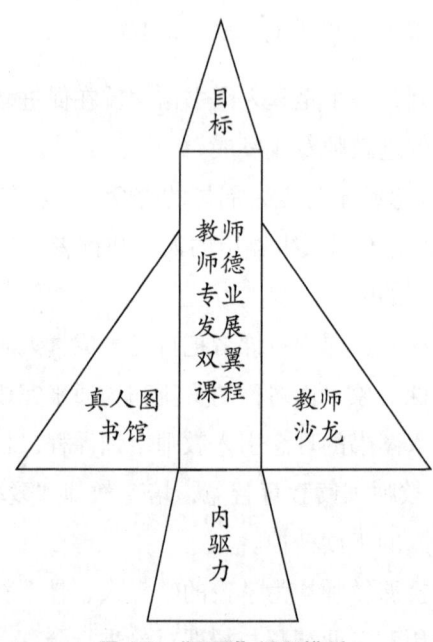

图 5.2 "双翼"课程模型

2. 课程内容

在课程模型之下，具体的课程内容如表 5.1 所示。

表 5.1 "双翼"课程内容

序号	课程模块	课程专题	内容要点
1	真人图书馆（师德发展）模块	工读精神的溯源与内涵；在工作中传承、践行工读精神；教师的教育情怀和"四有"精神	培训组织者根据专题确定适合的培训主讲人、主持人，并根据主讲人的师德表现提炼具体培训主题。主讲人在主持人的引导下，以"真人图书"分享的形式，紧密围绕专题主题，讲述自身的人生故事、师德故事。参训教师聆听主讲人的人生故事、师德故事，与主讲人进行互动，对培训主题进行"学思践悟"，提升对主题的领悟与认识，并在自己的工作实践中践行工读精神、"四有"精神，提升自己的教育情怀。
2	教师沙龙（专业发展）模块	教师专业成长路径；立足实践开展教育科研；学生个性化教育、学生"问题行为"矫正	培训主讲人基于拟定的培训专题，自我梳理专业成长历程，确定具体的沙龙主题。在培训过程中，主讲人按照个人专业发展的历程与参训教师展开交流，并在交流的过程中渗透主题相关内容。沙龙分享环节结束后，参训教师就培训主题与主讲人进行互动，进一步深化对培训主题的理解与认识，促进对自身专业成长的反思，提升自己的教育教学智慧。

3. 课程实施

（1）真人图书馆

真人图书馆课程一般包括确定真人图书、明确阅读主题、挖掘图书内容、确定组织形式、开展阅读活动、进行阅后分享等环节。

2014 年 10 月 13 日，以"感受 27 年风雨教育路"为主题，学校首次真人图书馆课程正式拉开帷幕，由苏有杰老师分享他 27 年坚守农村教育一线的体验，展现了他 27 年来坚守三尺讲台、不断求索、奉献教育、用生命培育生命的奋斗历程。全体党员和青年教师作为读者参加了真人图书阅读活动，在场听众（也是真人图书的读者）被苏老师的真情讲述深深感染，也被他这种默默坚守与始终追求进步的精神所激励。到目前为止，学校共组织了 14 期真人图书阅读活动，如表 5.2。

表 5.2 双翼——真人图书馆课程

序号	活动日期	真人图书	主题
1	2014-10-13	苏有杰	感受 27 年风雨教育路
2	2014-11-13	徐红伟	徐校长的人生故事
3	2015-06-01	谭娅	聪明的人提前规划人生
4	2016-01-06	肖建国	开拓青年教师创新之路
5	2016-04-15	王宏祥	坚守的力量
6	2016-10-26	贺伟	埋头实干，踏实前行
7	2017-05-10	张红燚	奋斗的青春最美丽
8	2017-09-15	于正国	于正国同志追思会
9	2018-04-28	付俊杰	智慧与高效
10	2018-12-21	彭军凯	争做研究型教师
11	2019-04-26	高亚娟	幸福的自我决定
12	2019-11-29	王飞	勇于开拓敢于创新
13	2020-11-20	青年教师群体	青年教师辩论赛
14	2021-04-16	刘锦春	用一生做一名好党员

纵观活动开展以来的 14 期真人图书课程，显示出以下显著特点。

真人图书类型丰富。做客的真人图书既有书记校长又有普通老师，还有校外的博士。他们有着不同的年龄，工作在不同的岗位，有着不同的人生体验，带给读者们丰富的人生智慧。

真人图书的示范引领性。真人图书来自教师身边的榜样人物，在思想政治和工作实效方面均具有引领性。以王宏祥真人图书为例，面向全体教师，以弘扬工读精神、推进"两学一做"为目的，采用视频回放、访谈和现场采访的形式，分享了王宏祥老师从事工读教育 24 年，担任工读班主任工作 24 年，如何胜任工读班主任工作、如何保持乐观积极的情绪、如何与搭档合作、如何克服工作中遇到的困难、如何处理家庭与学校工作的矛盾等人生经验。老师们从王老师幽默风趣的访谈中，从毕业学生的采访中，从搭档同事的采访中，读懂了他不忘初心的坚守力量，感受到"爱生敬业、主动担当、团结协作、坚守奉献"的工读精神。最近一期真人图书课程的真人图书——刘锦春是我们的老校长。他讲述了工读复办之初的面貌,以及如何带领教职工干事创业,扭转工读办学局面的故事,分享了自己"听党话,跟党走"的人生经历,激励聆听的"读者"立足本职岗位,努力做一名好党员、好教师。

(2) 教师沙龙课程

在真人图书课程前期丰富经验的基础上,学校自 2018 年 3 月开始设计、实施了教师沙龙课程,与真人图书课程形成"两翼",共同促进教师的师德与专业成长。与真人图书课程的政治性、思想性有所不同,教师沙龙课程更具有学术研讨的氛围,瞄准的是教师的专业成长。至今,教师沙龙课程已举办 13 期。

表 5.3 双翼 – 教师沙龙课程

序号	活动日期	沙龙嘉宾	主题
1	2018-03-27	苏有杰	再聊师道
2	2018-05-09	彭军凯	做我们身边的教科研
3	2018-06-05	李志功	为未知而教,为未来而学
4	2018-09-26	王飞	我在工读的这些年
5	2018-11-14	胡青梅	我的艺术教育之路
6	2018-12-26	高亚娟	因爱而教,为爱而学
7	2019-05-08	杨小冬	入世做事,出世做人
8	2019-06-01	徐恩会	不忘初心,守望教育
9	2019-10-09	范汝德	做好本职就是守初心
10	2019-11-27	杨领娟	让坚韧之光照进初心
11	2020-10-14	穆彧飞	爱孩子是本能,怎么爱是智慧
12	2020-12-02	章鲁川	我的足球之路
13	2021-04-07	刘华权	守住本心,快乐工作

教师沙龙课程的一般流程是:确定培训者(沙龙嘉宾);课程组织者与培训者一起设计分享内容;组织课程开展与分享;课程总结与评价。纵览以上教师沙龙课程,可分为专业成长、教师教科研、教学智慧等主题。

在专业成长方面,高亚娟老师分享了"学习+实践+反思"的个人成长方式，她说："从新手到专家是一节节课、一个个案例、一次次研究潜心钻研的结果。和学生在一起让教师保持最丰盛的生命力。"为了解决自己成长中的困惑，高老师将大量的业余时间投入学习之中，参加了心理剧导演、戏剧治疗、表达性艺术治疗等多项培训，累计参训近千学时，不断经历"学习＋实践＋反思"的过程，收获了心理剧导演、一人一故事剧场领航员、认证催眠治疗师等多项心理资格认证，为自己的专业发展和本职工作提供了有力的支撑。

在教师教科研方面，彭军凯老师分享了准备《功》实验设计的过程，查阅文献、自制教具，不断优化实验的过程，设计出非常具有物理学科特点、能锻炼学生动手能力与物理思维的实验设计。支持他如此用心设计的是他对教学的热爱和研究的态度。也正是这种热爱和研究态度，让彭老师在后来的海淀区骨干教师说课、骨干教师培训以及物理论坛实验展示等活动中都有上佳的表现，受到教育同行的肯定，进一步坚定了他从事教育科研的兴趣和信心。

在教学智慧方面，李志功老师分享了他参与学校职高专业设置，不断根据学校职高办学情况调整教学内容与方法，近几年在职高教学中开展职高微项目教学的实践，向参加培训的老师展示了一个与工读学校职高教育共成长的教师专业发展故事。

由于工作具有特殊性、工作压力大，工读教师急需参加培训，以提升专业素养。但由于是住宿制学校，工读教师多数要值班，很少有时间外出参加各种培训，而且普通教育的培训也不一定适合工读学校。本课程的研发充分挖掘了校内的培训资源，让工读教师的培训在校内就可以开展。

在未来的工作中，我们要继续提升教师培训在学校工作中的地位，以"真人图书馆＋教师沙龙"教师师德与专业发展双翼课程为引领，丰富学校教师培训的内容，让更多的教师在培训中成长、发展，成为工读教育的行家里手，为有特殊教育需要的孩子贡献自己的力量。

三、从故事看教师的成长

人们常把教育称作一种艺术,因其不是简单的技巧施展,而是人与人的心灵交融,充满可能性,蕴含生命成长的丰富细节。同样,教师的成长也不可能是简单的线性路径,而是富有故事性、个人体验性的心路历程。

(一)青年教师成长故事

崔玉姣自述:用爱托起明天的希望

我们都有一个共同而又神圣的名字:人民教师。教师梦是我孩提时就有的,幼儿园的时候,我就模仿老师在家里"上课",现在想来,虽然幼稚,但这颗种子已经深种。

如今,我站上讲台已经两年。犹记得,刚踏入这所古朴又神秘的校园时的情景,质朴的四合院,盛开的玉兰花,活泼的学生……让我一下爱上了这里,我要让梦想在这里开花,用我微薄之力为这里,为这里的孩子们添一抹色彩。然而,当我真正走进教室,真正担起一个班的语文教学重担时,我才发现,孩子们是那样的有个性,原本设想好的教学活动,往往会变成我一个人的"独角戏"。这种"孤寂"感是我前所未有的,一种深深的自我怀疑从内心升起。

后来,在不断向老教师取经中,在与学生的熟络中,课堂逐渐被我掌控了。这时,我才发现,"教师"不仅仅是讲台上的40分钟,这个词背后是责任,是付出。两年来的8本教案,记载着我在语文教学之路上的每一个脚步。犹记得那些每周10份手写教案的日子,虽然牺牲了许多的周末,但是前进的脚步从不敢停止。

小新是我接触最早的一个孩子,这个自三四年级起就不再动笔的学生,八年级的课程就如同天书一般,每当课堂上看到其他同学举手发言,她只能一个人躲在角落默默画漫画。我的心痛了。课下,我鼓励她,"你一点都不差,你也可以用笔表达自己的感情",慢慢地她接受了我的话。终于,第一次月考,一篇800字的作文——《在成功中成长》写成了,虽然语句滞涩、错字频出,但字迹工整,满满两页纸,让我感动不已。

曾经努力探索适合孩子们的古诗词积累模式，融合《中国诗词大会》"飞花令"的模式，大大提高了孩子们背诵古诗文的热情，学过的每一篇古诗文，孩子们几乎都能够背下来；曾经因为孩子们的一句致歉，我在课堂上流下感动的泪水。孩子们的质朴与热情感染着我，激励着我，让我在语文教学上丝毫不敢懈怠。

一年前，我走上了女生班班主任岗位。新的挑战，新的压力，我选择全力以赴，积极面对。面对个性独特的孩子们，数不清多少个夜晚，与她们深夜聊到凌晨；说不清多少次，为她们拭去眼角的泪痕；而每一次来自孩子们的真心拥抱都让我心中一暖，重新振奋。心与心的距离最近，用我的温和与付出呵护她们，引领她们发掘善良，用积极与鼓励让她们重拾信心。

小闫同学已经两周未到校了，两周前的周末她和班里几个孩子一起离家出走，周一时其他几个孩子都陆续到了学校，而她迟迟未归。每一个未归的孩子都是我内心最柔软的存在。两周来，每个晚上，我都在微信上给她发消息，"孩子，回来吧，有什么事回来说"，"你很聪明，应该明白逃避解决不了问题"。对于这些，孩子从未给过回复，但我知道，我不能放弃，每天晚上的微信似乎成了我的固定作业。终于有一天，小闫回复我了，"老师，别找我了，我累了"。虽然是这样一条看似没有任何希望的回复，却让我看到了语句背后的另一种希望。我仍然坚持每天几条信息发过去，或是鼓励，或是班级活动的照片。几天后，我收到了小闫这样一条信息："老师，我周一去。"一颗悬着的心终于落地了，周一果然在校园看到了小闫的身影。

每一次与学生倾心交谈，每一次处理突发事件，对我而言，都是一次成长。作为一名年轻的班主任，我不敢有一丝一毫的懈怠，每一次与学生、家长沟通过后，都会自我总结，思考能更走进她们内心的表达方式。时刻不敢忘一个"勤"字，一个"情"字。勤思考，勤谈心，勤能补拙；真情，真心，情能感天。润物无声，用心灵赢得心灵。爱心呵护，陪她们走出人生的沼泽地；真情相待，让她们渐渐改掉坏习惯，渐渐成长。

两年来，我未曾有一刻后悔过我的选择。工读学校，留下了我成长的脚步,见证了我的成长。我爱我的工作,感恩我的工作,让我迅速从一名学生成长为一位教师;感恩我的同事们,无私地帮助与指导;感恩我的孩子们,让我知道了什么是责任,什么是付出。"爱生敬业、主动担当、团结协作、坚守奉献"的工读精神一直在深深激励着我,未来,任重道远,前路充满挑战,而我充满信心!

(写于2017年)

李云飞自述:青春的印记

2010年,对于我个人而言,是极不平凡的年头。那一年,告别了学生生涯,告别了我的母校首都体育师范学院;那一年,我工作了,来到一个自己熟悉又陌生的环境——海淀工读学校。这里是我梦开始的地方,承载着我的青春,这里的一草一木都让我好奇,每一次的欢声笑语都使我情不自禁地想融入其中,每一次大家的学术研讨,都能让我发现自身的不足,找到前进的方向。时光荏苒,转眼,我已在这里学习工作了七个春秋,回想过往,仍历历在目,感慨万千。

第一年,我积极努力地适应新的环境,坚持每天做最好的自己,愿意迎接新的挑战,走上了班主任岗位。有一个晚上我不值班,手头工作没有完成,我并没有离开学校。八九点钟的时候,班里小月同学突然觉得腹部疼痛,上吐下泻。班主任胡老师立即联系家长,家长那边回复赶过来需要三至四个小时。看着小月极度难受的样子,我心里不禁被酸楚和心疼占据,于是毫不犹豫就带上小月去医院,路上一边安抚她一边催促司机再快一点。到了医院之后,挂号、缴费、检查……一阵手忙脚乱。医生告诉我她的病确诊是肠胃炎,需要输液。我这颗悬着的心终于落地了,于是我就静静地守候在小月旁边,一边和她聊聊天,转移她的注意,缓解她的疼痛;一边不时地关注着药液。小月身体很虚弱,渐渐地睡意压过了她的病痛,她安静地睡着了。可我不能睡,虽然那时我已经困意满满,那也要硬睁着双眼打起十足的精神,就怕她输液的药没有了,后果不堪设想。就这样时间滴答滴答地静静流走,当小月输完液,已是凌晨5点多。陪了她8个多小时的我,早已疲惫不堪。可看到小月醒来后，那苍白的脸庞变得红润，眼神里也不再有疼痛和沮丧，自己内心不由得有一种小小的成就感，暗自里小小地佩服了一下自己，并对自己说："教师真伟大！"当教师的第一年，我体会的师生情大概就应该如此吧。面对学生，教师更多的应该是一种责任，一种体贴和关爱，一种园丁精神吧，毕竟学生的健康成长学业有成，才是我们最大的成就啊！

第二年，我继续奋斗在班主任岗位上。我记得很清楚，那是一个周二的早晨，我的学生小静，竟然当着全班同学的面顶撞我。我的内心非常疼痛，因为一直以来我都很照顾她，觉得她没有妈妈爸爸的关爱，挺可怜的。带着被学生顶撞伤害的心，满肚子的委屈让我潸然泪下。算了，别当班主任了，我轻轻地对自己说。就在那个时候，我内心最脆弱的时候，我尊敬的胡青梅老师，悄悄地来到我的身边，抱抱我，拍拍我的肩膀，静静地陪着我，什么话也没有说。这个时候，这种心与心的陪伴给了我莫大的安慰和鼓励。陈老师，体育组的陈俊祥老师，一位我身边的知心大哥哥，也来到了我的身边，对我点点头，向我投来了赞许的目光。在他会心的微笑面前，我感到了工读老师间的深厚情谊。勇气，渐渐地在我内心汇集，我握紧了自己的拳头，大声地对自己说：继续奋斗。

第三年、第四年，我依然坚持在海淀工读的岗位上，为我热爱的学校，工作奋斗着。

奋斗着，我和我的工作；奋斗着，我和我的学生；奋斗着，我和我的同事们！

（写于2017年）

（二）班主任成长故事

贺伟自述：成长路上终无悔，桃李正是最甜时

19年前，当我第一次站上讲台时，我从未想到，我能坚持到不惑之年而无悔于青春。当时光让一头黑发变得花白，内心却从未感觉沧

桑。19年，这不仅仅是特殊教育工作的19年，更加让我自豪的是——19年的班主任工作，从未停歇。

雨果曾说过："花的事业是尊贵的，果实的事业是甜美的，让我们做叶的事业吧，因为叶的事业是平凡而谦逊的。"我想，教师所从事的就是这种叶的事业——平凡而伟大。平凡而伟大，这应该是一个为人师者最典型的精神体现。热爱学生，尊重学生，是教师最基本的道德素养，而勇于创新，不断进步，才是承载师德内涵和品位的最佳平台。

19年来，我一直默默坚守在班主任的岗位上，从青涩稚嫩到成熟稳重，从捉襟见肘到游刃有余，这些所有的进步都是在磨砺中取得的，一次次的失败并没有击溃我的初心，反而让我在坚守中不断成长，在平庸中重获新生。19年的班主任历程给我留下了太多太多，而我也越来越喜欢自己的工作，因为只有班主任这个崇高的工作才能充分证明自己的能力，只有这个工作才能帮助更多的孩子走出困境，只有这个工作才能让自己始终保持一颗初心。

在最初担任班主任的那几年里，我的成长可谓磕磕绊绊、伤痕累累。由于自己年轻，没有经验，在很多学生眼里，我就是个渣渣，没有人把我放在眼里。一些顽劣的学生甚至给我起外号，耍心眼，更有甚者挑拨我和同事的关系。他们了解我的一举一动，但我对他们却知之甚少，他们在我的课上捣乱，在我看管他们的时候故意出难题、搞恶作剧，让我倍感焦灼。他们这样做的目的无非是想把我赶走，让我在家长的质疑声中、在同事不信任的眼神里黯然离场。但是他们的算盘打错了，他们所不了解的是，我能从贫困的农村考上市重点中学、被保送上大学，我的身上有一种他们还理解不了的品质——坚忍。正是靠着这个品质，我要用行动告诉他们，我可以偷偷流泪，但绝不向他们低头。困境，或许会让我遍体鳞伤，但绝不会让我半途而废。在极端困难的情况下，反而激发了我的斗志，我要用自己的头脑用自己的毅力让他们折服。

没有办法就想办法，没有捷径就比耐力，我相信自己一定可以战胜一切困难。事实证明，我的坚持是有道理的，在19年的班主任历程中，没有一个学生可以让我低头，相反的，我的坚持、我的付出，让他们为我折服。每一次毕业离校，曾经试图挑战我的那些孩子们，都会用最真诚、最简单的话语对我说："老师，谢谢您，没有您，或许我会走错人生路。"

我曾经教过这样一个学生。他上小学的时候，父亲酒后驾驶摩托车发生事故去世，从此，这个孩子一蹶不振，开始叛逆折腾。上初中后，因为表现恶劣被送到了工读学校。环境的改变并没有唤起他重新再来的决心，反而让他更加自暴自弃。欺负同学、顶撞老师、逃学旷课、校外滋事，他几乎到了无药可救的地步，家人对他已经不再抱有幻想。为了把他引到人生的正常轨道上来，几乎每次值班的晚上我都要跟他谈心聊天，直到深夜。

一个周末，家长打来电话，他在校外恶性伤人，躲到房山与河北交界的一个亲戚家中。得知这个消息后，我二话不说约好家长去接他。在回来的路上，因为我分心看路标，回过头来的时候猛然发现前方几米的距离停着一辆大货车，下意识中我猛打方向盘，才与死神擦肩而过。回来后，他的身上发生了一些变化，对老师更加尊重了，对同学更加友善了，对集体更加关心了，对学习也产生了兴趣。后来，他的成绩突飞猛进，各科成绩均名列前茅，还竞选成为校学生会主席。毕业后他凭借自身能力，进入国企，担任了团委书记，并被列为重点培养对象。

现在，当我重新审视他的成长，我非常庆幸那一次同生共死的经历敲碎了包裹他心灵的坚冰，更感动于当我拿出真心、以情动情，一次次彻夜长谈，一次次鼓励后，他那种重新起航的勇气和不断向上、坚定不移的青春斗志。

而这个经历也更加坚定了我的信心，让我在特殊教育的岗位上一直坚守，用心去关爱这些"蒙尘的花朵"，用爱浇灌他们的成长。

2012年，我有幸被评为海淀区班主任带头人。我深知，我的能力水平距离这一荣誉还有很大的距离，无形中也给了我很大的压力。我忐忑于能不能为学校的班主任队伍做出表率，我也担心自己是否能给学校的发展做出更大的贡献。在这种压力下，我告诉自己，只要对得起自己的本心，对得起领导和同事的信任，对得起孩子们的成长，不论能否胜任这一称号，都已经不重要了，绝不能让这个称号成为自己的桎梏。

在之后的工作中，我仍然一直坚守在班主任岗位上，继续与我的同事们并肩战斗，继续与孩子们共同成长，继续完善自己的教育理念，在不断变化的环境中摸索、尝试、创新、总结，开创属于我们的现代工读教育。

从 2012 年开始，我梳理自己的工作经历，总结归纳自己的工作思路，从过去的成功与失败中总结经验教训，让我对一直坚守的职业有了更透彻的理解，也收获了很多感悟。

带着这种理解与感悟，我开始尝试一些更符合学生发展规律的方法与理念，渗透到班级管理中。依靠制度、情感、活动、家校合作等形式，规范学生的习惯，培养和谐的师生关系，发展他们的优长，开展全方位、无死角的班级管理。经过三年初步尝试后，不断完善不断改进，我的教育理念与管理策略终于得到了认可，并在工作中取得了实际效果。

2016 年，由于我的班级管理成绩突出，且在班主任中具有一定的引领示范作用，我再次被评为海淀区班主任带头人。而这一次，我坦然接受并充满自豪，我的努力与付出得到了领导和老师们的认可。

2017 年 11 月，作为区级班主任带头人与班主任组组长的我再次临危受命，刚刚送走一个毕业班，还来不及调整和休息，就再次接受了建立初一新生班的艰巨任务。这对我来说不仅是又一次挑战，同时也是我验证自己班主任带头人收获成果的一次契机。虽然我在班主任岗位上打拼了十几年，但还从来没有担任过初一班主任。我对于初一这个年龄段的学生特点还存在很多盲区，也没有现成的可借鉴的管理经验。但是对于学校的这个安排我没有任何抵触，反而欣然接过了这个艰巨的任务。

为了能够验证自己的成长与收获，我认真总结了自己十几年的工作思路，通过走访班主任也了解了低年级学生的一些特点，结合学校最近几年的德育理念，我给自己制定了一个基本的带班思路。从习惯养成教育入手，以情感教育为依托，通过活动育人与优长发展促进集体的凝聚与发展，再辅以积分评比模式，一定可以使班集体快速成型，步入班级发展的快车道。事实证明，充分的准备必然能够加速实现班级管理的效果。建班一个月后，班集体就走上了发展的正轨。在学校评价的各个方面，均取得了优异的成绩，形成了规范、积极、活泼、和谐的班级氛围。

为了把自己的成果固化，也为了更好地提升自己的理论水平，我申报了海淀区重点课题。结合我校的工作实际，我确定研究题目为《专门教育实践中教师情感投入的策略研究》，并带领我的课题团队积极开展相关的研究和实践。目前，这一课题已经接近尾声，而我的团队也在这一课题的研究上收获了理论与实践成果。我相信，我们这个课题的研究成果，一定可以为工读学校的发展、为孩子们的健康成长做出突出贡献。

工读教育不是一蹴而就的教育，是需要老师们潜下心来的教育，是润物细无声的教育，是铁杵磨成针的教育，而不论短期内的成效是否显著，我始终坚信，制度是骨，情感是肉，优长是魂。没有制度的教育是难以持久的教育，没有情感的教育是缺乏生命力的教育，没有优长的教育是动力不足的教育。

而我也会在这种教育理念的指引下，继续实践创新自己的工作思路，让更多的孩子不再是"蒙尘的花朵"，让他们在自己的天空里怒放自己的生命。

青春路上终无悔，桃李正是最甜时。我的教育生命也将永远奉献给工读教育这片沃土。

（写于2018年）

侯仕静自述：在这里，相遇真情

我与海淀工读学校结缘始于2008年的9月。

起初，以为它就是一所普通的学校，而我就是一名普通的教师。但是当我接触了这里的学生、同事、领导以后，当我走进工读课堂、担任了工读班主任工作之后，才逐渐体会到了它与普通学校的不同之处。

2012年9月，我和高倩老师搭班，第一次当班主任。既为自己踏上这么重要的岗位而兴奋，又为不知如何处理手头繁杂的工作而迷茫。很清晰地记得，开班的头三天，只有一个学生，但我俩居然能围绕她一个人开展工作，直到忘记去吃饭。等到两个人同时想起了要喝水、吃饭时竟然也是相视一笑。

多年后每每想起这个场景时，我依然陶醉其中：人的成长经历中能有这么一件事可以让你忙到忘我状态，很难想象这件事会有多大的魅力？又是让人喜欢到了何种程度？之后围绕班级展开的一系列工作都是那么顺其自然：有学生逃学旷课，不论何时何地，我们都要找回来；有学生闹情绪了，立刻抛开手头工作，陪她哭陪她笑；发生了亲子关系冲突，一个安抚的电话可以打到深夜……在这些细碎繁琐的教育工作中，我们扮演的角色有时候是警察，有时候是心理咨询师，有时候又是学生家长……

清楚记得，陪伴了三年的欣欣，无意中脱口而出的那一句：妈妈，我可不可以……虽然是学生无心的一句口误，却饱含着浓浓的亲情——没有血缘关系的亲情！这就是工读情！

学校生活就是社会生活的缩影，充满酸甜苦辣。我在海淀工读度过的最甜蜜的一段时光就是和穆彧飞、刘建华老师一起搭档的职高班。记得在高三成人礼的方案讨论中，我提出了"一生有你"的主题，但具体怎么做却没有想法。没想到一周后，他俩竟在我不知情的情况下制定出了具体的操作方案，让我审核修改，当时的心情真是感动不已。这个班级已经毕业一年多了，回想起这短暂而快乐的三年时光依然很享受。其实搭班就像过日子，只要大家心往一处想，劲儿往一处使，相互理解，相互补台，就像石榴籽儿一样紧紧地抱成团，那就没有过不去的坎儿，没有做不成的事！这就是工读情！

从相识海淀工读到相知海淀工读已经整整12年了，工读教育注定是我人生的选择。冥冥之中，我与它相遇，走进它，直至爱上它，今后，我愿继续与它相伴，在它的土壤里活出一个更鲜活的自己！

（写于2020年）

（三）骨干教师成长故事

王飞自述：我的科技教育之路

2002年离开大学校园走上讲台，16个春秋转瞬即过，我也从普通教师逐渐成长为区骨干、区学带、市骨干。是什么在推动着我前进、进步、成长呢？把时光的指针往回拨转，看看在我心中留下深刻印象的人和事吧。

和多数老师一样，走上工作岗位的第一年，我担任班主任工作，教两个班的物理课。彼时的我，对工读学生缺乏足够认识，不知道自己将要面对的是怎样的挑战。

在我刚上班的时候，学生真的非常淘气，很多学生来我校前行为问题非常突出。我每天神经紧绷，忙于处理学生矛盾、外出寻找旷课学生，左支右绌，十分狼狈，几乎到了坚持不下去的状态。

就在那个时候，爆发了"非典"。

随着"非典"的日渐凶猛，学校从每天测体温、消毒，发展到停课、放假。我走上工作岗位的第二个学期，几乎有一半时间都处于放假状态，工作压力大大缓解。新学期开始后，几个特别淘气的学生结成"同盟"，管理难度大大增加，几乎每天都要和他们斗智斗勇。不过还好，最终算是顺利把自己带的第一届学生送出了校门。

时间转眼来到2005年，在我工作的第三个年头，恰逢学校五十周年校庆。在校庆之前，学校筹建了科技教室，准备组织学生开展科技教育。在一个阳光明媚的日子里，校长在全体会上询问有没有老师对科技教育感兴趣，当时我就举手表示愿意参与。

谁也没有想到，科技教育竟然会成为我走上工作岗位后的最大机遇。

在此之前，我从遥远的湖北乡村小学、乡镇中学一路读书过来，从未接触过科技活动，对科技教育毫无概念。但我父亲在水利局下属的一个小型发电站工作，所以我对机械工程、电力维修这些工作可以说是从小就耳濡目染，一点儿都不陌生，甚至在小学五六年级就尝试维修自行车。

2005年5月，学校五十周年校庆如期举行。为了让科技教室尽快投入使用，学校辗转邀请到原北京少年宫航模教研室主任、北京市航模特级教师汪耆年老师指导开展科技教育工作。在紧张的班主任工作之余，我跟随汪老师一起，踏上了科技教育之路。

5月底，汪老师介绍我前往北京少年宫观摩第二届北京市青少年未来工程师竞赛活动。这也是我第一次走进北京少年宫，一切都很新鲜。当看到比赛，我震惊了——市级科技竞赛看起来并不难啊，很多学生作品看起来并不复杂。现在想来也很正常，一方面因为绝大部分作品是学生亲自动手设计制作的,另一方面因为该项赛事才刚刚举办第二届。这次观摩之后,我就决定第二年一定要带学生参加。我们学生,也肯定能行。

然而,就在这个时候,我遭遇了工作之后第一个重大危机——调离班主任岗位。2006年春节过后的第一次全体会议上,我接到了不再担任班主任的通知。这个通知把我打懵了——事情怎么会这样了呢?我真不适合在工读当老师了吗?……带着无数个疑问和不解,我沮丧地从班主任办公室搬了出去,同时我也暗下决心:一定要证明自己行。

表决心很简单,真正要行动的时候就发现无从做起——怎么证明?从何入手?似乎什么都可以做,却又似乎无从下手。

于是在相当长的时间里,我迷茫、犹豫、沮丧、痛苦、挣扎……

不行,我必须找点儿事做,自我救赎。这个时候,我想起了未来工程师竞赛,似乎黑暗中的一道亮光,让我看到了希望,产生了动力。我开始琢磨未来工程师竞赛的各个项目——探月返回舱、机器人擂台赛、自制乐器及演奏、超级战车、木梁承重等,然后就和学校申请,向学生宣传说明比赛项目和内容。

2006年3月的一天晚上,在阶梯教室,我向全体学生介绍了竞赛项目情况,鼓励大家积极参与。我很忐忑,一方面因为自己从未有过科技活动经验,最多也就是拆卸自行车、给自行车补胎;另一方面因为工读学生非常淘气,学校没有组织学生参加科技竞赛的历史。一切都在摸索中前进,典型的摸着石头过河。

令人兴奋的是,竞赛说明会现场,就有一些学生表现出要求参赛的积极愿望,虽然只有那么五六位同学,已足以让活动开展下去。第二天又陆续有几位同学找我报名。最终有十来位同学,分别选择了四个项目,准备参赛。

学生有了,接下来就是紧张的训练了。最开始的时候,我们主要利用午休时间和课外活动时间进行练习,大家坐在一起认真研究项目规则和比赛方案,尝试提出各种可能的方案,然后动手实验、改进。

真正动手之后才发现,每个看起来不起眼的实验,都需要大量时间。比如设计制作降落伞，伞的面积多大，四边形、六边形还是八边形，下面的绳子应该留多长，伞中间的小孔开多大，用塑料布还是尼龙布制作，从哪儿才能找到这些材料等等，这些问题没有固定答案，需要我们逐一尝试、反复实验，才能确定最佳方案。而且在动手过程中还要用到剪刀、直尺、壁纸刀等基本工具，也都需要大家反复练习才能熟练使用。但正是在这个实践、反思、改进的过程中，大家感受到了探索的乐趣，逐渐变得非常投入。午休、课外活动时间已经远远不够用了，于是晚自习时间，甚至那些非中考科目的课，大家都跑到科技教室动手实验。

时间在紧张的探索中飞速流逝，同学们的作品愈来愈成熟。作为第一次辅导参赛的教师，一开始我只是抱着重在参与的心态，想着只要能完成任务、别丢人就好。毕竟这是北京市的学生科技竞赛，各个区县都有选手参赛，实力不容小觑。

转眼就到了比赛的日子，我和学校申请了车辆，一个人带着参赛学生，前往北京少年宫参赛。让所有人都非常意外的是，我们学生在参赛的四个项目中，分别取得了第一、第二、第三和第四名的好成绩，获得了参加全国赛的资格，令人鼓舞，参赛学生特别自豪。在两个多月的训练过程中，他们的行为习惯已经有明显改变，绝大部分课余时间都在科技教室度过，对学习的兴趣增加了，和同学的矛盾减少了，眼神也不再迷茫了。这些都表明，科技活动对工读学生有显著的教育转化作用，值得我们继续开展、深入开展。

在接下来的全国赛中，我们更加努力，在当年全国赛的超级战车和自制乐器两个项目中均取得全国第一名的好成绩，还在展示项目中取得中学组唯一的金奖和银奖。在整个过程中，同学们的表现可圈可点，令人称道。

我迎来了自己的黄金时期，积极尝试其他科技活动，无线电测向、电子制作、水火箭比赛、纸结构承重、气象知识竞赛、单片机等等。这些科技活动内容都是边学边用，真正是在摸索中前进，在实践中提升。随着活动内容的扩充，活动时间和活动方式也在变化，社团活动、校内比赛、校园科技节等都在海淀工读的校园内生根开花，科技教育逐渐成为学校的特色教育之一，每年都有数十人次在海淀区、北京市和全国中小学生科技竞赛中取得优异成绩，每年都有十多位学生在科技活动中快速成长、进步。学校于2009年和2012年连续两次被评为海淀区中小学校科技教育示范校，2017年、2020年连续两次被评为北京市中小学校科技教育示范校。我本人也从海淀区骨干教师、学科带头人，成长为北京市骨干教师，还曾被评为北京市优秀教师。

这些成长和进步，离不开海淀工读学校这片沃土，离不开领导和同事的大力支持。在良好的氛围中，我本人也一直在努力，不断学习，积极实践。

（写于2018年）

苏有杰自述：不待扬鞭自奋蹄

我生在农村，小时候，爸爸妈妈起早贪黑整日劳作，一年下来家中总还欠生产队粮食钱。日子过得艰难，可父母没有叫苦，他们用更多的付出，用挺直的腰杆告诉我要靠自己的双手去追赶心中的好日子。初中毕业，为了减轻家庭负担，我考上了师范学校。四年后我毕业了，19岁的我走上了工作岗位。当年学校缺老师，应届大学毕业生没有那么多，教委就从中师生里面选了一部分人到中学救急。中师生到中学任教，学历上是不符合要求的。就这样，我刚参加工作还没上岗，就成了不合格的老师，从此，为了能让自己合格称职，我迈开了自己追赶的脚步。如今三十一年过去了，回想自己走过的追赶经历，许多往事都已经记得不那么清楚了，但让我印象最深最难以忘记的就是迟淑玲老师给我的帮助和影响。

一提起师训部的迟老师，我脑海里立刻就会浮现出她那娇小却挺拔的身影，耳边立刻就会回响起她那清脆悦耳的话音。迟老师是个"老师训"，海淀的许多老师都知道她，熟悉她。我是教语文的，由于她负责语文老师的培训，我们认识纯粹是工作使然。迟老师比我大不了几岁，算得上是我的大姐，但是在我的心里她永远是我的老师。她待人热情，为人诚恳，尤其是不待扬鞭自奋蹄的劲头给我留下了深刻的印象，至今还鼓舞着我不断前行。

  记得我和迟淑玲老师初识是在海淀北部教师的一次寒假培训中，那年我已是接近知天命的年纪，在三尺讲台坚守了近三十年，也算得上是老人了，听着同事们"老苏老苏"地叫着，心里时不时地就会冒出告一段落的想法。那年培训要求全员参加，在我走进教室，签到领材料的时候，一串脆生生的话语给了我一个惊喜："苏老师您好！您也来啦，我听过您的报告，就是在你们学校新教师培训的时候，您讲得太好了，你们工读的老师真不容易，转化了那些学生，真是了不起，你们太伟大啦。"面对着陌生人突如其来的夸赞，我有些不知所措："谢谢！没什么，我们应该的。"我一边回答，一边往教室里走，心里却在急速搜索这个说话的人——她是谁？直到培训开课了，我才知道那个说话的陌生人叫迟淑玲，是我们本次培训的班主任老师。从那时开始，我就记住了这个理解工读教育的老师，记住了这个待人热情的老师。

  有一段时间，寒暑假放假或临近开学，海淀区教委都会举办海淀山后学校教师培训。迟老师作为培训班班主任，既要编排课程做好培训设计，又要亲自组织学习交流保证培训效果，忙前忙后总是那么活力四射，从没有听见她说累。更令人敬佩的是，她作为培训的组织者，每次都和我们学员一起坐在教室里认真听专家讲课，认真做听课笔记，主动带头和大家分享心得体会。她总是鼓励学员："在咱们培训班，论年龄我是最大的，论个头我最小。你们比我年轻，精力体力能力各方面都比我强，你们一定能比我做得更好。"其身正，不令而行。迟老师身体力行，率先垂范的行事风格，让我看到了一个为人师者的最美表现，也找到了自己学习的榜样。此后，不管是参加教研活动，参加培训学习，我都不敢懈怠，不敢放松，自觉不自觉地也加快了前进的步伐。

  也是从那时开始，我和迟老师有了更多的交往。海淀区新任教师每年都来我们学校接受师德培训，师训部负责会务工作，迟老师有时会来参会，每次来校，只要见面，迟老师都会主动和我们打招呼，有时间还和我们聊上几句，一点儿也没有高高在上的架子。

  2015年，学校推荐我为海淀区语文学科带头人，我知道这是学校对我的鼓励和肯定，想用更好的表现来回报学校。可是作为一个新兵，我有些迷茫——该怎么做呢？2016年教委组织海淀区学带骨干培训展示活动，我代表学校参加学区说课比赛的时候，偶然间遇到了作为评委的迟老师。熟人相见，让紧张的气氛轻松了一些，我紧绷的神经也舒缓了许多。说课结束，迟老师主动向其他两位评委介绍我们学生的情况，给了我很多鼓励和中肯的建议。就在我准备离场的时候，迟老师追过来告诉我近期有个骨干教师培训班马上就开班了，是关于整本书阅读教学的。她问我能不能参加，如果可以就给我留个名额。我知道，她了解我们的学情，她理解我们的苦衷，她愿意帮助我们，希望我们做得更好。

那次骨干教师培训班迟老师也是班主任，她精心设计的培训内容和活动让我受益匪浅。培训中，我听了十一学校特级教师来凤华老师的读书经验分享，他写的一本本工整的读书笔记以及他读过的一本本名著，让我看到了一个成功者的成长轨迹。我开始学着他的样子读书，照着他的方法指导学生学习。我们还到景山学校听了特级教师周群的整本书阅读示范课，她那轻松活跃的课堂气氛，睿智准确的引导语言让我领略了教育大家的课堂风采。我开始像她那样关注学生感受，研究教学方法。教育部特聘专家温思涵博士给我们上了思维导图指导课，娓娓道来的知识讲解，注重体验的小组活动让我在探究中认识到了思维方法对学科学习的重要性。我开始学着用她的理论研究思维方法，培养学生语文学习习惯。还有教育专家吴欣歆教授、超级教师张媛等众多名家名师的报告讲座，更让我领略了语文教学最前沿的发展和最贴近学生需求的教育科研。更为珍贵的是培训班的学员们，他们来自教学一线，是各个学校的主力骨干，教学经验丰富，各个身怀绝技。和他们在一起学习交流，总能感觉到一股积极向上的活力，总能找到自己前进的方向。培训班的材料我都会分享给我的同事，培训结束，我和我的同事们开始了工读学校整本书阅读教学的思路和方法的探索。

2017年学校明确要求各学科组聘请专家，最好是在一线的特级教师指导我们的教学教研活动，作为学科带头人的我义不容辞应该给学校推荐最好的人选。工读学校情况不同于普通学校，请的专家一定要了解我们，这样的特级教师在哪里呢？思来想去，我极力向学校建议，聘请迟老师做我们的语文教研顾问。我知道，迟老师虽不是一线的特级教师，但是她有丰富的资源。更重要的是，迟老师了解我们的学生，熟悉我们的老师，她关心我们的发展，她一定愿意帮助我们。果不其然，当我们找到迟老师的时候，她没有因为身体不好推辞，也没有因为工作繁多推脱，而是非常诚恳实在地表示一定尽力而为。

学校一年一度的读书节活动都由语文组策划。2017年读书节，为了开阔学生视野，让我们的学生也增长见识，我提出的请专家来给学生上课的建议得到了学校的支持。于是，我找迟老师帮忙，邀请来凤华老师来学校亲自给孩子们上了一堂《西游记》整本书阅读课，请温思涵博士来学校手把手地教孩子们学习思维导图的使用。专家的授课不仅让学生们受益，更进一步让我领悟了教育大咖们掌控课堂、把握学生的高超教育艺术。

作为学科带头人，学校希望我能带动语文教研组开展教研活动，起到引领示范作用。我没有这方面的经验，就拉着组长去找迟老师。了解情况后，迟老师告诉组长，最近进修学校正准备组织教研组长培训，希望我们能回学校请示领导争取第一批报名参加。接着，就和我们确定了亲自到校参加我们教研活动的安排。随后，我们的教研组活动多了一个认真参与的身影，听评课活动也多了一个坦诚交流的声音。学校主管领导对我们的工作也给予了及时的鼓励："语文组的教研活动，因为有了顾问的参与越来越有模有样了。"

随着整本书阅读教学研究的深入开展，教师自身阅读显得越来越重要。就在我们总是给自己找借口，教师读书推进困难的时候，迟老师又来到了我们身边，亲自参与组织我们开展读书教研活动。她鼓励我们每位老师确定阅读目标，做好读书笔记。临近中考了，迟老师挤出半天时间再次来到学校，当面和我们座谈交流读书感受，亲自和我们分享读书心得，肯定我们主动读书的热情，鼓励我们坚持读书提高自己。期间，她做了大量的文字和录音记录，表示回去一定将今天的录音整理好，尽快分享给大家。临走，迟老师还不忘和大家约定暑假读书计划，表示开学再相约交流。

如今暑假已经过半,与往年大不同的是,在我的带动下,我们全家人都开始拿起书阅读了。连外出旅游,我的儿子都会带上一本书随时翻阅呢,这不正是我最希望看到的吗?

"不待扬鞭自奋蹄"是每一位长者对晚辈的希望,也是每位师者对学生的希望。然而,怎么教会他们,我想还应该拿出迟老师那股劲儿,带着他们一起向前奔。

(写于2018年)

(四)教师科研成长故事

张旭:体育老师走上研修之路

2009年参加工作的张旭老师是我校一名体育教师,一直在体育教学的岗位上默默地坚守着。2014年被学校任命为体育教研组组长,并在2015年成为一名区级骨干教师。

每一名体育教师有三件大事要做:第一是体育教学,第二是竞技训练,第三是体育教科研。大多数老师在前两件事上都有上佳的表现,但在体育教科研方面却往往是一片空白。从2015年起,张旭老师下定决心要在体育教科研方面有所突破。他申报了海淀区"十三五"规划课题,开始了研修之路。

一是选题。当时北京雾霾频发,为了学生的身体健康,当空气指数(AQI)达到一定数值时,各级教育主管部门均要求中小学一律暂停室外体育活动。2013年10月22日发布的《北京市空气重污染应急预案(试行)》规定,北京市空气污染达到橙色(二级)预警时,建议学校停止课间操、运动会等户外活动。2014年2月20日,北京市教委下发紧急通知,要求启动雾霾橙色预警应急措施,包括小学、幼儿园停止户外运动,中学可以停止室外体育课、早操等。

雾霾已经极大地限制了学校正常的体育活动的开展。长此以往,学生没收获,老师没作为,真的失去体育课的存在价值,这是一项重大而紧迫的科研课题。基于这一情况，张旭老师选择了《雾霾天气环境下专门学校开展体育教学实践活动的对策研究》。

二是查阅文献。以"雾霾"与"体育"两个关键词在中国知网中进行文献检索，时限设定为2010—2016年，共检索出文献77篇，其中与中小学体育教学直接相关的文献25篇。对文献初步筛选发现：25篇文献中关于雾霾对身体影响的理论分析8篇，雾霾天气下体育教学的对策研究10篇，雾霾天气下体育教学开展现状研究2篇，雾霾天气下室内体育开展效果的实验研究1篇、调查研究1篇，其他3篇。

三是开展调查研究。有了理论支持，还需要群众基础，还要脚踏实地、因地制宜地开展工作。张旭老师制作了电子问卷，以海淀工读学校为例，调查了171名中学生对雾霾天气下学校体育活动开展情况的认识，发现学生普遍关注当前的雾霾天气，大部分学生对雾霾天气及其原因有所了解；绝大多数学生认识到雾霾天气会对中小学生的健康产生危害，高中学生对危害的认识要高于初中学生；大多数学生在雾霾天气下感觉到不舒服，并且减少了户外体育活动；目前室内体育课的安排比较随意，学生对室内体育课的满意度较低；学生希望室内体育课中有体育视频与体育故事，不太喜欢在室内进行体育活动；教师需要进一步改进室内体育课教学，合理安排室内体育课的内容与项目，增加学生的兴趣，提高锻炼效果。

调查真正地从学生角度出发，以学生为主体，了解学生的情况和需求，对学生加以引导，让学生对于雾霾天气环境下的体育课有了一个新的认识。通过这样的调查，了解到曾经的体育课给学生造成了一些不良影响。张旭老师带领体育组老师进行了深刻的分析，从中得到了很多启示。每一名体育老师都能意识到体育室内课的重要性，从而督促他们更好地备课、上课。

四是围绕课题研究开展工作。之前也有很多老师上过很多精彩的室内体育课，但大多都是零零散散、昙花一现，所以需要进行整合。张老师将教案、视频资料、教学资源等进行了统一收集，并以此形成了我校特有的室内课资源库。

张老师也学习了其他学校的体育室内课的先进理念和经验。清华附中上地学校的学生课间操"中学生身体运动功能训练"分为室内和室外两部分，室内可以开展身体运动功能训练，解决了在雾霾、风雨天气下保证学生体育锻炼的问题，矫正学生不良的身体姿态，满足心肺功能的训练要求。在上地实验学校101初中部的微课题结题大会，张老师听取了现场展示课活动及室内课教材推广活动，领取了室内课教材三套，作为我校课题的基础性材料。与北京市第八中学《雾霾天气中学生体育素质拓展教学》教材作者肖蕊老师进行了多次交流，请教室内体育教学的经验。

五是迎接新的机遇和挑战。2017年初，张老师以体育骨干教师的身份，参加了学工委组织的第三批校园红十字师资培训。他由此想到将红十字应急救护知识与技能培训与体育课题相结合。

当再一次出现雾霾预警时，按照既定计划，张老师承担了两次以心肺复苏之胸外按压技术为内容的室内体育展示课，取得了很好的效果，深受学生喜爱。在学到知识的同时，身体也得到了锻炼（运动心率达到135—150次/分钟），一举两得。展示课已形成了规范的教学设计和课堂实录。

展示课后，组内老师们进行了研讨，认为红十字会急救的课程融入体育室内课的做法，非常适合我校学生的情况，而且从运动量上、从知识技能的掌握上都有着重要的意义。

从教材出发，根据红十字会急救内容，结合学生情况、年龄特点，给每个年级制定相应的授课内容；初二年级定为包扎；初三年级定为海姆立克急救法、包扎、固定；高一年级定为心肺复苏技术；高二年级定为心肺复苏加AED（自动体外除颤器）的配合。这样一来不同年级的老师就有了不同年级的课题标准，在备课上课时也就更加有针对性和时效性了。

红十字会急救的内容正好补充了体育课上急救知识与技能的空白。随着老师上课数量的增加，正在考虑进一步深化细化进行梳理和研究，分析学生容易受伤情况，加强急救技能的学习，在恶劣天气时，利用课间操、活动课等时间开展更有意义的室内课活动。希望通过我们的努力，真正让红十字教育融入体育课中，让红十字活动与课题研究相结合，开出绚丽的科研之花。

彭军凯：做我们身边的教科研

苏霍姆林斯基说，如果你想让教师的劳动能够给教师带来乐趣，使天天上课不至于变成一种单调无味的义务，那你就应当引导每位教师到研究这条幸福的道路上来。

参加教育科研有助于提高教师自身价值，强化创新意识，让教师"常教常新"，减少职业倦怠感，提升工作获得感、幸福感。我校提出要培养研究型教师，以每一位教师研究能力、研究意识的提升带动学校整体办学水平再上新台阶。

在2018年5月9日的一次教师沙龙活动中，我校理化组教研组长、海淀区物理学科带头人彭军凯老师分享了"做我们身边的教科研"。彭老师从他参加海淀区实验设计展示活动的感受谈起。

为了准备实验设计，彭老师查阅文献、自制教具，不断优化实验的过程，设计出非常具有物理学科特点、能锻炼学生动手能力与物理思维的实验设计。支持他如此用心设计的是他对教学的热爱和研究的态度。也正是这种热爱和研究态度，让彭老师在后来的海淀区骨干教师说课、骨干教师培训以及物理论坛实验展示等活动中都有上佳的表现，受到教育同行的肯定。

除了自己开展研究，彭老师还带动更多的老师参与研究。他带领物理教学团队承担了区级重点关注课题——《物理作业设计》的研究；完成了《物理学科实践活动课程成果》的申报，获海淀区三等奖；他还和团队一起申请了北京市"十三五"教育规划课题——《专门学校初中物理学科实践活动课程的开发与实施研究》。

在繁重的工作任务外，要完成这些工作需要投入额外的精力与热情。但彭老师并不觉得辛苦，而是默默地开展着身边的教科研，就如他所说的："研究带给我成就感和幸福感！"

在场的其他老师也分享了自己的感受。

高越老师说："彭老师的分享让我感受很多，确实体会到了做教科研给人带来的成就感和获得感。我平时在一些教科研工作中也经常会遇到困难，经常会感觉一些工作无从下手。听完彭老师的分享我体会到，做教科研工作首先要从小事做起,对这项工作要做足准备工作,同时要体现学科特点、学生特点,最重要的是总结提升。"

王飞老师说:"平时工作中和彭老师交流很多,但是听完彭老师的讲述才发现,原来他在日常工作的背后还做了那么多更深入、细致的工作。特别是在他日常要值班,仅有周末回家,还要照顾孩子的情况下,能做出这些成绩确实很不容易,值得我们学习。"

彭老师对教科研工作的投入精神值得所有老师学习,教师在工作中应该是"既要注意低头拉车,还要注意抬头看路",奉献与研究相结合,才能实现个人与学校更大的发展。

(五)后勤团队的奉献故事

在工读,有这么一群人,他们的奋斗不在三尺讲台,看起来似乎也不在孩子们身边,但是,孩子们的每一点进步、每一步成长,都有着他们的身影。他们,就是我们学校的后勤团队。

在我们看不见的地方,他们为校园生活提供最周全的保障。每日在校园里,打开开关,日光灯总能发出耀眼的光芒;打开黑板,电脑总是响起悦耳的声响;拧开水龙头,晶莹剔透的水流总在流淌;走进医务室,总有老师和药品疗愈大家的创伤。这些在我们的日常生活中看起来平凡自然的小事,背后却是他们不计辛劳的日夜奔忙。

在我们看不见的地方,他们比我们起得早,比我们睡得晚。宿舍、食堂、四合院、大门旁,无论严寒酷暑,他们从不缺岗,他们用有温度的严格,用有责任的爱心,规范着孩子们的言行,推动着孩子们的成长。

在我们看不见的过去,他们也曾奋战在一线,战绩辉煌!在我们看得见的现在,他们将这些辉煌化为最强大的力量,默默守护孩子们的成长。他们的工作似乎是我们看不见的日常,但他们的日常正是工读精神的写照。

食堂:参与校本课程教学

现代家庭中,独生子女占了较大比例,作为家庭中的"小皇帝",父母在家几乎包揽了所有家务,几乎不用他们动手,因此不少人还欠缺必要的生活自理能力。

"民以食为天",一个社会的繁荣昌盛是以丰衣足食为前提的。基于此,我校将烹饪课纳入了校本特色课程,把"会生活"作为一个培养目标,目的就是要培养学生的生活能力,提高学生的生活质量,提升学生的审美情操。

烹饪课面向初中、高中学生开课,每周1节,上课地点在学校的专业烹饪教室。至于授课教师,自然是由专业人士——学校食堂的大厨来担任。

又到了上厨艺校本课程的时间,同学们兴高采烈地排着队,来到学校的专业厨艺教室。学校食堂的大厨笑容可掬地在教室里等候着大家,同学们大声地向大厨问好,令人愉快的课程开始了。

今天要做的菜是大蒜烧鸡块。桌子上整整齐齐地排放着七个盘子、七个小碗,盘里放着剁好的鸡块,小碗里放着大蒜、辣椒、花椒、大料等佐料。

大厨为同学们仔细讲解了做菜的流程:首先热锅,等锅烧干没有水汽以后,倒入底油;先放入大蒜等佐料,煸炒出香味以后,放入鸡块;鸡块变成白色以后,加入料酒、酱油和醋;然后加入开水,盖上锅盖开始炖煮,其间要不时晃动锅体,防止粘锅;最后开大火收汁装盘。

大厨一声令下,同学们井然有序地拿着盘和碗,来到自己的电磁炉前开始操作。同学们不时向大厨请教,大厨也来回巡视,耐心指导,厨艺教室里充满了欢声笑语,裹着浓浓的香味,一派人间烟火气息。

出锅盛盘,同学们都会先让大厨来品尝,一节课最美好的时光开始了。大厨从色香味几个方面给出评语,接着同学们品尝自己的作品,然后相互分享。细心的同学会单独准备一个干净的碗,留出一部分食物,准备下课以后送给别的老师和同学品尝。下课铃响以后,同学们向大厨道辛苦告别,端着自己的杰作,高高兴兴往回走,当然也不会忘记之后把工具还回教室。

说到为什么来上厨艺课,同学们各有各的说法,有的同学说是为了品尝好吃的;有的说是为了学一门技能,锻炼自己的动手能力;还有同学说是为了培养兴趣,回家为家人做饭。

说到上厨艺课的收获,同学们更是津津乐道。有的同学说,厨艺课对自己行为习惯的养成有很大的帮助,要对人有礼貌,要认真听讲,要小心操作,要收拾好自己的工作台,要和别人分享自己的快乐;有的同学说,厨艺课锻炼了自己的动手能力，增长了生活技能；有的说学会了分享，把快乐分享给别人，自己就多了一份快乐；还有人说学会了感恩，感恩老师的悉心教导，也感恩家长无微不至的照顾。

很多同学回家以后，会用自己在学校学到的方法为家人做饭，请他们品尝。不管做得成功与否，家长都非常高兴，感觉到孩子长大了，懂事了，非常欣慰。孩子们在做饭的过程中也想起妈妈每天买菜、做菜很辛苦。这么多年妈妈做的每一餐都那么美味，自己却曾以为这是理所当然的，竟从未发现这其中包含了多少对家人的爱。做菜让孩子们对妈妈产生了由衷的感恩之情。

热爱劳动是我们中华民族的优良传统，我们的祖先靠自己勤劳的双手，创造了灿烂夺目的华夏文明。今天我们面对的学生，明天就是社会的劳动者，是社会主义事业的接班人。培养他们热爱劳动、勤劳勇敢的优良品质不仅是学校德育工作的首要任务，也是关系到我们国家富强、民族兴旺的大事。我们将全力以赴，为学生的劳动教育做出努力。

通过教学，学生能够掌握科学烹饪、平衡膳食及营养的合理搭配等方面的基本知识；掌握科学烹饪的基本技能，学会制作家常菜等。课程培养学生会生活、会欣赏和美化生活的能力；引导学生勤于动手，学会自己的事情自己做，培养学生的自理能力；引导学生积极参与家务劳动，乐于实践，掌握最基本的现实生活所必需的实践技能。

工会：做好教师服务工作

工会主席张红燚在学校的工作履历非常丰富，从数学教师、班主任到团委书记，后又担任德育主任、信息中心主任，还兼管宣传、党建等工作，岗位在不断变化，工作内容也日渐叠加。但是她没有想到自己会走上工会主席的岗位。

2015年10月，前任工会主席即将退休，张红燚被教代会推选为新一届工会主席。走马上任，她感到些许迷茫。工会组织的意义何在？学校工会活动如何搞？如何让教职工通过工会组织紧紧地团结在一起？在前任工会主席的带领下，张红燚快速熟悉了有关工会工作的内容和各种事务的流程。在刚接任几个月的时间里，"工会"二字在她心里回旋，诸多问题在她脑海中不断浮现。

经过不断思索和工作实践，张红燚从内心深处对工会工作进行了定位：工会工作，要一视同仁。无论老师现在的工作实绩如何，大家都是平等的工会会员，每个人都有可能展现光彩。工会主席要维护每一位工会会员的合法权益，让每一位教师在工读有"家"的感觉。带着这个信念，她坚定地出发了。

2016年1月，张红燚在教职工大会上郑重宣布了工会的章程和工作计划，她所设想的，从工会小组活动（阵地）到工会社团活动（引领）再到工会集体活动（品牌），层级式、交叉覆盖的工会活动体系构想就要落地了。

知易行难。工会小组成立了，工会社团也启动了，如何将大家组织起来，还是需要学问的。

对于工会小组活动机制来说，首先，所有教职工必须而且只能加入一个小组。其次，工会的5位委员深入5个工会小组中，由他们督促小组长每天负责老师们的锻炼打卡。在此基础上，再由小组长积极主动带上组员去锻炼。这样，一带二、二带四的带动机制就形成了。

在以上机制的带动下，每到大课间，老师们就纷纷地来到自己小组的地盘儿。这边一拨健步走，那边一拨扔飞盘；这边安静地打太极，那边跳着劲爆的健身舞；还有健身房里"撸铁"的帅哥靓女……日复一日，不只是喜欢，更是深入骨髓的锻炼习惯。

五年的坚持，让大课间的工会小组活动成长为老师们的习惯。一到时间，老师们就不由自主地前往，更别说还有组长们张罗着，三五成群的小伙伴们约着，一切都是那么地自然、水到渠成。那一刻，全体教职员工就像一家人一样，凝聚在了一起。大课间工会小组的锻炼也成了学校一道亮丽的风景线。

相比工会小组，工会社团则是自愿参加的组织。一个兴趣广泛的人一定是一个积极进取、乐观向上的人。工会开设了瑜伽、书法、曼陀罗、读书会、跑团、手工艺、女教师俱乐部等社团，这些社团的成立为老师们搭建了相互切磋、展示，培养兴趣爱好的平台。

比如跑团。张红燚听说朴成日老师爱跑步，在操场一跑几十圈。还有很多老师都爱跑步，但都是各跑各的。张红燚找到了朴老师，商量让他牵头成立跑团，把热爱跑步的老师们组织起来。张主席的想法是：我们不做孤独的跑者，我们是一群热爱生活、奔跑着的工读人。朴老师觉得这个想法非常好，当机立断，开始组建跑团。从刚开始10多个人的社团，到现在59人的队伍，跑团吸引着越来越多的教职工参与进来。每周有固定活动时间的操场线下跑，日常线上有大家自发的跑步打卡，每学期还有走出校园的主题越野跑活动，大家聚在跑团，相互感染、相互激励、相互促进。

再比如曼陀罗绘画社团，仅仅是在2020年初的疫情阶段，社员们就绘制出一千多幅作品。每一次绘制都是心灵的梳理和净化，团长高亚娟老师的一一点评更加促进大家进行自我觉察。

每一个社团都是如此，都有热心服务大家的社团负责人，都有志同道合的小伙伴。

相比工会小组、工会社团，内容丰富、寓教于乐、形式多样的教师集体文化活动，既能鼓舞教职工的思想斗志，丰富教职工的精神生活，也能促使学校更具凝聚力，校园文化氛围更上一个台阶。

做好工会工作需要能操心、会张罗，需要有热情、肯奉献，这和张红燚的性格刚好合拍。大家都称工会是"娘家人"，知冷知热、嘘寒问暖，为他们操心，帮他们做事。婚丧嫁娶、大病生育、子女入学，大事小情，都竭力为大家服务。

拿12351平台上的各种抢券活动来说，张主席总是及时将福利信息转发给会员，快到抢券时间再次提醒，然后为每位抢到券的会员领取奖品并分发。有一次申领助农扶贫产品，学校有20多位老师申领成功。张主席开着车到指定地点去取货，货点齐了，却傻眼了。米面油那么一大堆，这可怎么办？她一点一点往车里码放，拉了整整一车，回到学校为每位会员一一分发。工会工作细碎，在细碎中能凸显一个人的耐心和真心。

这五年，学校工会工作取得了显著的成效，建家规范、活动丰富，得到了上级教育工会的肯定，与此同时，给老师们也带来了很多成长的机会。肖建国校长荣获北京市先进工作者（劳模）、首都劳动奖章，高亚娟、穆彧飞老师被评为北京市师德榜样……为了老师们能够顺利获评，张红燚积极对上联络，数十次地提交各种材料，及时传达相关要求，所有的一切付出和努力，都只因为她愿意竭尽所能地帮助大家成为舞台中央的人。

财务：有温度的财务工作

马琰老师负责学校的财务工作，在学校工作已有 10 年。

从前的马琰老师，把学校的财务工作当作财务工作的一种。财务工作要求严肃、细致，容不得模棱两可、混淆概念。那时在她眼里，任何所谓对"特殊情况下特殊做法"的解释都是在挑战政策、挑战制度。即便在了解始末和原因的过程中，也总是带着一种要"扳正"的态度。在熟悉了学校实际工作之后，马老师逐渐感受到学生的特殊性，了解到教育转化中的特殊需求，认识到一所学校和一个追逐利润的企业之间的差异。

财务工作恐怕不能算是温暖的，却也不都是冰冷的。

2013 年 10 月，在上级的大力支持下，工读学校职高学生开始享受市级政策补助，免收学费、住宿费。但当时，我校新学年的学费和本学期的住宿费已经收取完毕，然而教委要求如果要在预算中申报此项费用，必须在经费申请截止时间前退还学生已收费用。当初收费时为每位学生开具了收费票据，按照要求退费时应收回收费收据联。然而收费已经过去一个月了，又涉及那么多学生，要保证全数票据按时收回根本是不可能的。

按照财务要求，没有收据联是有权拒绝退费的。然而这样一个千辛万苦争取下来的政策待遇，难道就这样暂缓执行了吗？还有不少学生家庭比较困难，难道就这样算了吗？学校经与多方协商，财务室拟定了《收费收据联丢失的说明》，复印了每张收费票据的存根联，让每位不能交回收据联的家长在复印件上抄写丢失说明，并署名签字。最后，费用如期退还，经费按期申报。

现在的马老师，把学校的财务工作当作学校工作的一种。"一切为了学生，为了学生的一切""办适合我们学生的教育"这些挂在墙上的标语因为各种教育举措逐渐生动了起来；伙食费收费表上的学生名单，在欣赏了学生活动表演之后生动了起来；一笔笔专业教室建设经费、特色教育经费，因为学生的成绩和笑容生动了起来。

校园里弥漫着两种美妙的情感，一种是老师"用严苛包裹着温情"的教育，一种是学生"用顽皮包裹着朝气"的青春。沉浸其中，也潜移默化地影响着马老师对学校财务工作的态度。

> 第六章 <

心雨催成草木仙：
学生转化中的 30 个"怎么办"

在工读学校，流传着一个"草木神仙"的故事。

故事说的是20世纪50年代，画家齐白石的孩子被送到了海淀工读学校，经过老师们的耐心教育，孩子问题转化成功。齐白石老人就此了解了工读学校的情况，感动于工读老师们对工作的负责，创作了以"草木神仙"为名的画卷，后来中央戏剧学院将此画卷的故事改编成了话剧。

1958年10月25日，周总理亲自买票观看了该剧的演出，并对工读教育给予了高度评价，他说："转化一个后进生，与培养一个优秀生同等重要。"从此，草木神仙的故事，成了工读教育的一段佳话。

海浪与礁石的撞击，激发的是浪花；

砾石与燧石的撞击，激发的是火花；

责任与困难的撞击，激发的是灵感……

在我们与学生相处的日日夜夜，责任催我们积极投入，困难催我们反思、探索，终于在实践中，我们寻觅到了为挽救这些患病幼苗的30个"怎么办"，为工读教育开拓了新的创新空间。

一、如果学生性格非常内向，受人欺负，怎么办？

在工读学校中，学生来源比较复杂，每一个学生都有不同的特点，其中有一部分学生性格内向，经常受人欺负。在从事工读教育工作这些年中，刘华权老师曾经遇到过三名特别的学生，他们的共同特征是：性格内向，有自卑感，不善于与同学交往，经常受人欺负，不敢告诉老师。针对这种情况，刘老师主要采取以下措施：

1.留心观察，了解情况，关注被欺负的学生。这部分学生胆小怕事，经常受到别人的威胁，即使受到欺负也不敢告诉老师。针对这种情况，刘老师在工作过程中留心观察，注意他们的表情和行动，每隔一段时间就主动找他们谈心，了解最新情况，以掌握哪些学生喜欢欺负别人，并及时地加以引导教育，必要时开班会，以树立班级的正气，防止欺负同学现象在班里蔓延。

2. 发挥其特长和优点，获得大家的认可。受欺负者也有其自身的特长，比如他们爱劳动，做事比较认真仔细，乐于做好事。于是，刘老师在班里给他们创造施展自己特长的舞台，只要有机会，就尽可能让他们多参加各种活动，经常让他们为班里打水、打饭、送饭盆，平时做卫生也把一些重活、粗活交给他们。这些为班级服务的活动，提高了他们在班里的地位，帮助他们得到其他同学的认可，形成班级的良好风气、正确的舆论导向，从而形成集体对他们的保护机制。

3. 经常表扬，树立自信心。在日常的学习和生活中，寻找他们的点滴进步、优点和所做的好人好事等，及时地在同学们面前表扬，让他们感到自己是有所作为的，在这个集体中也有他们的存在空间，从而激发他们的斗志，树立自信心，形成自己的抗恶意识与能力，树立自立自强的信心，提高他们的自强意识和自我防卫能力。

4. 引导他们学会与人交往。由于他们从小生活在家人的宠爱之中，以自我为中心，孤独、自私，不善于与人交往，把自己孤立在一个狭小的生活圈中，教师需要引导他们学会与人相处。刘老师经常开导他们要学会谦让，学会宽容；什么事情都要大度一些，不要斤斤计较；要多与同学交流与沟通，多交一些朋友，形成来自同伴的保护机制。

5. 引导他们学会必要的反抗。在同学中间以大欺小、以强凌弱的现象往往比较隐蔽，老师不容易发现，同学有时也由于受到一定的压力不敢告诉老师，所以受欺负的同学经常不得不忍气吞声，老师由于没有发现问题也没办法为他们"做主"。刘老师暗示他们在必要时学会反抗，但要把握时机和尺度，便于老师发现问题即可，以让老师及时教育欺负他们的学生。由吃哑巴亏到学会反抗以及有老师的保护，经常欺负他们的学生就会收敛一些，甚至不敢再欺负了。

案例分析：幻化一场生命的绽放

心理老师高亚娟第一次见到小欣是在她上初二的时候，内向、自卑的小欣似乎哪方面都不如别人，在班里胆小到同学大声说话都能把她吓哭。所有认识她的人都不喜欢跟她接近，她的内心深处只有孤独。

为了帮助小欣，高老师组建了"成长支持小组"，集合班主任、家长、同伴的力量，召开了 3 次个案研讨会，对小欣以及家庭进行了长达一年的自信训练和家庭心理治疗。

首先，通过沙盘游戏给她表达自己的空间。通过摆放自己的心灵花园，她压抑许久的情感被释放。"我是无尽抑郁的黄沙，心情跌落到最深的谷底。""我是一座孤零零的、期待温暖的房子。是啊！一家三口欢乐地在一起才能称之为家。""我是被父母嫌弃的，他们很忙，也很不在意我，爸爸太凶了，我只能把期待默默地藏在心里，孤独地躲在一角。"

其次，家庭心理治疗让小欣意识到父母的爱，更让父母走入她的内心。家庭是孩子最重要的情感连接，只有点燃家庭的快乐和希望，传承爱的温暖，才会让受伤的心焕发出新生力量。小欣的父母在教育她的过程中，曾经遭遇过挫折，经常埋怨孩子，不知道能做什么，更看不到任何希望。在沙盘游戏里，老师引导着这一家人去看到父母的期望、小欣的努力，鼓励爸爸妈妈说出了从未说出过的对女儿的爱。半小时后，3 个人在合作与碰撞中融合。"作为父亲，我深深地爱着这个家，可是，我不知道怎么表达，没想到对女儿的严厉变成了无尽的指责。""作为妈妈，我何尝不希望女儿好起来，没想到她这么敏感，我对孩子的肯定太少了。""我的心温暖起来，原来爸爸妈妈是爱我的！"

一次次在沙盘中的探索，孩子的情绪被释放，期待被满足，心灵被关照。于是，小欣开始有了积极的能量。遇到事情不再逃避，能够和同学自在相处，她的脸上有了灿烂的微笑。

在一场心理戏剧里，小欣选择扮演一片叶子，她说："我扮演的是一片叶子，我觉得作为一片叶子也是很有价值的，虽然它不像鲜花令人瞩目，却有着自己的颜色，也是一抹独特的风景。"这正是我们的教育想要的：这个小女孩，看到了自己的价值。叶子可以随着四季变换颜色，虽没有鲜花夺目，但却生命力旺盛！

在心理教育中，开启的不仅仅是心灵对心灵的陪伴，更是每个人、每个家庭的幸福人生！各种心理问题背后都隐藏着深深的成长需要，受伤的生命更需要智慧和爱的滋养！

二、如果一个学生拒绝老师的一切教育，怎么办？

严格来说，在这个世界上，没有哪个学生会拒绝老师的一切教育。如果真的存在，那么我们的教育也就无能为力了。在当代学生中，确实存在一些不接受老师教育的现象，但这并不等于拒绝老师的一切教育。所有的学生，不论在他的身上存在什么样的问题，只要我们能够找出其中的原因，运用适当的方法，就可以通过教育来解决。所谓拒绝老师的一切教育，那也只是从教育难度上来说很难而已。

（一）找准"病根"

学生拒绝老师的教育，无非有以下几个原因：

1.学生对老师的极度不信任，逆反心理较强，导致学生抵触教师的一切教育，认为每次老师找他谈话都不会有"好事"，认为老师是专门和他作对的一类人，对老师产生敌对情绪和戒备心理，从而使师生对话失去意义。由于老师的误会或蒙受过"不白之冤"，产生心理失衡而自暴自弃，对老师产生不信任感。

2.学生没能树立良好的人生观、世界观，对生活失去信心，对一切事物采取消极态度，没有良好的习惯，因而在心理上对老师本能地抵触，拒绝老师的教育；学生学习基础差，自卑感强，感觉低人一等，深感别人对自己轻视，进而自暴自弃。

3.个别学生喜好逞强拔份儿，处处与老师作对，以彰显其"个人魅力"，树立在集体中的"威信"。例如，认为违反纪律是"勇敢"，向老师反映情况是"出卖朋友"。他们在处理同学关系时重感情、讲义气，对同学的话深信不疑，对老师的话置若罔闻。

对于不同原因造成的同一症状，我们要分别对待。有些老师在教育上的失败，往往就是没能对学生的问题进行认真分析，以偏概全，从而失去教育的针对性。所以，对于学生拒绝老师教育的问题，要根据不同的原因，采取不同的教育措施。

从第一种原因来看，学生的问题往往出在老师的身上。由于老师教育不当、教育过失甚至是老师的人格偏差，都会造成学生对教师教育行为的抵触，甚至对抗。"人非圣贤，孰能无过？"教师不是圣人，更不是完人，所以在教育过程中出现无意过失也是很常见的现象。作为成人，我们很容易理解。但是作为学生，特别是身心正在快速发展的中小学学生，自然很难接受这一现实。家长在这一过程中扮演着很重要的角色。当教师出现教育过失的时候，家长采取什么样的态度至关重要。如果家长没能采取积极的态度来调解师生之间的矛盾，甚至在师生之间添油加醋、颠倒是非，必将导致师生矛盾深化，使学生对老师的教育发生抵触。反之，如果家长能够采取积极的态度，能够站在老师的角度上，分析利弊，对孩子进行教育，化解师生矛盾，定会避免孩子的心理出现偏差，从而使自己的孩子能够继续健康成长。

（二）动之以情，消除戒备心理

消除戒备心理的唯一途径，是教师对学生要爱得真，爱得深，将严格要求渗透在爱之中。教育实践告诉我们，爱是一种最有效的教育手段，教师情感可以温暖一颗冰冷的心，可以使浪子回头。当学生体验到老师对自己的一片爱心和殷切期望时，他们就会变得"亲其师而信其道"。

（三）尊重信任，唤起自尊

自尊心是人的自我意识的重要标志之一，是进步的动力之一，表现为对个人的自我尊重，也要别人尊重自己的权利和人格。教师应当尊重、信任学生，逐步消除学生的疑虑、自卑心理，唤起自我意识，培养自尊心。所以我们要特别注意以下几点：

1. 对学生要求要适度。要求过高，他们会认为高不可攀，望而却步；要求过低，不利于培养他们的学习毅力和克服困难的能力。

2. 让学生获得成功。只有当他们真正体验到经过努力而获得成功的欢悦时，才能树立起进步的信心和愿望。教师可以布置一些他们力所能及的任务，在完成之后给予适当的鼓励。

3. 让学生充分发挥自己的才能，充分展示自己的长处。在挑选班干部时应加以考虑，让他们也能担任一定职务，在集体中发挥作用。

（四）批评表扬要讲究方法，引导向善

先说批评。在教育过程中，教师要心平气和地面对学生的不足和失常，采用他们乐于接受的教育方法，帮其改正错误，促其不断进步。越"倔"的学生，内心其实越脆弱。所以我们批评时应注意保护其自尊心，要先扬后抑，肯定其优点，找出其不足，鼓励他们迎头赶上。再开导他们错误在哪里，为什么错了，什么才是正确的，耐心加以引导。要力戒态度粗暴生硬，挖苦讽刺，更不能使用过激语言或体罚。有时可能遇到他们的顶撞与对抗，这是因为：学生犯了错误后，或多或少都会为自己找点"正确"的理由，防范心理也会特别强，就像一座防范坚固的堡垒。教师如果不好好地寻找突破这个堡垒的薄弱点，学生当然听不进正确批评。批评时，效果如何，并不单纯地在于教师讲得正确与否，而很大程度上在于教师是否找准了"切入口"。切入口找准了，犹如庖丁解牛，得心应手，毫不费力。

那么，"切入口"应选在哪里呢？应选在让他最容易明白自己错了的那一点上！这一点不在他过错的大小，而在于能不能立即"明白"自己错了。只有让他自己明白了错处，他才能减少戒心，消除抵触情绪，静下心来听你的话，并反思自己的所作所为。这时，教师才能循序渐进，做下一步的工作，才能不断扩大战果，达到预期的效果。如因一个学生的过错而引起纠纷，另外一个学生就动手打人这样的事，如果你一开口就批评打人怎样不对，学生就很可能气鼓鼓的，听不进你的批评，而如果先讲他有事为什么不和老师说，他就很容易明白自己的错误，就会静下心来听你的开导。对待"特殊学生"更是如此。

再说表扬。也许表扬和赞美对于一个三好学生来说，算不了什么，但对于我们学校的这类学生，表扬显得尤为重要，因为他们很少听到赞美的话语。我们要拿着放大镜观察他们的优点，甚至可以把小之又小的优点"夸大其辞"，运用心理学的"皮格马利翁"效应，积极引导他们向好的方向发展。一位前辈曾说过："不是聪明的孩子常受表扬，而是表扬会使孩子更聪明。"

（五）不怕反复，持之以恒

对学生的转化不可能一蹴而就，一般要经历醒悟、转变、反复、稳定四个阶段。因此，在转化过程中，故态复萌，出现多次反复，是一种正常现象。对这项十分艰苦的工作，一定要有满腔热情，必须遵循教育规律，"反复抓，抓反复"，因势利导，使他们保持不断前进的势头。千万不可轻言放弃，犯"功亏一篑"的错误。

对这些孩子的教育还要做到"理解"二字，即通过他们的眼睛看事物。我们也不妨来个换位思考，同样一个问题，站在学生的角度去看，也许更有利于找到解决问题的办法。还有，要做到对日常细节的把握和观察，教育的契机也许蕴藏于一个看起来不起眼的"小事"里，等等。总之，对于这些孩子的教育有一些可供参考的所谓的"方法"，但绝没有一个"放之四海而皆准"的公式。只有一点可以肯定：一定要让学生感受到你的爱。"谁爱孩子，孩子就会爱他，只有用爱才能教育孩子。"我们要善于接近孩子，体贴和关心他们，和他们进行亲密的思想交流，让他们真正感受到老师对他的亲近和"爱"，这是顺利开展一切教育工作的基础。

（六）教师提高专业素养，提高教育艺术水准

1. 要身体力行，处处严格要求自己，做到学高为师，身正为范。特别是在平时的工作中，树立自身良好形象，使自己真正成为学生的榜样。

2. 处理事情既要公正，又要坚决果断，特别是在处理学生矛盾的时候，切不可采取含含糊糊的态度，导致话没少说，问题并没有得到真正解决的局面。

3. 处理问题不可独断专行，不妨广泛征求学生的意见，使学生参与进来，特别是抵触教育的学生，也可以通过这个教育的过程，使他认识到教育的难度。

4. 寻求家长的支持。家长是教育过程中的一支重要力量。如果这支力量利用好了，很有可能达到事半功倍的效果。再者，一旦家长只站在学生一方，处处与老师作对，那样教师就会处于一个尴尬的境地。

做到以上几点，再辅以教师的人格魅力，问题就基本解决了。值得注意的是，在处理这类学生问题的时候，教师一定要控制好自身情绪，切勿急躁。

除了有拒绝老师教育的学生外，还有一种学生，就是我们常说的"油盐不进"的类型，在"问题学生"中比较常见。他不会抵触教师的教育，更不会顶撞老师，但他对老师的教育言辞基本上是充耳不闻，没有反应。没有进取心是他们最显著的特征。这种学生一般属于弱势群体，有比较严重的自卑心理。

教育这类学生相比于前一种类型，只要方法得当还是比较容易的。对于他们，重拾自信心是最重要的。其实方法很简单，就是要求教师能够在尊重学生人格的基础上，给学生创造发挥才能的机会，即便是一些小事，也让他们去做，以充分展现他们的才华，并在此过程中逐步树立自信。

对于第三种原因造成的现象，在教育过程中也时常遇到。这类学生通常不会存在什么心理障碍，只是过强的好胜心理在作祟。由于走入误区，这种好胜心理没能用在正面，反以与老师作对为手段，作为自己扬名立威的途径。

这类学生的教育难度一般不会很大，只要能够抓住他们的心理特征，辅以正确的方法引导，再通过日常的言传身教，问题便可迎刃而解。在对待这类学生时，千万不要以硬对硬，否则将会使师生对话陷入僵局，使教师处于进退两难的尴尬境地。对待他们，要以柔克刚，尽量达到四两拨千斤的效果。他想树立威信，教师便让他去树，但要在老师的掌控下进行。教师可以把协助班级管理的权力交给他，在教师的指导下，让他在使用正确方法的前提下，去管理班级事务，积极参与到班级建设中去。

如果方法得当，进展顺利，我们可以达到一举三得的效果：其一，学生在老师的引导下走上正途；其二，避免了师生矛盾；其三，有利于班集体的建设。既然如此，作为班主任又何乐而不为呢？

以上是在教育过程中较常见的几种不接受老师教育的类型，也许还有其他原因会造成这种现象，只要老师们记住一点，对症下药，欲治标，先治本，便可将问题从根本上解决。

案例分析：拿什么鼓励你，我的孩子

2013年，数学老师周春娜新接了一个特别的班级，说它特别，是因为这个班级里的大多数孩子都是外来务工人员子女，他们从小与父母长期分离，逐渐养成了许多不良的行为习惯；上中学后他们跟随父母离开熟悉的环境，生活环境的改变让他们无所适从，而教材的不统一也时常让他们处于被动之中，所以，为了"保护"自己，他们会把自己封闭起来，不和周围的人过多交流。

小锐，男，13岁，初三，家里三个孩子，他排行老三，哥哥姐姐辍学打工，父母在京靠卖水果维持生活。小锐平时沉默寡言，据他的班主任介绍，他在家几乎不和父母说话，经常把自己锁在房间里，而在学校，上课很少抬头，不知道在想什么，叫他回答问题，只有两个字：不会。课后作业也从来不完成，每次"周目标"检测都是零分。

刚发现这个状况时，周老师想：还是先找他聊聊天，了解一下情况，知己知彼，方能寻找良策。但是事情却没有周老师想象的那么简单，那天上完课，周老师走到小锐跟前笑着说："小锐，一会儿活动课你来我办公室一下，好吗？"他抬头瞟了周老师一眼，小声嘟囔了一句："我不去！"

周老师一愣，因为以前从来没有学生拒绝过她的"邀请"。周老师问："为什么？"小锐小声地回答说："老师，你放弃我吧，我学不会，我笨。"原来如此，小锐沉默倔强的外表下隐藏着一颗极度不自信的心。"那么这样吧，老师办公室有一些材料需要整理，活动课时你过来帮帮老师吧！"这次他没有拒绝，但是也没有明确表态一定会去，之后他并没有到办公室找周老师。

后来，周老师通过小锐的班主任和他父亲了解了一下情况。原来，小锐本是个性格活泼的孩子，小学时还多次得过奖状，在他小学三年级的时候全家来北京了，由于人生地不熟，他父母又没有过硬的技术和本领，只能四处打短工讨生活，小锐也跟着吃了不少苦头，常常是周围环境刚熟悉，就又被迫转学，就在这颠沛流离的情况下，小锐渐渐地变了，不再像以前一样爱说爱笑，变得不爱学习，不爱和别人交流，每天只喜欢一个人发呆。了解到这些后，周老师明白了，孩子是自卑。于是，以后上课时，周老师特意为小锐做了一些新的尝试。周老师把给他的导学案难度降低，然后在每一种类型题的前面加上一道特殊的例题，例题上显示着这种题的正确解法，让他通过"照猫画虎"的方法来寻找规律。小锐对这种方式并不排斥，课堂测验得了80分后，周老师发现他的脸上居然有了一丝浅浅的笑意。"通过这几道题，找到解二元一次方程组的方法了吗？"他红着脸，点点头。"那说说看"，周老师笑着说。他指着学案中的两道题说："有两种方法，一种是……"听他说得头头是道，除了一些数学语言需要规范一下，方法掌握得真不错。对他一番肯定的同时，周老师又提出了新的要求："教科书后的A组题作为你今天的作业，能完成吗？"他说："我试试吧。"第二天一早，在所有作业中，周老师发现了一个特别新的本子，打开一看，正是小锐的，上面的答题字迹工整，步骤规范，还有一行字："老师，最后一道题我不会做，请您教教我。"

从此以后，小锐的变化特别大，不但上课能听进去课了，还主动找老师问问题，甚至经常找周老师补习。接下来的期中练习，他居然得了61分，在写个人总结时，他说："特别感谢周老师的付出，让我渐渐对数学感兴趣了，希望周老师能注意好身体。"

我们都是平凡的人，都渴望得到别人的关爱与鼓励，尤其是我们学校的孩子，他们的经历让他们的心灵变得更加敏感与脆弱，所以时常会把自己放在"一个坚硬的壳里"。其实那是假象，他们往往比其他的孩子更渴望得到关爱。只有我们用心去发现，去感化，变忽视为重视，变薄待为善待，让他们体会到老师的爱，他们才能像花儿一样更加摇曳，快乐成长。

三、如果一个家长总是庇护孩子的问题，怎么办？

（一）家长老庇护孩子的原因

家长庇护孩子这一问题，是一种很普遍现象。只不过有的家长庇护得多一点，有的家长庇护得少一点罢了。俗话说"孩子是自己的好"。没有一个家长不认为自己的孩子好，即使自己的孩子犯了错误，他们也会尽一切可能去挽回和补救。再加上现在多是独生子女，他们会尽自己的所能来满足孩子的要求，只顾眼前，只顾孩子一时的得失，致使孩子一错再错，以至无法收拾。

有专家将家长与孩子的交往情况归纳为以下几种类型：民主型、保护型、纵容型、拒绝型、专制型。庇护孩子的家长多属于保护型与纵容型的家长。家长的类型是社会文化的综合反映，与家长文化、家庭教养、个人经历、夫妻相互关系的类型相关。

明智的家长，是有修养、懂教育的家长，自然不会纵容孩子的错误，会正确地教育自己的孩子。然而目前工读学校学生家庭成员整体素质不理想，致使家长庇护孩子现象很普遍。部分家长做事情往往是以自己的孩子为中心，出现一些问题或错误时总是找老师和别人的原因。孩子有了有力的"保护神"，自然经常出现违反常规之举。在王宏祥老师所教过的学生中这样的例子有许多。这样的学生和家长给我们教育工作者带来许多不必要的麻烦和阻力，但我们只要能正确引导教育，讲究方式方法，诚心诚意地去关注他们，是能够加以转变的。

（二）教师要及时了解学生的家庭情况，了解家庭中什么人、什么原因、什么时候、对什么事庇护孩子

家长毕竟是成人，懂得人情世故，有基本正确的是非观，为什么他要庇护孩子的问题呢？作为教师要查清根源。根据以往的经历，王老师总结大致有以下几种原因。

1. 家庭条件过于优越，对于自己的孩子过于溺爱。不把学校和老师的教育当回事，一心想让孩子在成长的道路上"风雨无阻"，不求出人头地，只想着平安无事，让孩子高兴，没有阻碍，所以只要孩子有一点烦心事，家长就会出头露面替孩子"摆平"。

2. 在学校里曾经有过孩子被同学欺负的经历，所以只要同学间有矛盾，家长就充分地担当起孩子的"保护神"。

3. 处理学生问题"失误"的教师使家长心有余悸，家长认为不替孩子做主，孩子会吃亏。

4. 学生不能实事求是地向家长讲明实际情况，致使家长不明真相，产生错误举动。

5. 家长错误地认为小孩子这些小问题没什么大不了，学校和老师过于大惊小怪。

6. 孩子父母对教育孩子意见不一致，方法各异，但庇护的一方占优势。

（三）解决方法

1. 面对家长对孩子的庇护问题，作为教师，千万不可感情用事。一定要将心态摆正，不能一味地埋怨家长，而应该更多地和家长，以及他的孩子进行沟通，拉近距离，使其"亲其师，信其道"。

2. 经常进行教育方法和教育理论的宣传和教育。利用家长会的有利时机，向家长进行正确教育孩子的宣传和教育，使家长重视正确教育孩子的重要性，千万不要认为"调皮"是孩子的天性，"树大自然会直"，使家长充分认识到庇护孩子是给孩子服下了"慢性毒药"。

3. 学校印制一些教育孩子的方法和理论的材料让家长阅读，定期推送家庭教育方面的文章，以提高家长自身的认识水平。

4. 保持与家长的密切联系，避免因不明真相造成意见不合。

5. 有些家长不管学校和教师如何苦口婆心，也不把教育理论和教育办法放在眼里，总是我行我素。对于这样的家长，只有让事实来说话了，但教师千万不可无事生非或是小题大做，一定要从关爱的角度，多关注学生并密切地和家长进行沟通，避免发生不必要的矛盾。同时，注意从学生的角度进行教育，让学生来感染家长，转变家长的思想。

案例分析：一盒巧克力

有一天，心理辅导员李老师来到张文老师的办公室，向张老师转述了小昊头天晚上"心情天气预报"的内容："……周日晚上，我正在打 CS，妈妈敲门走进我的卧室，将一盒巧克力放在我的电脑桌旁，非常温和地对我说：'你装病，可你的班主任老师却从门头沟开车过来看你，还给你带来一盒巧克力。你却冲老师发脾气……'妈妈撂下几句话出去了，我停下来看着那盒巧克力发愣，忽然间翻江倒海般不是滋味，不知怎的我怎么也控制不住自己，鼻子一酸，眼前模糊了。我撇开游戏，站起身，猛地仰面躺在自己的床上，看着天花板，心里有说不出的难受，总觉得自己不是个人——愧对老师……别人说我是'人渣',不可救药,张老师说我是好孩子;别人希望我不要上学以免影响他人,张老师却探望我'将'我一军,盼望我上学;别人都放弃了我,张老师却偏要培养我成人。我要好好做人,踏实学习,我不相信我一年学不好,两年还学不好,到了高三我还没有进步!成绩还没有提高!"张老师听完后,沉思了一下,向李老师讲述了周日的经历。

周日中午张老师接到小昊妈妈的电话。"张老师,我是小昊的妈妈,小昊发高烧,明天(周一)不能上学了,我给他请个假。"小昊的妈妈说。

张老师迟疑了一下,说:"好的,您赶紧带孩子到三甲医院好好看看,别耽误了治病。""哎,谢谢您,张老师!"小昊的妈妈说。

要想让孩子接纳老师,首先是老师要悦纳孩子——于是张老师从柜里翻出一盒巧克力带上,驱车赶到30多公里外的小昊家。

小昊妈妈看见站在门口的张老师,先是一愣,然后面带尴尬地赶紧笑着大声说:"哦,是张老师,赶紧进来,屋里坐。"张老师进了客厅,顺手将巧克力放在茶几的角上,坐下便问:"孩子怎么样?病重吗?去医院看了吗?"

"您先喝水。"小昊妈妈给张老师倒了一碗水,没有回答张老师的问题。张老师听到卧室有玩游戏的声音。

张老师问:"还有谁在您家里玩游戏?"

小昊的妈妈迟疑了一下无奈地说:"唉!是小昊,他没有发烧,他明天不想上学,我和他爸都管不了,没办法。我叫他出来。"说着转身走到卧室一边敲门一边说:"小昊,你的班主任来看你了,快出来!"

"等会儿,我打完这一局,马上就出来。"小昊不耐烦地说。

小昊的妈妈摇了摇头无可奈何地说:"这孩子太不懂事了!"张老师赶忙开导说:"青春期的孩子都是这样,逆反心理比较严重,这是这个年龄段的青少年的正常反应。孩子的青春期和我们成年人的更年期一样,只是不同的成年人在更年期时反应程度不同而已。咱们需要科学地引导,不能急,更不能简单粗暴……"

果然,过了一会儿,小昊光着膀子就从卧室出来了,一屁股坐在张老师左侧的沙发上,身子往后一仰,头枕在沙发背上,双腿岔开,显出无所谓的神态说:"我没病,就是不想上学,是我让我妈打的电话。"

"你这是怎么跟老师说话呢!这么没礼貌!"小昊的妈妈赶紧打圆场说。

"噢,没关系,没关系,孩子嘛。我喜欢喜形于色,直来直去,这样的孩子直爽、坦诚,没有坏心眼儿。我也是这样的人,等小昊和我交往多了,了解我了,我相信他肯定会改变对我的态度的。"张老师紧接着说,"既然没病,明天就按时上学吧!"

"我说了,我明天不想上学,就想在家玩会儿,不行吗!"小昊表现出傲慢无礼而又生硬的态度说。

小昊目空一切且傲慢的样子,不禁让张老师再次打量小昊,1米8的身高,70来公斤的体重,白净的面容,从表面上丝毫也看不出这孩子内心深处有多坏,他所表现的傲慢、目空一切以及对老师的无理却怎么也掩盖不住青少年内心的善良与淳朴。张老师把脸一沉,语速放慢但很坚定地说:"你是对我有意见,还是瞧不起我,想和我较劲,或是课上什么都听不懂,发怵上课?"

张老师话还没说完,小昊不服气地叫板道:"都有!怎么地?我就较劲,我就不学好,怎么地?我就是'人渣',我在原校除了正校长,其余所有的老师、班主任、主任我都骂过,怎么了?能把我怎么样?就你这小个儿!"随后"喊"了一声。

显然,小昊也没把面前这个1米6的班主任放在眼里,张老师也不示弱,一拍茶几站起来提高嗓门,说:"好!张老师就喜欢你这样的,爽快!你说什么,自己是'人渣'!我教了这么多年书,带了这么多届学生了,在我眼里就没有'人渣'这个词,说心里话你们都是好孩子!只不过青春期有些躁动而已,不知道自己是吃几碗干饭的。记住,在张老师眼里,'人渣'这个词,你还不配,你也没有资格用'人渣'这个词。什么是'人渣'?'人渣'原意是道德败坏、品行低劣的、自身行为与社会相悖或违反人伦缺乏操守准则的人。你够格吗?!在老师眼里,你们都是孩子,都是好孩子!"张老师指着自己的鼻子一个字一个字铿锵有力地大声接着说,"我,张文,就要把你培养成堂堂正正的男人!以后别跟我提'人渣'二字。"张老师稍微停顿了一下,喘了口气,直勾勾地看着小昊又说:"明天你敢上学吗?"

小昊听了张老师的话一愣，有些迟疑却还是腾地站起来，但语气明显有些缓和，说："上就上。"

张老师对着小昊的妈妈加重语气，说："放心吧，这孩子，我教定了，我非把他培养成人不可！我走了。"说着向门口走去……

张老师心里有些发虚，但还是决定用他的强项（张老师常锻炼身体），让小昊了解了解自己的臂力，也看看身高近1米8的小昊力气到底如何。周一早上，杨老师带来几个角力棒（25、40、60公斤）、握力器和一个拉力器等健身器材，挂在墙上。

"老师，我要和您比比劲。"小昊乐呵呵进了办公室。

"你瞧不起我这个张小个子，来。"说着，张老师递给小昊一个25公斤的角力棒，"试试。"

"好哇！拿来，我不撅折了它！"小昊轻蔑地说着便龇牙咧嘴地用出了吃奶的劲。果不其然，小昊虽然个子高，但毕竟没有专项训练，臂力还是不足，25公斤的角力棒他一下都弯不动。最后，有些泄气但又挑衅地说："这么硬，您来一个我看看。"

张老师拿过60公斤的角力棒一口气弯了20下，面不改色心不跳，斜着眼微笑着对小昊说："怎么样？我这个小个子班主任还行吗？"

"老师，就您这干巴瘦……这么有劲，没看出来！"小昊不好意思地笑着开门就跑了。很明显，小昊的态度确实有了180度大转弯。

"老师，您的巧克力真好吃！"小昊紧接着推开门又补充了一句，随后跑了。

张老师看完他的"心情天气预报"，明白了小昊的态度为什么会180度大转弯。

后来，张老师再次家访时多次看到在小昊的卧室书架上摆放着那盒巧克力，盒子干干净净的。

也是从那次家访，小昊便常黏着张老师问这问那，考完试就与张老师探讨如何解现代文阅读题，春游爬鹫峰时与张老师探讨如何写借景抒情的散文、标点的应用……他的语文成绩在不知不觉中提高了。

功夫不负有心人，高三毕业，小昊以563分（文化分加专业分）的好成绩考上了计算机专业，成为一名本科生。

四、如果学生总是处理不好与其他同学的关系，怎么办？

人际关系是一门学问，不光是学生，甚至是成年人也经常会遇到不能和同事融洽相处的问题，为此使一些人苦恼不堪。到底是什么原因造成这种状况呢？主客观原因同时存在，当然主要原因还是当事人自己的问题。

（一）了解原因

1. 自我意识太强，过于表现自己。现在的学生基本上都是独生子女，在家庭中是"核心"，由于家长对孩子过于"听从"，使孩子染上了"地球围着我转"的思想，如果把这种思想带到班集体中自然不会受到欢迎。

2. 自尊心受到伤害，对外界有敌对情绪。有的学生由于家庭条件较差，或是自己曾经受到伤害，产生严重的心理变化，将周围的同学都视为敌人。只要有人招惹他一点，他就绝不轻饶，致使同学关系向恶性方向发展。

3. 家长不正确的教育方法。有些家长把社会上的一些为人处世的经验过早地运用于孩子身上，使得孩子的行为和班里的同学不合拍，从而经常产生矛盾。

4. 老师的歧视。有时个别不顺眼的学生引起老师的反感，老师在教育时有处理不当的地方，这样影响了班里的其他同学，不能和这样的学生和睦相处。

（二）解决方法

1. 个别教育使学生正确认识自己

人最大的弱点之一就是喜欢审查别人，却很少对自己有正确的认识。对于不能处理好同学关系的同学，教师要经常和他们谈话，让他们对自己有正确的认识，发现自己的不足，找出问题所在，并逐步改正。为此，可以采取以下一些做法。

（1）每周让学生在学校联系本上对自己本周的各方面做出评价，总结出自己的优点和不足，同时还可以对班上的事情进行简要评述。

（2）定期开展同学间的评议，先指出优点，再指出不足。这里重点放在那些有问题的学生身上。

教育班里的同学对别人采取宽容的态度，以自己的大量大度感染和教育别人。对于那些明显处理不好同学关系的同学，还要发挥班级的集体力量，教育其他学生抱有宽容的胸襟，接纳这样的学生，不要排斥他们。让他们感受到集体的温暖，学会互相理解，互相帮助，增进彼此的友谊，逐步达到教育转化的目的。

制定一定的规范改正自己的不足。对于一些经常和同学闹矛盾的同学，适当地制定一些行为规范，如：有矛盾要先找老师反映，让老师合理解决。遇到想不通的事情时要冷静几分钟，采取换位思考的方法对问题进行评价等，充分发挥自己的长处，在同学中树立自己的良好形象。

有些学生之所以处理不好同学关系是因为自己各方面都"拿不起来"，才受到同学的歧视。这样的情况教师要充分挖掘该生的优点，并使之不断显现在同学面前，树立他的良好形象，树立他的信心，使同学们愿意向他"靠拢"。

2. 与家长沟通共同进行教育

可以说所有的家长都愿意自己的孩子在班集体里受欢迎，和同学友好相处，但有时家长不了解班级情况及学生在校的表现，所以不好形成合力对学生进行教育。作为班主任要经常向家长汇报一下学生在学校各方面的表现，沟通思想，与家长共同找出好的教育方法。

案例分析：享受孩子融入集体的幸福

小茜是9月初转来我们学校的。第一次见面时，这个长得很白净的小姑娘进了门只是安静地站着，话并不多。班主任侯仕静老师问她："都有什么兴趣爱好？"她答："喜欢画画。"学期开始，正好赶上教师节制作海报。既然孩子说喜欢画画，侯老师便把制作海报的任务交给了小茜。孩子把海报纸铺在地上，认真地画了好久。看见她这样，侯老师暗暗思索：这个小姑娘到底是因为什么问题才送来的呢？

通过观察，侯老师发现小茜的特点还真不少。她特别爱挑刺儿，其他同学在她眼里只有缺点，没有优点。只要她有一方面做得比别人强，她一定会说:"你们都不如我吧。"即使她表现得不如别人,也坚持认为自己做得最好。但凡是她看不惯谁了,就会说:"×××可真恶心。"完全不顾及他人的感受。小茜是个暴脾气,情绪化很严重,她的言语常常伴有严重的攻击性。一次,侯老师问班里今天的值日生是谁。小雨回答:"该小茜了。"本来很普通的一句话,可小茜的反应却异常激烈:"什么就该我了?!你怎么不说是你啊?"还有一次,她负责的值日区扣了分。在孩子们看到常规扣分条时,宁宁随口一说:"小茜扣了一分。"小茜听到这话,立马还嘴:"你说谁扣分呢?你再说我扣分,我就揍你!"不仅如此,每当班主任布置任务时,她总是说:"我不喜欢这样。太难了,我不会做。"她的这种负面情绪在班里产生了极其不好的影响。她的负能量太大,就像一颗炸弹,极有可能会在下一秒引爆。

尽管如此,班主任认为孩子的本质并不坏。她这一系列的行为,和她的成长背景有很大关系。小茜刚出生时,母亲就抛弃了她,一人回到四川老家。小茜和弟弟是由爸爸和爷爷奶奶带大的。爷爷奶奶的溺爱使她作风霸道,不知道感恩。由于缺少母爱,小茜的内心极其敏感,自卑心理严重,渴望得到别人的关注。

侯老师为此特意咨询了学校的心理中心,心理中心建议老师们要时常肯定小茜,抓住每一个机会树立她的自信心。为了更好地帮助她,班主任还让她担任了体委的职务。可小茜带队十分随意,自己口令喊得不勤,还指责其他同学不配合她的工作。练队过程中,重复次数稍微多点就表现得不耐烦。有时还自作主张,不执行老师的指令。班主任多次找她谈话,告诉她体委的重要性,希望她能以身作则,可小茜不思悔改,依旧散漫。

一个月的时间很快过去了。一天中午,小茜又没带好队,挨了批评后,她撂挑子了,说:"谁爱当谁当,我还不想当了呢。"侯老师见状,说:"好,换体委。"晚上站队时,侯老师宣布由另外一名同学喊队。小茜立马傻了眼,问:"不是我当体委吗?"侯老师说:"你不是说你不干了吗?"小茜说:"我还以为您开玩笑呢。""谁跟你开玩笑啊。"小茜看到侯老师严肃的样子,这才明白过来。她不甘心地回到队伍里面,还甩了一句:"不让我当体委,我就不好好走。"

小茜总给新体委出难题。侯老师在班里严肃地说了这个问题，指出队列里服从是第一位的，哪怕体委的口令是错的也要服从。说来也巧，当天的晚点名，生活组老师就指出队列里有不服从体委的现象，强调了队列纪律。慢慢地，小茜开始有了转变。

某天的课间操，体育李老师组织两个女生班进行了一场50米接力赛。眼看其他组的最后一名同学马上就要到达终点，而小茜所在的这一组却落后了，小姑娘着了急，奋起直追，可一不小心摔了个跟头。看到这一幕，侯老师没有赶紧跑到她身边，把她扶起来，而是静静地看着孩子的反应。

出乎意料，小茜竟然哭了起来，并且边哭边骂。但这一次，侯老师先没有批评她，而是在把其他同学安顿好后，把小茜叫到办公室，一边检查她是否伤到了哪里，一边问她为什么哭。原来小茜的好胜心很强，看到同组的学生不好好跑，落后于人，她真是又着急又气愤。同时她又很敏感、自卑。她以为很多人都看到了她摔跤的这一幕，只会在背地里嘲笑她，不会理解她是"争第一未遂"。

侯老师能理解小茜委屈的心情，同时也注意到，在她摔倒后，班上无一人去扶她、安慰她。这样的局面，正是平日里对其他同学恶语相加的小茜一手造成的。看着没有了往日傲气的孩子，侯老师意识到这是个绝佳的教育契机。

侯老师首先肯定了小茜为争得团队荣誉而做的努力，告诉她这一跤"虽摔犹荣"。见她的情绪有所缓和，话锋一转，问道："你刚才摔跤了，班上有谁去扶你了吗？你的好姐妹去扶你了吗？"小茜没有回答，只是低头抠手。借着这次谈话，侯老师再次指出了她在人际交往中的问题，引导她多欣赏别人的优点，改善沟通方式。

当天的晚班会，侯老师借着小茜摔跤一事，对全班进行挫折教育。鼓励孩子遇到困难勇敢面对。侯老师问学生："大家小时候摔跤了是不是都要爬起来？"多数学生都说是，小茜这时说："我就不是。"侯老师问她："你不起来，怎么办呢？"她说："我爸抱我起来。"她的回答让侯老师恍然大悟。正是爸爸的一手包办，导致小茜缺少对挫折的承受力。

到了11月份，仍然有几个爱美的姑娘不添厚衣服，要将"美丽冻人"

进行到底，小茜也在这堆学生里。不久她就感冒了，刚吃了两天药，就坚持不下去了。跑到办公室，带着厚重的鼻音，哭着喊着说药不管用，中午饭也不吃了，要回家，要让爸爸来接她。在侯老师的劝说下，小茜说出了自己非要回家的一个重要原因：怕在接下来的考试中失利，觉得很丢脸。侯老师抓住她要面子这个心理，用激将法激发她的自尊心，同时告诉她知识上的漏洞补一个少一个，但是如果逃避，漏洞永远不会消失。

临近元旦，侯老师筹划搞个活动，为元旦晚会提前预热一下。因为开学后不久，学校就为班里安排了萨克斯课程，于是决定办一个萨克斯比赛。小茜听到这个消息就问："我能不参加吗？我啥都不会啊！"侯老师没有做过多的解释，只是说了一句："不会没关系，好好学就是了。距离比赛还有两周时间，抓紧时间，好好练习。"虽然正式比赛那天，小茜表现得并不出色，但没想到在学校征集的学习故事调查问卷中，小茜却把这件事写了出来。"当老师告诉我班里要组织比赛，我瞬间就慌了！连忙把很久以前丢失的东西全补回来。每次练习的时候，我都把需要补的东西补回来。老师们为了让我们更有兴趣学萨克斯，一直不是以老师的身份，而是以一种朋友的方式，带着我们学。为了完成比赛任务，我每一次拿起谱子都是那么认真，我也有了很大的提高，我也有了自信！"

小茜变了。以前不知道感恩的孩子，开始慢慢体会到老师的良苦用心。以前只知道逗能的孩子，开始懂得要想面子上光彩，需要在平时下功夫。

想转变小茜，光靠班主任的力量是不够的。小茜在手工制作方面很有天赋，也很喜欢美术老师高超。班主任就让高老师多和她沟通。除此以外，老师们还鼓励她当主持人，这样可以让她多花心思在学校的事情上。

小茜和父亲之间存在比较严重的信任危机。班主任就和她父亲多沟通，多反映孩子的进步，帮着解读小茜的一些小心思。

学生能发生转变是他们的幸运，同时也是我们工读教师的幸福。

五、如果有学生故意制造同学间的矛盾，怎么办？

在同学中挑拨离间，招惹是非，制造同学之间矛盾，在工读学校是常发生的事情。只要当事人仔细推敲一下，稍稍思考一下，就能发现其中的破绽。可惜，我们的学生常常是思想单纯，比较冲动，所以往往生出事端，激化矛盾。

老师在平时和学生接触的过程中，要注意观察他们的情况。一方面注意观察同学间的关系，看哪些同学在一起比较好，哪些同学喜欢说谎话，像墙头草一样摆来摆去。还要观察哪些同学在班里比较"厉害"，经常欺负人；哪些同学经常受到欺负。一般情况下，在同学间制造矛盾的学生，是那些比较"厉害"的和那些喜欢奉承，但又没有什么"地位"的学生。那些喜欢奉承但自己的身体不够强壮的学生，常常想欺负别人，可自己又没那个"本事"，为了达到自己的目的，他们就经常在同学间制造矛盾，自己从中得利。

在问题出现之后，老师和大部分同学，包括部分当事人都被蒙在鼓里，看到的只是事情的表面。这个时候，老师的作用就非常重要了。如果老师也被蒙蔽了，没有发掘出问题的根本，知道真相的学生就会认为老师没用，降低老师的威信。如果老师知道是怎么回事，却没有找到证据，学生也会认为老师无能，连这样的小事也搞不清楚。在解决学生问题时，老师一定要大胆假设，小心求证，认真听取当事人双方的辩解，老师和学生一起分析问题到底出在什么地方。一旦发现他们闹矛盾的原因是有人在里面挑拨离间，就要找到那个学生，让他当着老师和双方当事人的面，解释清楚他说的那些话、那些事，让被陷害的双方看清楚这个人，认识到自己行为中错误的地方。

解决这样的学生问题，重点在处理那个挑拨离间的同学。老师的目的是教育学生，帮助学生健康成长，所以在处理时，我们要充分尊重学生的人格；也不能就此号召其他学生对这个同学另眼相看。事情弄清楚之后，老师就要详细了解挑拨离间的目的是什么（是打击报复，想找些乐子，还是看别人不顺眼），和学生一起分析这样做的后果，分析这种行为的性质，帮助学生认清事实，告诉他改正的方法。

六、面对班里的"厉害角色",怎么办?

王飞老师当班主任时班里的"厉害角色"不少,他们的存在曾经让王老师非常头疼。这些人总是在班里扰乱课堂纪律、欺负同学。由于这些同学的存在,老师的很多想法和教育措施很难实施下去。对这样的学生,王老师认为可以从以下几个方面入手:

(一)和这样的学生多交流

可以谈谈他以前的生活,了解他们的"历史"。一般情况下,他们很乐意和老师在私下交流(大概是他们觉得受到了老师的尊重吧)。在交谈的过程中,老师可以适当地提一些问题,比如:你当时怎么想的?当时害怕吗?你不后悔吗?但是,最好不要评价那些往事。因为那些评价往往会成为批评,而这些批评不但于事无补,反而会引起学生的戒备,影响师生交流。通过这些交谈,可以了解这些学生的过去,掌握学生的性格特点,知道他在想些什么,也可以建立友谊、增进师生之间的感情。同时,要了解学生的家庭情况,像父母的文化程度,从事的职业,担任的职务,家长的教育方法等等。

(二)发现他们身上的闪光点,及时表扬

绝大多数人都喜欢被表扬,都希望能得到别人的赏识,特别是得到在自己心目中有一定地位的人的赏识。所以,在日常的学习生活中,对他们尽量少批评、多表扬。并且,在错误不太大的情况下,即使批评,也最好不指明是谁干了什么事;而表扬时,一定要明确指出是谁在什么时候做了什么事,及时利用他们的闪光点来教育本人,教育全班。

(三)发现他们的特长,及时地加以发挥利用

比如,有的同学喜欢占别人便宜,对其他同学发号施令,喜欢安排其他同学给自己做事,我们就可以安排他们做班里的纪律委员或体育委员,同时,经常对他们的工作加以引导。在他们工作遇到困难的时候,及时帮助他

们，指出他们工作中需要改进的地方，努力使他们取长补短，变"害"为利，使他们对老师提出的意见心服口服，心悦诚服地接受，从而逐步在工作中完善自己，改变自己。在他们管不住自己时，严格要求，耐心启发，告诉他们班级干部要以身作则，只有这样才能在同学中树立威信，使他们形成严格要求自己的意识和意志品质。

（四）反复抓，抓反复，持之以恒地对这些学生进行教育

随着时间的延长，这些被收编的"厉害角色"自然会再次暴露出他们原来的性格特点。这个时候，我们老师就要更加耐心，要明白出现这种情况是很正常的。其实，老师平时注意观察，就会发现这些同学的思想变化，能看到他们"旧病复发"的苗头。我们做得更多的是未雨绸缪，防患于未然。一旦有学生"旧病复发"，老师又没有及时地遏止住，那就要顺其自然，先晾他一段时间，再抓住恰当的时机教育他。

（五）方法灵活，因人施教

的确，我们的工作对象是活生生的人，他们有自己的思想，有自己的特点。我们不可能"一刀切"，用一种固定的模式来教育他们。老师更不能光凭自己的主观愿望，不顾学生的客观条件去塑造学生。在教育学生时，我们要注意分清思想问题和心理问题，用不同的方法对待不同的问题，使我们的工作能做到实处，劲儿使到位，话说到点儿，学生听起来才能顺耳、顺心、顺意，达到教育的目的。

七、课堂上有三分之一的学生不能注意听讲，怎么办？

在课堂教学中，我们往往会遇到这样的情况，你精心准备了一节课，可是三分之一的学生我行我素，这时候，你肯定会很恼火吧。针对学生的这些情况，我们的做法是，区别情况，加强引导。

有的时候，只凭老师口头规劝是没有效果的，学生反而有可能在有意无意地看你笑话，看你怎么办。这时，有的老师当然可以采取猛拍一下桌

子的办法，进行震慑；或者全班起立，冷静10秒钟，再让他们坐下。当然，这样的方法不是解决问题的根本办法，老用也就起不到作用了。最有效的办法是让老师的课堂教学尽可能丰富多彩、生动有趣，主动去吸引学生。

（一）进行激发学生兴趣的课堂教学

工读学校学生的学习心理特征表现为：（1）注意力持续时间短；（2）学习主要是从兴趣出发；（3）想象丰富，易于进入情境。因此，教师在确定教学主题时，就可以根据学生的心理特点，选择有趣而又包含寓意的题目，吸引学生的注意力。在教学过程中，可以安排一些吸引人的活动，如唱歌，一开场，先让学生唱起来，激发他们的学习兴趣；还可以通过讲故事、表演小品、小组讨论、游戏等多种符合学生心理特点的活动，使学生在主动愉快的氛围中进行课堂学习，以达到良好的教育效果。

（二）密切联系学生生活实际，加强引导

德育应当紧密联系学生的实际生活。教材固然重要，但现实生活却是最好的教材，其中有最新鲜的事例，有丰富多彩的德育内容。如果只拿着课本对学生讲爱国主义，不仅枯燥，而且比较空泛，而如果以社会生活中新近发生的事件为教学内容，对学生进行爱国主义教育，不仅具有较强的现实意义，而且学生带着在现实生活中充分体会到的由我们国家的强大而引发的自豪感，来参与主题讨论，其积极性是不言而喻的。因此，只有密切联系学生的生活实际，才能使教学内容为学生所熟悉，进而感到亲切，具有很强的说服力。相反，教学内容距离学生越远，其可信度越小。因此，要充分挖掘学生的生活，寻找让学生在课堂上动起来的内容，让学生动口、动手、动脑、动心，把课堂变成学生活动的课堂，将不听讲的三分之一的学生吸引到活动中来，自然就能对学生产生触动。由于课堂上评说的、讨论的就是学生的生活实际，因此会开阔学生的视野，提高他们的认识水平，也使他们更乐于参与课堂教学，与教师互动。

八、新接班班风不佳，怎么办？

任何一个班主任都希望自己所带的班级具有良好的班级风气，良好的班风是班级管理工作的基石。可是，要想引领这些正处在叛逆期的青少年，树立良好的班风不是一件容易的事情。有些班主任费尽心思，可是往往还是不能如愿。如果教师接的是个"二手"班，班级风气不佳更会让教师头疼万分。如何扭转新接班的班风，王宏祥老师是这样做的。

（一）确立突破点

2015年，根据学校工作需要，王老师中途接手了一个初三班。这个班集体的学生关系很紧张，谁也不接纳谁，虽然在一起两年了，但是完全没有同窗的那份情感，经常为一点点小事就能吵起来，随时都会有同学来到老师这里"告状"。另外，这个班的学生对于班集体的事情不上心，班级活动也不愿意参加。面对诸多不利于班级发展的因素，王老师将扭转班风的突破点确定为：改变同学间的紧张关系，增强班级归属感。

（二）建立小组合作制度

确定方向之后，就要有相应的措施。王老师在班会上提议建立班级小组合作制度，具体要求是：① 同学们自愿组合，每组的人数最少3人，最多4人；② 每组设立一名组长，各组给自己取个响亮的组名，并制定各组的组规和小组发展目标；③ 今后在各项评比中以组为单位进行评价，优秀的组给予奖励；④ 对班级有明显贡献的小组给予特殊加分。对于这个新制度，同学们新奇感十足，开始默默地寻找自己的小伙伴，几个小组很快就确定了。但是有一个同学找到王老师说："我自己一个组行吗？他们不要我。"王老师鼓励他勇敢地"推销"自己，争取找到适合自己的小组。经过协商，所有的同学都找到了自己的"组织"。接下来，王老师带着各组做了团队建设（确定组长、定组名、确定口号、制作小组海报等）。活动后，"狼牙特战旅""KING""SUNNY""永远第一"四个小组正式成立了。随后，每个组都制定了本组的组规。通过交流，发现各组的组规和目标都很"正能量"，谁也不希望别的组看自己组的笑话。

（三）开展小组评比

小组评比是小组合作制度落实的基础。课余时间，王老师与四位组长开座谈会，共同制定了评比内容，包括队列、内务、课堂、学习、卫生、好人好事等方面。王老师发现，这个过程中学生很有主动性，一些老师没想到的内容同学们都考虑到了。积极的班级风气开始形成了。

从此，每天晚班会的时间，王老师都拿出15分钟，带着大家做一天的评比记录：凡是评比项目出问题的扣1分，好人好事加1分，为班级做了贡献的加1分……评比项目一天一统计，同学们根据自己组的优势和劣势积极争取着加分项目。

一周很快就过去了，统计结果出来了。排名先后顺序是："狼牙特战旅""KING""SUNNY""永远第一"。根据订好的规则，对前三组分别给予不同的奖励，最后一组不予奖励。此后的几周，"狼牙特战旅"组连续获得了3次评比第一，在原有的基础上加倍进行了奖励。

问题来了！之后，"KING"组连续几周都是小组评比的最后一名，这让他们渐渐失去了斗志。于是，王老师和这个小组的同学进行了座谈分析，想利用小组的优势项目带领他们"突围"。经过座谈，王老师发现"KING"小组的同学身体素质比较好。所以，王老师引导这一组利用早操时间多做引体向上，来争取优势加分（一般同学要做10个，超过10个的可以有额外加分），这样既锻炼了身体，也为初三体育中考打好基础。同时，班级还开展了初三体育达标大比拼，为这个小组争取了更多的加分。效果很明显，"KING"组很快就实现了"突围"，组员非常开心。

（四）分组不分家，大家共成长

小组活动可以让同学在竞争中追求进步，也容易导致班级整体凝聚力出现问题。所以，王老师在小组分工的基础上还特别注重小组之间的合作。班级参加学校的联欢会就是增进小组间联合的好机会。联欢会组织节目只靠一个组是不好办的，只有各组联合起来才行。班里组织两个或三个小组合作出小品、三句半、合唱等节目，打破了小组间的界限。渐渐地，整体的班级凝聚力也在形成。

（五）班风扭转初见成效

经过半年的努力，这个班在小组合作制度的引领下，班级风气有了明显的好转，同学之间的关系更融洽、和谐了，同学之间建立了良好的沟通和交流。他们更懂得规范自己，考虑他人，正能量传递到班级的各个角落。同时，班级事务不再像以前那样无人问津，而是大家争相为班级贡献自己的力量。

总之，班级风气的树立和形成不是一朝一夕的事情。班主任不能急于求成、拔苗助长，要结合学生和班级的实际情况开展工作。班主任需要通过小组合作，调动每个学生的积极性，发挥每个学生的潜能，激发学生内心的上进心和归属感，让班级风气朝着良好的方向不断发展。

九、学生以发生过性行为为荣，怎么办？

目前，中学生发生性行为已不再是个例，这一问题已经成为教育界和家庭甚至整个社会都非常关心的事情。中学生发生性行为，其原因主要有以下几个：

1. 青春期的好奇心理；
2. 性伦理和知识的误区；
3. 对过早发生性关系的危害性不了解；
4. 家庭教育的失误或不力或家庭变故（如，父母离异、家庭拥挤造成性行为暴露等）。

更为奇怪的就是有个别学生竟以此为荣，在人前人后大加宣传，造成了非常不好的影响。面对这种情况，作为教师应该采取哪些措施加以教育呢？应该注意以下几点：

1. 积极进行性伦理教育，让学生理解性错乱的伦理后果；
2. 进行性心理教育，积极引导学生对性的理解和认识，提高正确对待性现象的自觉性、科学性和理智性；

3. 进行性卫生知识教育，让学生了解性错乱可能造成的生理上的影响和危害；

4. 积极与家长进行沟通，配合教育，形成监管的网络，坚持正面教育，积极疏导，努力促成学生的移情，将精力引导到积极的活动中去；

5. 想办法切断不良交往的渠道，促进学生断绝不健康的异性交往，倡导积极热情的集体友谊和同学情感；

6. 开展积极健康的活动，引导学生形成健康的生活方式；

7. 给学生以足够的尊重和关心，不能因此而流露轻视的态度，以防止学生破罐破摔，自暴自弃；

8. 对其他学生采取积极的预防措施，以防止受不良影响而盲目尝试；

9. 通过与学生进行深入交流，帮助学生树立正确的荣辱观。

总之，这是一件复杂的工作，一次两次的努力可能不会见效很快，需要教师给予高度的关注。而其中最为重要的应该是保持冷静的头脑及宽容的心态，并辅以真诚的关心和帮助，相信会有明显效果的。

十、如果学生与父母关系极度紧张，怎么办？

当青春期遇到更年期，亲子关系紧张时有发生，尤其是对于一些家庭教育不力或家庭关系本身不太和谐的学生而言，这种情况经常发生。

对于这种问题，有些是教师或学校通过努力能够给予解决的，有些是解决不了的。但出于对学生负责的考虑，教师还是应该及时发现此类问题，并尽可能地给予解决。

1. 关系紧张必然有紧张的原因，在解决此类问题前，了解学生的家庭背景或问题产生的原因是首要的工作。既要关注引起矛盾与冲突的直接原因，又要注意关注学生与家长矛盾的潜在的原因，并对矛盾的原因进行科学的分析，寻找学生与家长之间的感情与认识的契合点，从而确立弥合情感裂隙的策略与对策。

2. 分头对学生和家长进行一些思想工作，既要注意转变学生对家长的态度，又要注意转变家长对学生的看法。注意在学生与家长之间求同存异，激发他们之间的亲情，促进他们之间的感情的交流，以情引理，以理激情，形成心灵的沟通，感情的交流。

重要的还是强调相互的理解和关心。毕竟所有的人都希望生活在一个关系和谐的家庭中，而且学生与家长的矛盾更多都是由于相互间的理解不到位或交流方法的不当而造成的。所以在这个过程中，在与双方的交流中传授一些交流的方法和技巧，并找出双方分歧的根源是至关重要的。

特别要注意的是，教师在协调亲子关系时一定要清楚自己的角色和地位，不可过多地进行道德或是非的评价，这样极可能使问题变得复杂，不利于问题的解决。

3. 在集体中开展激发亲情的相关活动，促进集体的亲情意识，促进学生个体对亲情的回归和体验深化。如，可通过主题班会、谈心活动、集体生日会等活动，固化教育成果。

鼓励、引导孩子主动与父母交流，比如在父亲节的时候给父亲写一封信，在母亲节时亲手给妈妈制作一个小礼物等。引导家长对孩子多关心，常与之谈心，树立孩子的自信心，对孩子要避免批评、埋怨，多讲孩子的进步，提醒父母注意孩子的优点。保持家校联系，通过微信、电话、家校联系信等方式，及时把孩子在学校的进步反馈给家长，让家长感受到孩子真实的进步，从而树立家庭教育的信心。

4. 可以在条件允许的情况下，在学生与家长之间签订"君子协议"，规范双方的责任与义务，订立双方不伤害对方的若干注意事项和约定，商定遇到矛盾时解决问题的途径与方法，从而形成一种和谐、民主的家庭氛围和机制。

案例分析：小天归来

黄普坤老师班里的小天，来自海淀区的一所普通中学，转入我校之前已经有一段时间没上学了。小天厌学情绪比较严重，没有明确的目标，与家长关系紧张，家长管控力度不足，他在家经常白天睡觉，晚上玩手机，或夜晚外出找伙伴玩，早晨才回家。

小天的父亲是某事业单位的部门主任，母亲是幼儿园老师。家住回迁房，与姥姥同住一个小区，从小与姥姥的关系比较亲密。

小天与父亲的关系比较紧张，父亲的沟通方式比较暴力，而且比较强势。小天喜欢足球，但家人觉得踢球没有"出息"，所以就要求他放弃爱好，好好读书。小天有一个表哥，学习成绩很好，是通州区第二名，家里人经常拿他和表哥比，每次听到他表哥的事，他都很烦，不愿意在家待。

小天家住二楼，暑假期间他一直是白天睡觉玩手机，半夜跳窗户出去与几个小伙伴在小区里的楼顶抽烟、喝酒。暑假黄老师和搭班的张老师到小天家家访，他在自己屋里睡觉，无论父母、老师先后怎么敲门，他都不出来。老师好不容易争取了十分钟的谈话时间，小天表示他已经拿定主意不上学了，想开网店赚钱。老师问他为什么，小天说就是不想上学了。最后道别时小天和老师说："只要不聊上学的事，以后欢迎以朋友的身份来家里玩。"

开学第一天是个周六，小天没有来学校报到，电话联系家长，说他在家睡觉没叫起来。之后与他取得联系，并与家长进行了沟通，说是周一来上学。周一早晨，小天母亲把小天送到学校，从穿衣打扮上能够看出孩子虽然人来到了学校，但心完全没有在学校。头发染成黄色，穿着一件粉色上衣，上衣前面印着"叫爸爸"三个字。神情始终都是不屑一顾的样子，看着还是比较烦躁，不能安静下来。两位班主任分别跟孩子进行谈话，帮助他调整心态、逐渐适应学校生活。了解到他原来特别喜欢踢足球，老师告诉他争取让他进入校足球队，也以此作为吸引他上学的一个兴趣点。

小天入学三天后，经过持续的思想工作，并在日常的学习生活中给予他更多的关注和关爱，态度有所转变，能够逐渐接受老师的建议和要求。小天表示愿意让张老师带他将头发染回来，并同意下周换衣服，从仪表上更符合学生身份。

转眼到了周五，校领导、其他老师、家长都担心小天下周一不能按时返校，黄老师和张老师两位班主任还是愿意相信孩子有诚信，说到就能做到。当着家长的面，两位班主任与孩子达成共识，让他按时回家过周末，下周一按时返校，不做任何处理。

小天家离学校特别远，开车都需要将近两个小时。父亲周一将他送到学校后还要及时赶到单位上班，早晨四点多，小天就起床了，六点半左右就赶到了学校，实现了他自己的承诺。老师及时对他信守承诺提出表扬，并对他一周多来能很快适应学校生活给予肯定。考虑到他的适应问题，对他的课堂规范做了适当的宽松处理，特别是在还没有调整好周末黑白颠倒的作息的情况下，前两天给他一些调整的时间，让他能在学校待得住。

这样持续了四周，到第五周小天出现了反复，周一早晨有了不想来学校的念头。老师利用电话和微信跟孩子和家长进行沟通，在没有什么效果的情况下，老师直接开车将他从家里接回了学校。

第八周，小天作为校足球队的主力队员去太原参加全国工读学校的足球联赛。经过鏖战，我校足球队荣获冠军。这个荣誉的获得对小天有很大的鼓舞，他在班里的表现也有了很大的进步。

一直到第十周，每周周一小天都是六点半左右第一个到学校，进班后趴在桌子上继续睡觉。特别是第十周周一来校时他的脖子后面长了一个包，而且已经有些化脓了，他还坚持来上学，班主任在周五的家长联系信上对他提出了表扬。

在老师的教育引导下，后来，小天在班里的表现有了很大的进步，每周一都能按时返校。小天周末在家的情况也有所改善，作息时间上也规律了不少，特别是与家长的关系缓和了很多。

十一、学生上课注意力不集中，怎么办？

（一）寻找学生上课注意力不集中的原因

一般来讲，有两种情况：一种是因为有某件事情发生（或者是令其高兴、兴奋的事情，或者是令其愤怒、悲伤的事情），使学生心情浮躁、异常兴奋或是压力过大，进而出现上课注意力不集中的现象。如，有一位同学，因父亲周末给他买了一双新皮鞋，所以兴奋过度，上课时就不注意听讲，不断地与其他同学说话。另一种情况是因为学生学习基础太差，听不懂老师讲课，或因某个特殊原因而对这门课或老师产生抵触情绪，而被动或故意不认真听讲。还有一种特殊情况老师们应该特别注意，那就是如果不认真听讲的学生成了大多数，那么，老师就应该反思自己的教学方法和教学手段了。

（二）对症下药，根据学生水平，改变授课内容，采取相应的措施

我们要对自己的教育对象有个明确的认识，根据学生情况因材施教。根据学生个体的实际情况，制定合适的学习目标和努力方向。说实话，我们的一些学生，虽然上了初中，但实际的知识水平非常低，甚至不如小学四年级的学生。还有一些学生，虽然基础较好，但是初一的知识基本上没有学过，什么都不知道。像这样的学生，就不能按照正常的标准来要求他们。如果硬要他们摆出一副认真的样子，去听那些超出他们能力所及的东西，对他们也是一种折磨和摧残。像这样的学生，我们就要适当地降低要求，比如，当某个学生一点都听不懂时，就可以只背概念、定义，或者上课时直接写一些力所能及的作业等等。

工读学校老师不要和普通中学看齐，一味追求进度，给学生讲大篇的文章，否则学生可能如读天书；我们应该从学生实际出发，教学生一些实实在在的基础知识和学习的方法。

如果因为某个突发事件的产生，导致学生上课注意力不集中，老师应当在课后找这位同学谈话，帮其解开心结，从而使其重新将心思放在学习上。

如果学生因学习基础过差而无法认真听讲的，老师可多进行个别辅导，逐步提高其学习基础；因特殊原因对这门课或老师产生抵触情绪的，老师则应该先找其谈话，寻找根本原因，进而帮其分析情况，转变思想，端正态度。

（三）教学形式多样化，提高授课水平

除了根据学生自身水平教授学生能接受的知识外，教学方法也应该是能科学有效地吸引学生，提高学生学习的积极性，这就要求我们老师提高自己的授课水平。

1. 建立和谐、融洽的师生关系

我校的学生，由于纪律不好、成绩差，在原校往往被老师、同学瞧不

起，到了一个新学校后，他们希望树立一个全新的自我。因此，我们教师要深入学生，和学生打成一片，了解学生的兴趣、爱好、喜怒哀乐情绪的变化，时时处处关心学生，爱护学生，尊重学生，有的放矢地帮助学生。要让教师在学生的眼中不仅是一位可敬的师长，更是他们可亲可近的亲密朋友。

当然，这并非说他们的缺点不可批评，可以听之任之，而是批评和表扬是出于同一个目的——爱护他们，因而批评的方式比批评本身更重要。要让他们不伤自尊心，人格不受侮辱，从内心让他们感到教师的批评是诚挚的爱，由衷的爱护和帮助。这样，也只有这样，师生才能关系和谐，感情融洽，学生才能兴趣盎然地进行学习。

2. 创造一个轻松愉快的学习环境

课堂环境如何，对于激发学生的学习兴趣影响极大，教师的责任在于为学生创造轻松、愉快的学习环境。

为了做到这一点，教师要以满腔的热情，全身心地投入课堂教学，仪表要得体，精神要饱满，表情要轻松愉快，目光要亲切，态度要和蔼，举止要大方、文雅，语言要简洁、纯正、地道、流利、有节奏感，书法要规范、漂亮，板书设计要合理醒目等。

为了有效地利用课堂四十分钟，我们必须让课程安排得紧凑合理有吸引力。

新课要讲究艺术。根据教学内容教师可设置一个悬念吸引学生；也可提出一个发人深思的问题，抓住学生；也可从直观教具和演示开始。

教学中，要善于用教室的人和物、多媒体、直观教具（如图片、挂图、简笔画）来设置情景。语言总是和情景连在一起的，没有没情景的语言，有了情景学生才能印象深刻，声形意有机结合，学得才有趣，掌握才准确。

教师讲解切忌繁、杂、重（繁琐、杂乱、重复）。要精讲，长则生厌。要变讲为提问和练习，学生在大量的时间中是参与者而不是旁观者，学中用，用中学。只有这样，学生才感兴趣。要注意在实践中满足学生的"成功欲"，不同水平、不同层次的问题和语言材料，要由不同水平、不同层次的学生实践。这样，每个学生都可品尝成功的喜悦和成就感，从而兴趣大增，热情倍增。一旦学生出了差错，不要埋怨训斥、责怪，要注意纠正错误的技巧，保护学生的积极性不受挫折。

下课前，可根据不同的情况给学生设置一个新的"悬念"，留一个耐人寻味的问题，让学生小结一下课堂主要内容，唱一首歌曲等。

总之，一堂课，始终要让学生学得轻松愉快、兴趣盎然。

3. 教学方法要灵活多样，充满情趣

单一的教学方法是乏味的。即使是一个好的方法，经常用也就失去了它的魅力。为了激发学生的兴趣，保持学生的兴趣，巩固学生的兴趣，教师要认真钻研教材，根据教学内容的不同，如初学、巩固和复习，用不同的教学方法，提高学生的学习积极性。

（四）如何帮自控力差、反复性强的学生纠正上课注意力不集中的问题

在我们的学生中，有相当一部分同学自控力差，问题反复出现，这种状况并不是一次两次的谈话就能解决。对此，老师可以尝试用一些科学方法，如"心理暗示法"来纠正，再采取其他如表扬、督促等举措来巩固教育转化成果。

针对学生自控力差的问题，可以采用"心理暗示法"来帮他们纠正。一方面，师生约好，如果学生上课时没注意听讲，老师就点学生的名，学生就应该知道是老师在提醒他；另一方面，老师告诉学生，写一个"集中精力、不要说话"的纸条放在铅笔盒里，上课时，把铅笔盒打开。当感觉到自己的精力开始有点分散时，就看一眼纸条，提醒一下自己。采用这种办法后，学生上课说话的现象明显减少，效果比较显著。此外，针对学生容易出现反复的弱点，老师与学生约定，只要他能做到一节课中不说话，就给他加一分，如果在此基础上，还能积极回答问题，就再加一分，如此能坚持一周，就把他评为学习进步显著学生。

（五）不断提高教师的教学水平

我们老师要想方设法地提高教学能力，想办法把课堂组织得丰富多彩，能吸引大多数的学生，使学生在玩中学，学中玩。同时，要抓住学生的兴奋点，充分利用他们感兴趣的话题或者方式来教学。

十二、课堂上学生总是接老师的话茬，怎么办？

学生在课堂上总是接老师的话茬儿，一般有以下几种情况：

一种是确实是在听课，只是自律意识较差，不自觉地接话。

面对这种情况，教师需要做的就是及时提醒学生，如何听课，如何提问，如何做出正确的回应。这其实说明学生还没有形成良好的学习习惯，所以教师可以针对具体情况给以积极的引导。经过一段时间的培养，情况便会好转。

第二种是所接的话与当前学习无关，接话只是为了引起教师的重视或关注。

应该说大多数的学生都会存在这种心理，只是个别的学生会表现得更严重一些。面对这种情况，教师应该保持比较冷静的心态，以一种比较宽容的态度，指出其错误，并强调其行为已经影响了老师的工作和其他同学的学习。这样，学生会体会到教师对其错误的体谅和对其尊严的维护，也会自觉意识到自己的错误，经过一段时间的培养，情况也会有所改善。

如果要彻底地改变这种情况，最重要的还是平时注意培养学生的自信心，尽可能地关心学生，让学生体会到一种关爱，感受到自己不是被人冷落的人。这样对于学生健康人格的形成会产生非常积极的影响，而一些外在的不良表现也就会自动消失。

第三种是为了哗众取宠。这种情况经常发生在两部分学生中。一种在群体中处于弱势地位的人，他们为了显示自己与众不同，经常会在老师授课过程中通过接话或其他行为引起其他学生的哄笑，从而满足其虚荣心，也以此获得在群体中的地位。另一种则是平时在群体中处于强势地位的一些学生，会通过这种方式显示其与众不同。

解决这部分学生的问题，最根本的是良好班级风气的树立和形成。在具体处理过程中，可根据情况分别给予处理。对于其中比较轻微的，可给予提醒或警告。对于其中影响比较严重的，最有效的方式便是通过机智的方式，对其中比较典型的问题，运用归谬法，得出一个荒唐的结论，使其不再希望通过这种不正常的方式获得利益；随后辅以一些有趣的故事或说教，吸引大部分学生的注意力，从而挫败其想法。当然，在运用这个方法的过程中一定要把握适度的法则，并且注意不能对学生进行人身攻击或谩骂，以免激化矛盾。

第四种是因为种种原因与教师之间存在某种误会，导致学生以这种方式表达不满或故意捣乱。

遇到这种情况，教师一定要冷静。因为此时的学生已对教师带有一定的成见，如果教师不能保持冷静，一定会激化矛盾，产生不好收拾的后果。

教师可以先反思是否是由于自己的某些行为不当，导致学生产生误会或其他偏激想法。如果可以确认，则可决定是否有必要先承认自己的失误，并承诺课后给学生进一步的解释。目的是先缓和局面，随后再单独地解决问题。这是一种比较理智的解决问题的方法。因为这些问题往往不是课堂上形成的，所以不能在课堂上花费大量的时间来解决，会影响教学的进度，并影响其他学生的学习。

当然，最重要的方法还是教师要不断地提高自己的教学艺术水平，如果能在课堂上形成良好的学习氛围，以精彩的讲解吸引学生，则相应的其他问题就会少了。

十三、如果学生经常撒谎，怎么办？

有的学生为了满足自己的一些随心所欲的不健康愿望，又怕被老师或家长发现后受到批评教育或管教等，便用文过饰非、编造谎话等办法来对付老师或家长。对于学生的这种不良的心理和行为，如果不进行教育或使用一定方法管理，发展下去是非常危险的，会形成恶劣的道德品质。针对学生的说谎问题，我们学校的老师在工作中摸索出以下方法和体会。

（一）原因剖析

1.家庭教育的失败。比如，小L的家庭虽然健全，但父母一直处在离婚大战中，父亲长期不回家，偶尔回家一次，不是随心所欲地打骂就是用金钱刺激小L。母亲的教育没有原则性，高兴的时候能发给小L一支烟，不高兴的时候也是非打即骂，父母的教育一直处在混乱的状态之中。小L生活在这种家庭氛围中，他在摸不清父母何时高兴何时不高兴的情况下，逐渐学会了用撒谎搪塞一切。

2. 学校教育的不得法。当学校的老师发现小L有说谎的毛病时，根本就不给孩子申辩的机会，即一棍子打死，使他的心理更加封闭，索性破罐子破摔："反正说谎与不说谎都是一个结果，我还不如就隐瞒下去，能坚持多久就多久。"

（二）解决策略

1. 进行正面教育，使学生充分认识到说谎的危害性。使其懂得诚实才是做人的一种好的道德品质，做人要讲实话，一个人要想干出一番事业，首先应具备诚实的品德，爱说谎、搞欺骗的人，早晚会被人识破，最终会身败名裂，连朋友都会失去。

2. 加强与学生的沟通，多贴近学生，老师在学生面前要有求实的态度，在学生心目中树立可信度。对讲谎话的学生不能"一棍子打死"。

3. 思想教育的同时，要配之以科学的方法和手段，如建立与家长的密切联系制度，每周填写联系信，反馈学生情况，让学生钻不了空子，减少撒谎的可能性。

4. 经常与家长电话、微信联系，定期开展家访，帮助家长矫正家庭教育方式。

十四、学生说脏话，怎么办？

（一）现象分析

学生说脏话，首先，是家庭与社会环境的影响。有的学生家长文化素质较低，教育孩子的时候，非打即骂，导致孩子也不会正经说话，张嘴就是脏话，不带脏字就不会说话。有的学生成长的环境不好，受到社会上的一些低俗文化和庸俗文化的影响，导致语言不文明、脏话连篇。还有的是交友不慎，与一些社会上低层次或低素质的群体交往过密，导致人格扭曲、思想迂腐、情趣低俗，在讲话中出现污言秽语。其次，就是有的同学思想不正确，认为说话不带点脏字不够气势，说话带脏字有老大的气派。还有的是把说脏话变为欺负人的手段，或是与别人发生矛盾后，恶语相加。

(二) 解决办法

1. 教师要以身作则。要注重自己的言行，给学生以良好的榜样，让学生觉得老师反对说脏话，那么在平常就会注意。"其身正，不令而行；其身不正，虽令不从。"不仅如此，教师还要从多方面要求自己，注重仪表，语言文明。如果不小心说了脏话，要及时向学生道歉。

2. 要严格要求。发现学生讲脏话时要及时制止，及时批评，及时纠正。对一些屡教不改的，要想一些方法，如设立监督员等。

3. 对重点学生重点辅导。针对脾性顽皮的学生，要重点辅导，他们往往是班上其他同学的风向标。

十五、如果有学生在课堂上小动作不断，怎么办？

来我校的学生很大一部分是在学习及行为上有一定的困难，其中有一部分学生的表现是在课堂上小动作不断。小动作不断的情况也各不相同：有一部分学生在课堂上觉得课堂学习的内容没有意思，或是听不懂，出于无聊，就会在课堂上不断地说话或是做小动作以打发无聊的时间；还有一部分学生，很难控制自己的行为，这类学生在课堂上说话、做小动作往往是自己也知道不对，下课时向老师保证下次不再做，可是以后仍然无法克制自己。

前一种学生在我校所占的比例较大，对于他们，老师应尽可能地给予关注，针对其具体的学习情况相应地降低难度，让学生有能够学的内容，并且不断地给予鼓励，提高学生的自信心。这样的学生惰性较强，所以我们老师必须要常常对其提醒或不断提出要求。为此老师一定要让学生了解、明白老师对他的要求是为了他好，只有相互间达成一致的目标，才能使学生在老师对他提出要求时不至于因提的要求过多而产生反感心理。在教学上，要注意研究学生，提高学习兴趣，体现新课改的理念，充分调动学生学习的积极性，加大课堂上学生活动的范围，使学生将消极的活动转化为积极的活动，将无意义的活动转化为有意义的活动。教学要在吸引学生的注意力上下功夫，还要注意全面掌握学生的学习程度与学习进度，使学生能够听得懂，学得会，用得上。

对于后一种学生，我们老师应给予理解。这类学生也没有达到多动症的程度，但是他们很难控制自己的行为，手里不能闲着，否则很难受。对于这样的学生我们可以适度地允许其手里摆弄小东西，但要让他的注意力到老师讲的内容上来。这样的学生还可以让他多一些动手的机会，往往这样的孩子在运动感觉上有很大的优势。对这类学生还要注意加强心理指导与心理辅导，将他们的运动优势转化为思维优势和学习优势。

当然，我们在解决这些问题时还要注意的是，应不断提高我们教师自身教学的艺术性，调动学生学习的兴趣，如果他们真的对老师所讲的内容很感兴趣，他们的小动作自然就会减少了。

十六、如果学生在同学面前"蛮横"，在老师面前非常"乖"，怎么办？

在同学眼中，有的班委在处理班级事务时感情色彩太重，态度不一，而且明显表现出在他们面前非常"蛮横"，而在老师面前却很"乖"。这种学生是怎么回事呢？如果老师注意观察与分析一下，可以知道大致有以下的原因：

1. 这些学生从心底把自己的位置摆在老师和同学之间，没有融合到同学中去，而是凌驾于同学之上（其他同学也能感觉到这一点），似乎自己比一般学生要高明，这其实是一种骄傲的情绪。

2. 在成长的过程中，这些学生受到一些庸俗社会风气的影响，多少受到"势利"、看重权力、"官"本位思想的影响，将庸俗社会学中的看人下菜碟、观察别人的脸色、见什么人说什么话带到了学校，这是社会不良风气对学生的消极影响。这种观念根深蒂固，克服这种习气，既要坚持正面教育，又要注重班级风气建设。

帮助这种学生需要有一个艰苦的过程。具体处理方法可以有：

首先，要坚持正面教育，教育学生按照彼此尊重、相互包容、人格平等的人与人的关系原则来处理人们之间的关系。帮助学生形成自主、自立、开朗、坦诚、积极、向上的人格意识，促进学生主动多和大家交往，形成集体荣誉感和团队意识。建立师生间的信任关系，在相互信任的基础上交流情感。

其次，要加强班级风气建设，形成新型的人与人的关系，新型的师生关系；形成新的人事交往规范；形成团结、平等、互助、相互关心的班级风气。可以通过班会、春游、元旦晚会、专题活动等形式来凝聚人心，规范关系，鼓励正气，克服不良的社会习气的影响。

再次，抓好平时的舆论导向，抓好养成教育，在小事上注意培养学生诚实守信、表里如一的品行。

最后，在创造条件、树立自信的同时，必要的纪律约束也不可少。事件发生时，用兴趣转移的方法，创设能改正他火暴脾气的条件。帮他树立信心，只要他自己愿意改正，相信他一定会有好的结果。

十七、发现学生上课"捣乱"，怎么办？

有的学生上课时不停地说话，做小动作，甚至和其他同学打闹。对老师的提醒不是强词夺理，就是不理不睬，他们只是我行我素地做着自己想要做的事情。

针对这种情况，发火斥责是没有用的，有时还可能使矛盾激化。或使学生产生逆反心理，让他们由无意识的不遵守课堂纪律发展到以后课堂上的故意捣乱。

因此，我们首先应分析这种上课捣乱的原因是什么。一般而言，学生在课堂上捣乱可能有以下原因：

1.本身有一些生理上的病症，如多动；

2.老师讲的课没有吸引力；

3. 与现在的老师或以前教这个学科的老师发生过不愉快的事情，使他从心理上厌恶与这个学科有关的一切人和事情；

4. 学生厌学，对学习缺乏兴趣；

5. 学生当天遇到特有趣的或重要的事情，所以上课时就一门心思想和其他同学讨论或解决该事；

6. 学生与别人发生矛盾，当天心绪不佳，没有心思投入到学习中去；

7. 新到一个陌生的环境，为了表现自己的"特长"或是为了排遣心中的恐惧感。

以上所列情况，每一种都有可能使学生上课"捣乱"，所以我们对上课捣乱的学生不能一概而论，不能认为学生上课捣乱就是和老师作对。针对不同的学生，要分析同一表象下不同的原因，然后对症下药。

对于有多动倾向的学生，我们要给予更多的关心和宽容，并建议家长带孩子去看相关的医生。

同时老师也要从自身找原因，要在备课上多下功夫，充分利用现代化网络和多媒体手段，精心设计课堂教学，大力调动学生的积极性，发挥学生在课堂教学中的主体作用，使自己的课上得有趣，吸引学生。如学生由于与老师间有不愉快而不愿意学习该门课程，老师一定要敢于从内心做自我反思，如果自身确有错误，要勇于向学生道歉。即使老师在处理问题中没有错，也应针对学生存在的问题给学生做思想工作，减少学生的逆反心理。对厌学学生要有一个长期做工作的心理准备，要让学生体验学习成功的快乐，增加其自信心和自尊感，加强其学习上的内驱力，同时老师要让自己的课堂更精彩。对后面两种情况，主要是增强学生的纪律性，告诉学生这样做的危害，同时想办法解决学生的问题。

课堂上的捣乱现象基本分成两种类型——攻击型和挑战型。

首先，这两种捣乱现象易发生在学生与老师的初次交往中，尤其是那些新学生。对于刚刚入校的学生，从原校来到了一个陌生的环境，面对陌生的校园和陌生的老师，在与之交往的过程中，他们的心情是复杂的，既是好奇又充满了敌意（这种敌意实际上也是对自身的一种保护）。这种敌意往往来自他对某些事物的不认可，其中就包括我们的老师。面对新老师，有些学生的心里在默默地与他们的原校老师做着对比,对于那些他们不喜欢的老师就会表现出来。在某些学生身上,这种表现的形式就可能是课上充满攻击性的有意识的捣乱。此时他们的目的就是要战胜老师,使自己在班上树立起"威信"来。对这种学生处理起来还是有一定难度的,需要我们老师用高度的责任感和耐心去转化、感化和教育他们,千万不要任其发展,否则对班集体和教师自身的工作都会带来很大的阻力和困难。而另外一些学生,就会表现为挑战型的捣乱,他们总想着课上给老师出难题,故意刁难老师,当然,他们的动机还是比较友善和幼稚的,只不过想引起老师的注意。对于这种情况,只需要我们的老师少安毋躁,多和学生接触,与学生建立一种互相信赖如同朋友般的感情,很快老师就会发现,这种挑战型的捣乱已被转化为和谐的师生之情。

其次,这两种捣乱现象还存在其偶然性。有些时候只不过是学生没有控制好自己的情绪,无意识地在老师面前捣乱。此时老师要控制好自己的情绪,不要急于下结论,先要进行深入的调查研究,不要一味地责怪和批评学生,以免冤枉了学生,把事情弄得更糟。因为此时当事的学生心情是相当复杂和脆弱的,他最需要的是老师的理解和同情,此时的他会意识到事情的严重性,如老师给予他的是理解和宽容,则老师所教育的则不仅仅是他一个人,或许就是整个班的学生,而老师所得到的是包括他在内的所有学生的认可和尊重。与此同时,最重要的是老师要帮助学生找出处理他困境的最好方法,这样老师也会帮助其他老师或班主任顺藤摸瓜,掌握一些关于这个学生的资料和线索以利于进一步开展工作。

就这两种形式的捣乱,前一种也就是有意识的攻击性的捣乱,在处理上有一定的难度。因为我们的老师尤其是刚刚接触这些学生的老师,与学生接触时的好胜心较强,总想在很短的时间内征服转化学生,其实这是不可能的。我们某些学生身上的"毛病",形成原因是很复杂的,而且时间也比较长,只靠一朝一夕的努力是很难转化他们的,因此就需要我们的老师狠下功夫去工作和研究,要用一颗爱心去感化他们,包容他们,教育他们。对于这种爱,又有哪一个学生不愿意接受呢?

总之,对学生上课"捣乱"的问题,我们要本着以人为本、以学生为主体、服务于学生的心态去分析问题，解决问题；千万不能抱着"压服"的想法去对待"捣乱"的学生，人性化的教育和管理是现代教育的趋势，也是成功教育当代学生的最佳办法。

十八、如果有一个学生在课堂上"故意捣乱"，怎么办？

前面已经谈到了学生在课堂上的捣乱问题，这一节我们还想从表扬的角度提供"故意捣乱"的解决方案。试想，既然学生是故意捣乱，那他就是要和你打一场有备之战，怎么办？"战"则激化矛盾，"退"则丧失尊严，都不可取。既要化硝烟于无形，又要稳稳当当地站稳讲台。俗话说，"赞扬如阳光，批评如利剑"，既是利剑，就能伤人，所以唯有表扬才是上策。通过肯定好的行为，让不好的行为没有市场，进而销声匿迹。

1. 表扬应针对事，而不应针对人。表扬的目的是让学生明白哪些行为是好的，以增强学生的好行为，所以表扬最重要的原则就是：要针对学生对某一件事付出的努力，取得的效果，而不要针对学生的性格和本人。如学生如果某科作业做得好，我们赞扬的话就应该是"你今天某科作业做得很好！"具体而明确，学生听后知道自己什么地方受到了肯定。如果笼统地说"今天表现真不错"，学生不确定自己什么地方表现好受到表扬。如果再夸大内容，学生很容易形成自满情绪。

2. 表扬要及时。及时的表扬犹如生病及时服药一样，对处在青春期急需向他人证明自己的青少年会产生很大的作用，一旦发现学生有好的行为，就应及时表扬，这样会达到良好的教育效果。如在校运动会中，一个孩子800米跑得非常辛苦，但她坚持下来了，而班主任由于当天比较忙，忘记表扬她了，她非常有意见，很消沉，还说以后再也不想参加运动会了。班主任老师得知后，马上对工作进行调整，并专门为运动会开了一个表彰会，孩子们的积极性得到了肯定。

3. 表扬学生的点滴进步。在生活中，肯定学生的点滴进步是巩固学生的好行为、培养良好习惯的重要手段。如对于一个一向不听讲不学习的学生来说，一旦他哪一天听进去了，学进去了，哪怕只有那么5分钟，也一定要及时表扬,如"你能学习,也会学习,坚持下去你会更棒",这样学生就会逐渐巩固自己的好行为,形成好习惯。

4. 要尽量避免过多地当众表扬学生。许多老师都喜欢当众表扬学生,对学生的某些特长,甚至让学生当众"表演",认为这样做可以增强学生的自信心和影响力,其实这样夸奖很容易造成学生爱虚荣、骄傲自满的倾向。凡事都有度,一旦超越了这个度,一些被当众夸惯了的学生,有一点好的表现没被注意到,就会感到委屈,甚至有的学生为了得到夸奖而弄虚作假,这样对学生的成长非常不利。我们可以和学生建立一种联系方式,把我们的表扬贯穿在学生日记中,通过写评语、观后感等方式实现。

5. 表扬也应注意要有新意。表扬的方式长期重复也会失去效用,所以要创新。如可以和学生一起制定一些学生喜闻乐见的奖励办法,像带学生外出爬山、野炊,奖励学习用品等办法,待学生达到一定的目标后,我们就换一种方式来奖励,经常更换奖励方式,使学生常有新鲜感。

十九、怎样培养班干部?

班干部是老师的助手,是班级稳定和发展的保障。

班干部选好了,工作起来得心应手;选不好,工作就不会有大的成效,甚至还会起反作用。在班干部的选择上不要完全由学生选举,毕竟中学生尤其是工读学校学生的思想还不太成熟,在选举中带有很大的盲目性,还可能受他人的拉拢或是受其他因素的影响。班主任可以初选一部分班委(重在有责任心),让他们先工作一段时间,这期间,班主任要不断观察、比较(至少要一个月时间),然后再结合民主选举确定班委。

要培养出好的、有责任心的班干部,我们不妨从以下方面入手。

(一)激发热情,树立威信

第一,让他们明白当班干部是一次难得的锻炼自己的好机会。如:许多人在学生时代当干部,得到了锻炼,走上社会后,工作能力、社会交际能力都比较强。第二,明白当班干部是培养自己的胆识和组织才能的机会。第三，明白当班干部是表现自己才能的好机会。第四，在工作中要大胆地任用班干部，培养他们的责任心和树立他们在学生中的威信，为他们的工作做好后盾。

（二）定出目标，教之方法

班干部的工作离不开同学们的帮助和教师的悉心指导，班主任对他们的要求不能操之过急，应有一个循序渐进的过程。对他们的培养应按照以下步骤：愿意管事——敢于管事——善于管事——尽量使小事不用老师管。

对班干部的要求，第一看他乐不乐意为同学们服务。这是一个思想问题，是当好班干部的前提，必须先解决。第二是要求他们在乐意的基础上敢管事，先不要求管得很好，只要求敢管，这是一个胆量问题，也是当好班干部必不可少的条件。训练胆量的途径很多，如：通过上台发言、演讲比赛等。同时，老师为班干部工作中不易解决的困难伸出援助之手，并正确对待他们工作中的失误。第三是善于管事，这也是当好班干部的关键。同样一件事，处理方法不一样，可能出现不同的结果。我们要从如下几方面启发他们：

1. 从全局考虑问题的方法。班干部主要是为全班服务的，考虑问题应从全局着眼，看是否能够推动班级工作的开展。

2. 管理学生时，要大胆管理，同时要注意管理方法。

3. 在工作中要不断总结，反思得失。客观地对待自己工作中出现的问题，勇于承认自己工作中的问题。只有这样，才能不断地提高自己的工作能力。

把班级工作作为提高班干部工作能力的舞台，做好四个结合：① 使用和提高相结合。学生干部是一种见习干部，需要在使用中提高，而提高是为了更好地使用。提高主要从引导学习和总结入手。② 具体指导与放手工作相结合。"放手"与"指导"交叉贯穿于培养的全过程，让他们在各类德育实践活动中积累经验，增长才干。③ 群众监督与自我要求相结合。群众监督就是接受同学的批评，自我要求就是自我批评。充分而又认真地开展批评与自我批评，能使学生干部置身于群众监督之下，既培养了干部的群众观点、民主作风，又发挥了学生群体的主人翁精神。④因人制宜与统一要求相结合。因人制宜就是根据学生干部各自的特点，采用恰当的方法，发挥他们的长处，有针对性地进行教育培养。统一要求是指学生干部都应具备一定的基本条件，是每一个学生干部都应达到的起码标准，把两者结合，就能克服在培养干部上产生的随意性和低效性。

（三）注意处理好"三气"

放下"娇气"。现在的学生，多是独生子女，在家里养成了较重的"娇气"，有不少学生连自己的生活料理都很困难，更不要说替别人做事或管理班集体的事了。

避免"小气"。做学生干部，在与同学和老师的工作接触中，难免有不被理解甚至是误会的时候，这就要求学生干部要有谦虚豁达的胸怀，如果受不得一点委屈，那也是做不好干部工作的。

杜绝"霸气"。如果干部自己也以为自己是一个"掌权"的、了不起的人物，对班主任以外的老师自以为是，对同学态度傲慢甚至霸道，这样会逐渐使自己陷入孤立的境地，工作难以开展，在班上很难树立起真正的威信，同学们对他的成绩也是口服心不服，很难使自己得到更大的提高，也不可能利于班上的发展。

（四）考评和奖励

要把班干部的工作放在学生和所有任课老师的监督下，定期让学生和任课老师对班干部的工作给予相应的评价，对表现好的给予表扬和奖励，不足的地方和班干部一起分析原因，并制订出改正方案。这样对提高班干部的工作能力和保持其较高的工作热情和责任心非常重要。同时在平时处理学生的问题中也要注重培养班干部的责任心，如班上出现了违纪情况，班主任一定要查当时哪些班干部在旁边，并做了些什么。对袖手旁观的甚至参与其中的一定要批评教育，对其中主动干预的要进行大力表扬。

案例分析："问题"班长的转变

王宏祥老师班里的小金第一天来学校报到时穿着阳光，人也白净，对老师很有礼貌，看上去是个不错的中学生，但招生老师说这个孩子要重点关注，原校老师说这个孩子很难教育。

小金进班后第一周的表现特别好，交谈中王老师发现他思想成熟，对自己的发展有着明晰的规划：学好文化课，以后上职高学好技术，未来找一份工作，自食其力。小金还积极参加社团活动，不仅报名了校足球队，还报名了校乐队。班里组建班干部队伍时小金又毛遂自荐当班长，为了当上班长，小金主动请缨参加国旗下讲话，为竞聘班长还做了PPT，他的一系列积极行为，得到老师同学的认可，最终当选班长。

但好景不长，小金很快"原形毕露"。在参与班级管理的过程中，和同学一言不合，就要动手打人。但王老师制止后，他又能很快接受批评。

小金的种种表现与他的入学心理评估相符合，评估显示他在交友和行为上存在偏差：他很有上进的意识，但是自信不足，付出努力得不到进步，便会打消他上进的想法；当自己的想法得不到同伴认可的时候很容易冲动，不考虑后果。

王老师通过家访，了解到小金一家四口在北京租住在一个20平方米的房子里，父亲靠开网约车挣钱，是全家的经济支柱，母亲听力受损无法工作，姐姐在北京某职高就读，一家四口关系比较融洽。

经过进一步了解，王老师发现小金在家里比较听话，但以前与一些比自己年纪大的社会青年交往，参与过帮忙打架撑场面的事，总认为与别人发生冲突，只有用拳头才能让对方服气。小金因为故意伤害来到工读学校，他曾详细、冷漠地描述打架场面，即使警察到场，他依旧觉得不解气，还想接着打。

针对小金的这种情况，王老师对他进行转化教育。首先是让身为班长的小金做好班级日志，平时发现同学中有表现不好的地方写在班级日志上，王老师在自己的电脑里专门建了一个文件夹，小金发现问题随时到王老师的电脑上记录，并利用晚班会的时间进行宣讲，让同学们讨论发言，避免出现管理中的冲动行为。小金欣然接受并很认真地坚持记录。通过这种方式，小金减少了很多与同学的冲突。

班级管理做得风生水起，但小金身上的不足依旧存在，因为基础薄弱，听不懂老师讲的内容，上课时小金总爱睡觉或与同学讲话。尤其是数学，小金一度想放弃。王老师找数学老师商讨后，给他定了目标和任务，帮助他慢慢赶上来。事实证明，小金做到了！

王老师每周组织开一次班级干部会，在会上布置一些任务让班干部商讨，同时让他们互相评价对方的工作。通过大家互相交流，小金从其他班干部那里得到了很多的启示，虚心改进工作方法。

同时，王老师每周让小金和任课老师交流一次，将任课老师提出的课堂问题反馈到班里。渐渐地，小金成了任课老师的小助手，得到了老师的认可。同时他学会从更客观的角度来看待同学，不再凭主观判断行事。以前，小金总是从自己的角度去看待别人的不足，但是缺少发现同学们优点的眼睛，和同学处理不好关系。王老师给他布置了一个寻找班内同学优点的工作，小金需要每天把同学身上"闪光的瞬间"记录下来，在班会时进行表扬。

通过几周的改进，同学们发现，原来只会挑毛病的班长，也能发现同学身上的闪光点了。小金在班会上得到大家的认可，他的群众基础越来越好，小金也感觉到班长的工作越来越好做了。

半个学期过去，小金从原来的冲动班长逐步成熟起来，学会了沟通和交流，自我意识太强的问题也得到了改善，也逐步树立了自信心，做好了自己的事情，同时在班内起到了表率作用。老师不用再担心小金因为意见不合动手打人的问题。现在，小金自己看不惯同学言行时，会私下找王老师沟通，说出自己的看法，让王老师进行评判。

期末进行学校表彰，在班内同学和老师的选票中，小金得到很多的赞成票，获得了班级贡献奖。在家访时，父母也对小金的转变感到高兴。

通过小金的教育和转化，王老师发现要使一个学生转变好，班主任要搭建好平台，同时老师要进行经常性的、细致的辅导。每个学生的内心都有善良的一面，激发和促进学生的"善"比打压他内心的"恶"更重要。

二十、如果班干部不负责任，怎么办？

有些班干部工作敷衍塞责，对工作不负责任，形成不了强有力的组织核心。对此，郭俊峰老师的建议是实行"班干部轮岗制"。所谓班干部轮岗，就是让全班所有学生轮流担任班干部。具体的做法是：先定岗，而后学生竞选上岗，召开上岗发布会，组成第一轮班委。下一轮则由个人自愿申报，再根据申报人员构成情况及班级工作需要，师生讨论确定新一轮班委，轮换周期为一个学期。为保证班级工作的有效性和学生个体发展的全面性，在班干部轮岗制操作运行过程中，必须特别加强以下几个方面的工作。

（一）新干部上岗前加强培训和见习

在岗的班委在班主任指导下展开工作，两个月以后，当一切步入正轨而且已摸索出较为成熟的工作思路时，选出下一轮班委，并让他们与现任班委一起参与班级管理，在工作中观察学习，现场取经。这样，原班干部在实践中充当了下一轮班干部的培训老师，为新班委正式接管所有工作做了充分的准备。这样做，主要是考虑到有些学生以前从未担任过班干部，一旦上岗，会出现手足无措的情况，易挫败其自信心，同时也会影响整个班级的工作。

（二）轮岗过程中加强随机指导

轮换中，新的班委虽然经过了"岗前培训"，但上岗后难免仍有许多问题和不足，班主任应随时注意把握全局，既要了解班级情况，又要掌握各位班干部开展工作的情形及他们的思想波动，适时加以引导启发，分析工作的成败得失，讨论提高工作水平的策略。特别是上岗之初的一个月，这一工作尤为重要。因此，实施这一制度并不是让班主任"放了假"，无事可做，而是加重了担子，需要动更多的脑筋。

（三）做好人才开发和再发展工作

上一轮或几轮班委中下来的许多学生，在实践中积累了不少经验，逐渐变得成熟起来，对于班级管理来说是一笔巨大的财富，对个人发展也是一个极好的基础。鉴于此，可在班内设置助理班主任，从原班干部中选拔工作出色的同学担任，进一步发挥其作用，并使之得到更多的锻炼和更大的提高。同时，新一轮班干部上岗后，难免有许多新问题，而那些较为内向、腼腆的学生，工作开展难免有些力度不够。这样，助理班主任的设置对这些新干部的成长，对于班级工作的开展又产生了新的意义。

（四）班干部轮岗制运作实践

1. 培养核心

在第一学期首先要选举出班委，选出的班委负责开学后前几周的工作，待到班委工作正常后再开始实施班干部轮岗制，将此后的职位和工作让贤给全班的每个组，原班委"退居二线"当顾问和评委，从而帮助小组值周班委开展班级工作，同时原班委作为全班的领导核心有意识地分配在各个小组之中。

2. 分组与"组阁"

我们学校是小班上课，可以把全班学生分成四个小组，每个小组作为新一届的"内阁"负责2—4周的全部班级工作。其中每个人分别负责体育、卫生、纪律、宣传等任务中的一项或多项，将擅长美术、书法、文娱、体育的同学尽量平均分配到各个小组中去。在班委值周小组内，可以首先竞选班长，通过竞选产生出全面负责的班长来，竞选后上任的班长开始在小组内，利用班会时间向全体同学公布每个人的职务，以便有针对性地开展工作。

3. 负责的范围和权限

小组中每一个值周班委，对一周内分管的班级工作要有细致的记录，要进行大胆的管理，每周结束后，每个值周班委对分管的工作要在周一的班会上进行总结，针对所负责的工作指出全班同学或突出的个人在行动上的优缺点和努力方向。在小组值周班委工作中，要给每个班委以奖罚权，让值周的每个班委及时表扬和奖励表现较好的同学，在值周期间如发现同学的缺点和错误，要通过扣分等措施进行制止。

4. 职位互换

等到下一次小组再值周时必须对原职务进行调换，从而有利于每个学生得到全方位的锻炼，同时也充分体现了机会均等的原则。

5. 小组值周班委的评定

学期结束时，原班委的评委和顾问们要对每个小组值周班委进行评定和打分，将此分记入每个人的德育量化考核中。通过对每个人工作的评定，可以督促学生行为规范的养成和管理工作能力的提高，让学生在学会求知、学会做人、学会共同生活中有一个追求完美工作业绩的尺度。

实行班干部轮岗制"四法"：

1. 定期轮岗。每次换届都要保证1/2以上的新成员；在岗时间可以是一个月，也可是一个学期；每个干部的具体在岗时间由全班同学在评价的基础上投票决定。

2. 竞争上岗。即根据"自愿、民主"的原则，通过竞选产生；竞选的主要形式是发表竞选演讲，向全班同学就治班方略、个人特长和自身修养等做出介绍和承诺，接受同学们的挑选和监督。

3. 教师导岗。干部轮岗，班内事务主要由当选干部自己思考、自己筹划、自己解决，但离不开教师的因势利导。教师应该站在他们前面引导他们，站在他们旁边辅导他们，站在他们后面督导他们，使干部轮岗制沿着健康的方向发展。

4. 同学评岗。班级每学期组织两次评岗活动，期中初评，期末总评。评价方法采取代表发言和学生座谈两种形式进行，如实评价优缺点，不做肯定或否定结论。评价意见登记在《班干部岗位评价表》上，作为新学期换届竞选的参考。

案例分析：等你干好了，再辞职

任教19年来，语文老师姚芬英任用课代表有一个原则——从不轻易地换掉课代表。

在她看来，课代表这个小岗位，也是成就孩子的一个舞台。老师任用谁都能胜任这个工作，只是孩子成长的速度快慢存在差别。

19年来，姚老师任用过的课代表大体可以分为几个类型：有的孩子机灵，悟性高，责任心强，老师用起来如鱼得水，轻松自如，还不费力；有的孩子自己的成绩不怎么好，但是人缘好，与人交往能力强，收发作业及时，能很好地在老师和学生之间进行沟通，同学们愿意配合他，老师用得快乐惬意；有的孩子为人热情，做起事来三分钟热度，缺乏持久性，用这样的课代表需要老师费力地提醒，费心地帮助他成为最好的自己。小涵就是这样一位"三分钟热度"的课代表。

1. 毛遂自荐的课代表

那是刚上高二的第一节语文课，考虑到学习委员工作太多，姚老师决定再补选一个课代表来减轻学习委员的压力。

姚老师刚说要找一名同学担任语文课代表，语音未落，小涵同学就高举着手站了起来："老师我来吧！""就你？"还没等老师开口，同学们纷纷表示怀疑。

"我怎么了？你看我干得好干不好。不带这样损人的……"

难得他毛遂自荐，信誓旦旦，相对学习上没有什么追求、成绩垫底的他来说，这总归是好的。

在同学的质疑声中，姚老师对大家说："难得小涵同学想去干一件事，我希望大家和我一样，选择相信他，主动帮助他成为最好的自己。"

就这样，姚老师郑重其事地任命小涵担任语文课代表。

2. 艰难成长的课代表

刚开始的三周，他很用心地履行着语文课代表的职责，紧盯全班同学默写诗歌，对同学的要求比老师还严格。

意料之中，当全班过关检测时候，他得了全班最低分。这时候学习委员说话了："自己都做不好，还语文课代表呢！"

听了这句话，小涵同学的脸红了，他在学习上第一次感觉到不好意思。

这一丝表情让姚老师看到了教育的契机，她对全班说："只要小涵你愿意上进，我们都会耐心地等待你的成长。换作在座的任何一位同学，如果做我的课代表，老师都愿意等待，我还是那句话，信任的力量是无穷的……"

听了老师的话，大家都沉默了。

一个月后，小涵同学开始多有懈怠。表现在学习上，听讲不集中，坐姿不端正，笔记做不全，丢三落四的习惯又出现了。他开始有些许的烦躁，对同学的批评很反感。

耐心与毅力成了考验他的试金石。一个心灵的成长需要鼓励，更需要耐心的等待和悉心的陪伴。

对于小涵的种种表现，姚老师在同意他担任课代表的时候就估计到了。开学不到六周，缺乏毅力的他已经忘记了自己是语文课代表的事情。

周一来校，课堂上总是要提醒他的坐姿，注意笔记，有时候，课前的准备还需要督促。一连几次提醒后，效果不明显，同学们开始要求姚老师撤换课代表。

3. 轻言放弃的课代表

同学的不满，使小涵仅有的信心跌到了谷底，是时候找他谈话了。一进办公室，他对姚老师说："老师，我知道您找我谈什么，不就是我上课的表现不好吗，给您丢脸了？"

"坐下咱们好好谈谈。"

"我还是站着吧，站着我自己好受点！"他自己还不好意思了。

姚老师对他说："你体会过被信任的感觉吗？"

"什么？您怎么不谈我上课的问题。"

"你知道姚老师多信任你吗？我总觉得你会是一个很好的语文课代表，尽管连你自己都不相信你自己。"

"信任，我都不相信自己，老师您相信？"

"当然相信，只不过咱们师生相处的时间可能太短。你看都高二了，作为我的语文课代表，我们仅有一年的时间相处。如果在高三毕业前，你不能成为合格的语文课代表，那我自己也会有愧于你。"

"这有什么，不就是个语文课代表吗，又不是什么大官。"

"在语文课上，语文课代表就是最能体现你组织能力的职位。"

"老师，那我不当了，您换一个人吧。"

"你看，开学初你主动要当课代表的时候，我满怀信心地就答应你了，因为我相信你会很快成为一名合格的课代表。可是现在，如果我又轻易地把你换了，那我就是搬起石头砸自己的脚。老师只是想让你明白，生活中做任何决定，都要深思熟虑，一旦决定了就要尽全力干到最好。这样将来你才能成为一个尊重自己，不自己欺骗自己的人，所以我还是要耐心地等你干好了，我才能换别人，这是我对自己一份信任的承诺，也是对你的一个承诺。"

他想了一会儿说："那好吧！我尽力试试！"

4. 主动辞职的课代表

一到学期中间，特别是五一前后，孩子们容易进入疲惫状态。有一天上课，小涵站在教室后面听课，看来是班主任的要求。铃声响起，师生起立问好刚刚结束，小涵就气呼呼地说："姚老师，我不干了，换个课代表吧！"

同学们一头雾水地回头看着他，然后又回头看着姚老师……一丝的惊讶掠过姚老师冷静的脸庞。姚老师又一次郑重其事重申惯例：

"当我的课代表，只有干好了，才有资格申请辞职不干。"

"为什么？"其他同学窃窃私语，"换一个得了，您看他在课堂上的表现。"

看着大家疑惑的表情，姚老师对着全班说："大家一定认识上届高三语文课代表小超，我前后花了三年的时间等待他的成长。到了高二他语文从初三的50多分终于考过90分了。对于小涵，我也有耐心，只要他愿意，相信他很快会成为一名合格的语文课代表的。"

"老师，您什么意思？"同学们不解地问。

"谁说语文课代表每次语文成绩就必须第一，大家看看小超组织语文活动的能力，看他耐心收发作业的能力，这不都是他的优点吗？小涵同学在这方面同样可以做得更好，这一点我深信不疑。只是我请求大家原谅他的小孩子脾气，想什么说什么。我还是那句话，干好了，才有权利提出辞职申请。如果我轻易答应他这个无理的请求，一是对他不信任，二是会助长他养成随意做出决定、轻易放弃努力的坏习惯，那我的罪过就大了。"同学们听了，若有所思地沉默了。

5. 正在成长的课代表

他的成长，犹如静待花开。心中充满着期望，行动守望着盼望，信任驱走失望，无限的挫折之后又是一个新的希望，如此循环往复，他正在成长着……

从班主任那里，姚老师了解到更多关于小涵的情况。他从小父母离异。爸爸为了弥补父爱，给钱没计划，他自己花钱也没有节制。妈妈对他又比较娇惯，只是在吃喝上关心孩子，对于孩子的未来也没有什么计划和打算。

了解到这一点，每次谈话，姚老师都注意从对未来生活的畅想方面引导小涵。利用收发作业的机会，他们聊天最多的就是他将来拥有一个什么样的家庭，他自己想成为什么样的父亲，想过一种什么样的生活等等。这些在父母那里缺失的话题，在与姚老师的交流中得到弥补。心灵的成长需要陪伴，也需要引导和启发。在孩子迷茫的时候，老师借助自己的专业知识帮助孩子拨开迷雾，让他能够看清自己内心的真实需要，这就是真正意义上心灵的呼唤。

一天早读姚老师的嗓子哑了，小涵主动组织大家读诗歌和古文。整个早读20分钟，他组织得井然有序，同学们也很配合他。这个课堂上曾经打盹的孩子，姚老师看到了他表情中被信任的美好，看到了他幼稚的心灵上多了一分成熟，也看到了他认真做事的态度……

听着朗朗的读书声，姚老师默默告诫自己，还需要付出更多的耐心和等待，静静等待他的成长！

二十一、发现学生对任课老师有意见，怎么办？

班主任是班级的组织者和管理者，也是本班学生接触最多的老师之一。为了更好地解决学生的问题，建设班集体，班主任在平时就要尽可能地多了解学生，和学生建立师生之间的感情。这对学生尤其重要，因为他们中的大部分在以前的学习生活中，都被老师看不起，所以他们特别渴望能得到老师的关心和爱护。这也是解决学生问题的一个比较重要的前提条件。

如果发现有学生对某位任课老师有意见，班主任首先要了解学生的意见是什么，产生意见的原因又是什么。同时班主任也要通过自己的观察和了解，站在学生的角度上来考虑问题，看看他的意见是否成立。

如果是因为学生嫌老师的课讲得不好，怎么办？按照一般思路去想，那就是找学生谈话，做说服工作，让他多找老师的优点，慢慢适应。但是，我们能不能顺着那个学生的思路想下去，找出说服他而且他也能接受的办法呢？我们可以让对某位老师教学有意见的学生去认真收集并整理同学们对这位老师的具体意见与建议，再具体分析老师讲课的优缺点，实事求是地与老师交换意见，如果是学生的看法偏执，可以通过讨论予以解决，如果老师讲课确实有不足，可以与同学一起研究改进的方法。在整个过程中，班主任没有批评，也没有说教，有的只是多了几分尊重和理解。当然，不是什么事都要顺着学生，具体问题还得具体分析。

如果是因为任课老师在某些问题上没有处理好，使学生觉得不公平或者受到了歧视，这就要全面了解学生认为存在的问题，找到问题的症结，再有针对性地采取措施。老师在处理学生的问题时，确实有粗枝大叶或主观偏见的时候，处理会影响公正性，同学难免会有意见，像这样的问题，有些确实主要原因在任课老师身上，比如老师不问青红皂白就批评学生，或者处理学生问题时，触及了学生比较敏感的问题等等。一旦出现这样的问题，班主任老师要做学生的工作，可以让学生先冷静一段时间。同时，找到任课老师说明情况，请任课老师主动和学生解释清楚。这个时候，就要求老师抛弃师道尊严的传统思想，勇于承认自己的错误。

二十二、学生总是说"没劲"，怎么办？

当学生老说"没劲"时，在心理学上的解释是：当一个人认为自己的行为与所得结果毫无关系而且将这个毫无关系的原因归结于内在的稳定的内部因素的时候，就会形成一种无助感，这种无助感表现出来的特点是：

1. 在动机方面，个体不会主动地学习以达成目标。

2. 在认知方面，个体对未来的成就丧失信心。

3. 在情绪方面，个体自尊心很低，心情也相当抑郁。

4. 在行为方面，由于动机和认知的匮乏，行为表现也缺乏积极性与热情。

解决的方法是：给学生讲一个心理学的实验（这里可以告诉学生说是一个故事，引发学生听的兴趣）。实验的过程是这样的，有两个笼子，第一个笼子前有一个挡板，只要挡板被踩下去，笼门就会被打开。而第二个笼子是密封的。将这两个笼子里面分别放入一只小白鼠，分别对其进行电击。每当电击时，两个笼子里的小白鼠总是窜来窜去，寻求出去的方法。第一个笼子里的小白鼠在不经意间发现了挡板的秘密，踩到挡板就出来了；而第二个笼子里的小白鼠无论怎么折腾还是出不来。就这样，经过第二次，第三次……第二个笼子里的小白鼠再被电击时，已经不再有想法寻求出去的路了，只是静静地忍受着电击。然后将两个笼子里的小白鼠取出，分别再放入两个有虚掩天窗的笼子里，只要小白鼠努力就可以跳出笼子。然后，再对两只小白鼠进行电击，这回只见第一个笼子里的小白鼠一如既往地挣扎着，经过几次挣扎，最终逃离了笼子；第二个笼子里的小白鼠虽然被电击可还是一动不动，其实只要它跳一下，就可以逃离这个笼子！

故事讲完了，可以让学生说一说，比一比，两只小白鼠最终的处境不同是因为什么；想一想生活中还有没有这样的事情发生，想一想自己身上是不是也存在同样的问题等。其实道理很简单，可能在讲完故事的那一刹那，学生已经反应到了老师想说些什么，老师可以不必开口，借用这个故事让学生自己想清楚，这样也可以避免戳穿学生的痛处，起到很好的教育作用。通过这样的讲述，学生知道不是自己学不好，而是放弃了努力。再配以"低起点，小步走，快反馈"的教学策略，极大地调动学生的学习积极性。重要的一点是，让学生感受到学习成功的乐趣，树立起"我能行"的信念。他们就会不再说，或者很少说"没劲"了。

二十三、学生吸烟怎么办？

工读学校学生抽烟是一个很严重的问题，虽然学校和老师一而再、再而三地对学生说不许抽烟，并且加大了处罚力度，可效果并不明显；不让明着抽，就偷着、躲着抽。同时，抽烟的学生又影响着那些不抽烟的同学。所以，为了减少工读学生抽烟的情况，就必须对工读学生进行心理调适工作，从根本上解决这个问题。

（一）对学生吸烟现象的认识

1.吸烟有害他人和自己的健康。学生正在长身体长知识的时期，吸烟对学生尤其有害。

2.学生吸烟现象是吸烟的社会现象的一部分，不能因为吸烟的主体是学生、未成年人就把所有罪错归咎于学生。学生吸烟是社会不能完全禁烟的缩影，在成人社会里大行其道而对孩子完全禁绝，是没有说服力的，要完全禁绝也是不可能的。

3.工读学生同样是教育对象，他们是可教育可塑造的，对学生进行禁烟教育是必须的、可行的、有效的。

（二）学生吸烟现状

1.有些小烟民的烟龄较长，烟瘾较大。
2.初吸年龄提前。

（三）吸烟原因

1.模仿成人，包括家长、老师、兄长，或模仿影视场景。
2.好奇尝试。
3.求同心理，合群心理驱使。

（四）怎么办？

1.开展丰富多彩的校园文化活动，解决工读学生的心理空虚问题。一个中学生曾这样谈道："每天，我照常地学习、生活，可总觉得心里好像有点不对劲儿，似乎我不知道为什么学习、为什么生活，常常有一种很空虚的感觉。"他不无困惑地说："看其他同学，学，学得有劲；玩，玩得潇洒。可我却学也学不踏实，玩也玩不痛快，感觉什么都无味，什么都没意思。这种情绪让我整天百无聊赖，心绪懒散，寂寞惆怅却又不知该怎样解脱。怎么别人就能过得那么充实而我自己就那么空虚呢？"这位中学生提出的问题恰似一片阴云，笼罩在工读学校学生的心头，这就是我们通常所说的"空虚"。当觉得校园生活没什么意思时，他们就会找一些刺激性的事情来做，比如说抽烟。虽说首次抽烟不是那么舒服，可久而久之，香烟中尼古丁对神经的刺激总会让他们觉得生活不是那么"空虚"。所以，为了让那些觉得生活"空虚"

的学生远离香烟，就必须开展丰富多彩的校园生活，让他们投身到有益的活动中去，使他们的生活不再"空虚"。

2. 开展内容深刻的科普教育，让那些抽烟的学生从内心深处认识到抽烟的危害。通过让他们观看有关抽烟所造成的疾病的科普片，他们一定会有所觉悟，因为那些病人的痛苦状，面目全非的组织病变，一定会给他们留下深刻印象。所以，当他们再次想抽烟时，就会掂量掂量。

3. 展开讨论，丑化吸烟行为。中学生爱追求时髦，我们的学生也不例外。可他们并没有正确的审美观，总觉得社会上、屏幕上那些不文明、不雅观的行为很酷，而盲目跟从。我们在学校展开讨论，比起那些文明、得体的行为，口吐烟串、手夹香烟真的是很酷吗？同时，我们在展开讨论时，辅以两种行为比较的视频，谁好谁坏，他们是可以分清的。另外，我们在校园张贴一些宣传画，丑化吸烟行为，让那些抽烟的同学再抽烟时，感觉在大家面前很丢人。

4. 加大处罚力度。学校和家庭应该共同商讨，对于那些抽烟上瘾的同学，要加大处罚力度，让他们感受到来自学校和家庭的压力，从而逐渐地减少吸烟，最后不吸。

案例分析：静等花开——壮子的转变历程

刘建华老师班里的壮子是初二时转入工读学校的，因为积极上进、各方面表现都比较稳定，还被发展为共青团员。但是进入初三，他脾气暴躁的本性日渐显露，最严重的一次因为言语不和直接发展为面对面地对抗老师。经过学校处理后事件算是平息了，但没有彻底消除壮子内心深处对老师的偏激看法。

究其原因，一是他家庭教育措施的简单粗暴，二是他青春期逆反心理的延续，三是他周围朋友的消极影响。勉强进入高一后，环境变了，老师变了，同学变了，但是他的不良习惯没有变。

开学第一天，因为吸烟被刘老师发现，壮子表现出一副"爱咋咋地"的藐视态度；刘老师开口刚说了一句话，就被他"你要处理我，我就不上学了"这句话硬生生地截了下来。

工作二十多年的刘老师第一次遇到这样的硬茬，"不上学可以，违反校纪，态度还这么恶劣，必须禁假！"扔下一句话，刘老师摔门走出了办公室。走出办公室的目的有两个，一是要让壮子知道有错必认、有错必纠，以前对待老师的态度现在行不通；二是给师生俩制造一个相互冷静的思考空间。果不其然，等刘老师再次回到办公室的时候，壮子的态度明显缓和了好多，这就有利于刘老师接下来与壮子进行平等谈话了。

回到办公室之前，刘老师已经想好了退路，毕竟只是吸烟的错误，可大可小；壮子的表现其实是孩子的试探心理，这个时候老师退一步即海阔天空，前提条件是学生也得退一步。跟刘老师预期的结果相同，最后壮子带着老师布置的任务（在班级微信群里提醒其他同学周末注意事项）顺利回家了。第一次碰撞在壮子"戴罪立功"的承诺下得到了圆满的解决。之后每周末他都会在班级微信群里准时准点提醒，让老师看到了他信守承诺的优点。

在工读学校，教育是一种等待的艺术。教育工作者要能耐得住寂寞，要能把握住稍纵即逝的机会。静等花开的岁月虽然遥遥无期，但却值得我们为之守候。仅仅一年时间，壮子懂得了自我修复，懂得了与人为善，懂得了担当，懂得了感恩，吸烟问题得到了缓解。他现在不仅承担了班级团组织的管理工作，还多次参与学校个别生的教育，而且是班主任老师的得力助手，他的变化有目共睹，让人欣慰。

现在的壮子懂得孝敬父母、尊敬老师、团结同学，有能力、有担当、懂规则、守规矩，成为一名自信担当的好少年。

二十四、学生"早恋"怎么办？

学生进入青春期，由于生理和心理日趋成熟，有愿意与异性交往的想法，这是一种正常的现象。对于学生"早恋"问题，正如苏霍姆林斯基所说，"是教育工作最细腻的一面，它要求教师要有真知灼见，把教育工作技巧和教育艺术结合起来"。教师不能一味地讲大道理，告诫学生应该以学业为重，不能谈恋爱，或者将这种倾向告诉家长，靠围追堵截的办法防范，而是要积极引导，适当疏导。教师处理这类问题时，要有良好的心态。教师既不能视之如"洪水猛兽"，也不能不闻不问，既不要冷嘲热讽，也不要火上浇油，否则，可能达不到良好的效果，甚至事与愿违，适得其反。一般情况下，我们可以采取下面几种做法：

1. 对"早恋"学生做心理分析后，可采用移情换位、现身说法的方法，表述自己的切身经历与感受，告诉对方当时自己是怎么过来的。接下来可以让他思考该如何处理，教师不妨给他们提点小建议。要让他们走出感情的误区不可能一蹴而就，还可以就中学生"早恋"话题专门设计班会课进行讨论，要求学生把讨论内容整理成文，刊发在班级墙报上。

2. 诗化教育法。一位老师写了一首诗以达到教育的目的。内容如下："一棵石榴树正在冬天里做梦／一阵暖风把梦儿吹醒／它误以为春天已经来临／急匆匆把枝头点红／是你根部积蓄了过多的养分／还是失去理智过于冲动／也许是你太羡慕春的美好／竟忘记应遵循的时令／冻僵的花瓣儿伴着残梦／瑟瑟地在寒风中飘零／多么得不偿失啊／减了春的光彩／毁了秋的收获。"把"早恋"比作冬日早开的花，因为不合时令而悲惨凋零，暗示"早恋"不会有甜蜜的结果。

3. 注意力转移法。结合学生的特点，适度加担子，布置校内外实践作业。晓现实之利害，树更高更强的人生目标或者竞争对手，把学生的注意力转移到有价值的事情中去。

从心理学的角度来看，男女同学的正常交往有益无害，对双方的心理健康发展都有促进作用。男生的刚强、独立，女生的细腻、温柔，在正常的交往中可以产生互补作用，对双方的性格发展、智力发育都有好处。教师需要了解他们恋爱的原因，明确主动方和被动方，以他们的眼光看他们的世界，以他们的角度体会他们的心情，不为旧有观念所囿，明了事情本来面目，从而制定出符合客观实际的对应策略。

二十五、学生在课堂上语言不文明，怎么办？

由于工读学校学生本身的特点，有些学生课堂上言行不文明不算什么新鲜事儿，许多女老师都遇到过。如，上语文课的时候，学生往往因为一些本来很平常的词句，他们就联系到有关男女方面的事情，在下面嬉笑、窃窃私语。

刚开始的时候，新教师往往不知道怎么处理，一般不做理会。但是有些学生会越来越放肆，到了不得不管的地步，提醒他的时候，有的学生会说他什么都没有说，或者反问："我说什么了？"

怎么办呢？

1. 课堂的中心任务是学习。这种情况下，跟学生去争辩就显得很没意思，而且容易让老师陷入被动的境地。一般先是不做理会，用目光警告他注意影响。

2. 要考虑到学生这么做的目的。学生之所以说些不文明的话，就是要引起其他同学的兴趣，课堂越乱，引起的笑声越大，他就会越开心。这是一种哗众取宠的心理在作怪。认识到这一点，老师要做的就是淡化学生对恶作剧的兴趣。如让他站起来，提问他刚才讲过的知识，转移其他学生的兴奋点。他也许在等待老师的批评，这样做会使他感到很意外，其他同学看笑话的心理也不会得到满足。

3. 始终记得自己是个教育者的身份，站在教育学生的角度去处理。见老师不理会，同一堂课他也许会再犯类似的错误。再犯的时候老师就明确告诉他："你刚才说的老师听得很清楚，没有理会是希望你自觉改正，但是你没有做到。你是学生，请你注意自己的身份，尊重老师，更要尊重自己。"

4. 下课后，一定要找相关的同学谈话，让他认识到自己的错误，并且把课堂的情况向班主任说明，一起做学生的思想工作。在班里召开主题班会，以消除这样的事件在班级的影响。

通常这样做，班级里这样的风气就会收敛许多。处理这样的事件，不要把问题简单化，或者粗暴地把这样的学生简单说成是"道德败坏"。多年的教育教学实践给我们的启发是，学生类似的错误是希望以此表现自己，尽管是一种不恰当的方式。这就要求我们教育工作者多给学生关心和爱护，课下和他们多交流，他们一般都会认识自己的错误，并采取积极的态度加以改正。

二十六、如果学生屡次不完成作业，怎么办？

老师发现学生屡次不完成作业，暂时不要发火，而是要找学生了解清楚不完成作业的真实原因。一般情况下，学生不完成作业的原因有如下几种可能。

1.有的学生不做作业不是不想做，而是在上课时没有听懂，作业不会做。遇到这种情况，我们可以利用课外活动或者晚上的时间，给他把不懂的知识补起来，再布置由浅入深的分层次的作业，了解学生对知识的掌握情况，并给予鼓励性的评价。同时，我们要让孩子明白，只要他需要帮助，可以随时找到老师获取帮助。

2.有的学生不做作业，是因为在原来的学校不做作业，老师没有太深究，久而久之，形成了一种懒散的习惯。用他们自己的话说："我在原校从来不抄笔记，更别说做作业了。"遇到这种情况，我们老师不能因为他在原校不完成作业就放弃对他的严格要求。教师要让他明白：既然到了我们学校，就等于有了一个新的开始，要有与原校的那些坏习惯决裂的愿望，虽然做起来有些困难，但老师每次作业都会督促他，相信他一定会有一个全新的面貌。只要老师坚持自己的观念，学生还是会变不写作业为写作业的。

如果您是一位班主任老师，您可以每天向科代表或者任课老师了解布置作业情况，晚上留一节课或者更多的时间督促学生做作业。在所有学生都完成作业的情况下，适当地给予一些奖励，如，同意他们自由地看会儿电视，听会儿歌或者发点零食。这样做的结果是，在一段时间内，大部分学生能按时完成作业。

如果仍然有少数学生不愿意按时完成作业，甚至要其他学生替他做作业，应当采取一定的惩罚措施；同时，对表现好的同学采取一定的奖励或鼓励措施，在班里营造良好的学习氛围。比如，奖励那些能按时完成作业的学生，使那些因为没有按时完成作业的学生心理失衡，使学生们在完成作业方面相互竞争；一旦学生在完成作业方面有进步，及时通知学生家长，多方面鼓励学生继续努力；在教室张贴表格，统计学生完成作业情况。再比如，定期评比学生完成作业情况，奖励完成情况较好的学生。

在完成作业方面，也要遵循循序渐进的原则，做好引导工作。比如，在课堂上有意识地多提问（口头作业），给他们创造上讲台做题的机会（前进了一步），再鼓励他们动手做一些作业题（"鱼儿终于上钩了"）。刚开始时，作业题量要少一些，然后逐渐地增加。

总之，只要我们了解清楚学生这种行为的真正原因，并且有针对性地采取措施，问题就会得到较好的解决。

二十七、学生挑拨家长到学校闹事怎么办？

对学生成功教育的基础是老师、学生以及学生家长三方面紧密配合形成教育合力。然而，现在学生多为独生子女，家长对子女比较娇惯，子女在家长面前也是为所欲为，比较娇气。学生如果在老师与家长之间不能发挥积极作用，学生家长与老师就不能相互信任，难以充分理解，相互配合教育就不能积极。当学生在学校出现问题，例如学生之间出现矛盾，学生与老师出现矛盾等情况，如果学生回到家里，对父母不能客观全面地陈述，片面强调他人的错误，哭诉自己所受的委屈，家长听信了孩子的一面之词，又缺乏理智的分析与冷静的态度，就可能大张旗鼓地去学校找老师、找学校领导理论，不分青红皂白，甚至大打出手，大闹学校，一心想把事情闹大，对学校的声誉会造成非常不良的影响。当学生家长冷静下来了解了事情的前因后果后，才知道自己的言行过激，冤枉了学校，后悔不已。但闹事的结果已经出现，对学校造成的坏影响也难以挽回。那么，学生挑拨家长到学校闹事怎么办？在工作中遇到这类情况，可以采取以下处理办法。

1. 保持冷静，以礼待人

作为代表学校形象的教师或班主任，不管学生家长找到学校是否与自己有关，在接待冲动家长时，一定要保持冷静，礼貌待人。首先，与学生家长握握手，请他到办公室坐下来，倒杯热茶等。其次，耐心听取家长的诉说，不论家长说的是否在理，都要耐心地听家长说完，然后再发表自己的意见与建议。

2. 真诚友好，以情感人

如果班主任平时与每一位学生家长都建立了良好和谐的关系的话，在发生学生之间或师生之间的矛盾时，学生家长找到学校理论，见到关系相处得很好的老师时，他胸中的怨气首先就会减少一半，这就有利于事情最终圆满地解决。

3. 一分为二，辩证处理

教师要一分为二辩证地看问题，不能偏袒任何一方，或完全倾向于学生家长一方或完全倾向于学校一方。采取这种偏激的方法是不能很好地解决问题的。应该认真分析双方的实际情况，对事情进行客观、公正、公平地分析，提出合情合理的意见，找到最终能照顾到各个方面利益，有利于学生发展、学校发展，保住各个方面尊严的解决问题的方法。

4. 合情合理，有理有节

在处理学生家长到学校闹事的问题时，本着合情、合理、合法的原则。该是谁的责任就是谁的责任，该承担什么样的责任就承担什么样的责任。最终做到当事人双方都能心甘情愿地接受处理。

5. 有理有据，以理服人

老师在处理问题时，列举的事例要有根有据，让学生家长心服口服。而且对学生家长的行为不能过分指责，要有节制，给学生家长留点情面，得饶人处且饶人。这样，学生家长才能自知理亏，诚心接受学校的处理意见。

6. 威严正义，依法服人

处理学生家长到学校闹事的问题，当然，最终的结局能妥善解决，把影响降到最低是最好的，也是我们所希望的。但是，如果学生家长一味胡搅蛮缠，听不进去任何劝说，甚至大打出手、伤及无辜的话，那么我们就应该通过法律的途径去最终解决这件事情。不能任其为所欲为，要还学校一个正义和尊严。

总之，对学生家长到学校闹事这种情况，如果我们采取以上一些正当的处理办法，绝大多数事情是可以圆满解决的，也会避免恶性事件的发生。如果老师和学生家长一样冲动，针锋相对，很可能使事情恶化并最终酿成无法挽回的恶性局面。不管遇到什么样的家长，如果当事老师能够以礼待人，以情感人，以理服人，以法治人，任何事情都可以避免恶性局面的发生，也会将所带给学校的不利影响降至最低点。

案例分析：怒发冲冠的家长

一天，李志强老师上完课回到办公室，见小汪的父亲正在办公室冲着黄老师大声地吼叫"我带人去平了他们家""我也不是好惹的"等等。李老师一见他火气很大,就说:"到底发生了什么事,您跟我说说,咱们该怎么解决就怎么解决,先消消气。"小汪父亲听李老师这么一讲,就把小汪回家跟他说的事情讲了一遍。

原因是这样的,上周末学生放假回家后,小汪跟父亲讲,在班里有同学欺负他,让他给洗袜子,自己的牙膏、牙刷也被别人给扔了。所以,今天小汪父亲来校就是要收拾那个欺负小汪的同学。听完事情的经过后,李老师严肃地对小汪说:"你今天让你父亲到学校来替你出气,纯粹是想叫你父亲去蹲监狱。如果你父亲把那个同学打坏了,公安局能不抓你父亲吗?再有,学校反复强调同学之间发生矛盾,有问题要先向老师报告,由老师和学校解决。而你在有了问题之后,不向老师讲,回家后叫你父亲来校闹事,能解决好问题吗?"

小汪低头不语,此时,小汪父亲的火气也小了一些。李老师接着讲:"班内有同学欺负你,你如果告诉老师,肯定是要管的。因为我们是不允许霸头现象存在的。今天这件事,错就错在你鼓动你父亲来学校闹,还要去砸同学的家。"

李老师对小汪父亲讲:"这件事我来处理,因为它发生在校内,同学之间产生的矛盾我们会解决好的。对小汪丢失的东西,我们查出是谁干的,一定要他赔偿。"小汪父亲见李老师的态度是诚恳而坚决的,就说:"有您处理,我就放心了。"李老师说:"那您也就没必要去找人家了。"他父亲说:"一切听您的。"

三天之后,李老师调查清楚了欺负小汪的学生,让他在全班同学面前做了检查,并赔偿了小汪的东西,保证今后不再欺负同学。

又一个周一返校时,小汪带来了他父亲给李老师的信。在信上,小汪父亲写道:"上次来校时,非常不冷静,一听孩子说受人欺负了,火气就上来了。这次听孩子回家说事情给解决了,很高兴,并对老师表示歉意和感谢!"

二十八、如果有学生在任课老师面前表露对班主任不满，怎么办？

学生在任课老师面前说班主任怎么怎么不好，比如处理事情不公正，偏向其他人，比如这几天老找他的茬等等，一次两次还可以，如果经常这样，就值得研究与解决了。

对这种情况，首先要了解原因，明白学生对班主任意见的真实性。原因无非是班主任处理问题有误，或者是学生对班主任的工作有误解。当然，也有为了讨好任课老师，无事生非的。要具体情况具体分析，具体问题具体处理。

（一）具体解决方法

1. 倾听。每个学生都是具有独特生命的个体，他心中有了怨气，需要发泄出来。所以，只要他说，老师就听着，但先不发表意见。

2. 了解。听完学生的倾诉后，不要急着下结论，而是去找班主任了解情况。在了解时，要注意保护学生，避免激化矛盾。如果是班主任工作失误，就要一方面缓解师生矛盾，另一方面帮助班主任解决好矛盾。

3. 谈心。了解完情况后，要做好谈心的工作，一方面要与当事学生谈，另一方面要做好班主任的工作。从师生两个方面做好疏通的工作。

（二）工作反思

遇到这种事情，不能只听学生的一面之词，应该多方了解情况，但另一方面也不能一点不相信学生，一味到班主任那里告状。作为一名任课教师，应该做好学生与班主任之间的桥梁，帮助他们实现有效的沟通，以便形成良好的教育合力，与班主任共同教育好学生。

二十九、孩子变成"手机控"，怎么办？

孩子沉迷于手机、过度玩手机，是家长特别头疼的问题，也是全社会关注的热门话题。

2020年新冠疫情期间，由于长期居家、上网课，孩子们使用手机的时间更长。很多家长反映孩子一边网课挂机，一边玩手机游戏；黑白颠倒，茶不思饭不想，成宿玩手机。更有甚者，孩子因为玩手机与家长大吵大闹，甚至大打出手。网络上也曾报道过，9岁的孩子因为玩手机近视540度，年仅13岁的孩子因为妈妈不让玩手机而对妈妈痛下杀手。

在孩子变成"手机控"之前，许多家长都在考虑要不要给孩子手机。家长觉得，如果不给孩子手机，他们也就不会沉迷于手机。但是，在信息化的时代，手机是重要的沟通工具和信息获取工具。作为网络原住民的孩子，离开手机可能会影响到与同伴交往和学习生活。早期家长过度严格要求，可能会导致孩子长大后报复性地使用手机。所以，不让孩子接触手机只是一种因噎废食的权宜之计，并不能阻止孩子在一定的时间成为"手机控"。

那么，如何避免孩子成为"手机控"？孩子成为"手机控"后怎么办？以下是家长可以借鉴的一些小措施。

（一）预防性措施

不要用玩手机作为奖励。生活中经常有这样的对话："如果你做好了，妈妈就奖励你。""奖励我什么？""奖励你玩手机。今天可以奖励你玩十分钟游戏。""太好了。"当我们把手机作为奖品时，手机或手机游戏就成为"美好"的代言物。孩子就会慢慢地建立起"手机"和"快乐"之间的连接，进而成为"手机控"。

父母树立好榜样。在家里经常会出现这样的场景：孩子在写作业，家长在一边玩手机；或者，家长回到家就手机不离手，躺在床上玩手机。这样的话，当我们不让孩子玩手机时，孩子就会说："凭什么你们能玩，我不能玩。"我们的教育就会苍白无力。所以，建议父母回家尽量保持克制，在孩子面前减少使用手机时间，放下手机，拿起书本。父母与手机保持距离，孩子才能与手机保持距离。当父母成为真正爱看书的父母，孩子一般不会成为"手机控"。

多一些时间陪伴孩子，和孩子一起培养兴趣。很多家长忙的时候，就扔个手机给孩子。这种方法在孩子很小的时候特别有效。只要有了手机，两三岁的小孩都不会闹腾了。渐渐地，手机代替了父母成为孩子的陪伴者。长此以往，孩子就会对手机形成依赖。所以，我们不能让手机抢占了父母本应承担的陪伴角色。当我们陪伴孩子的时候，就尽量放下手机，和孩子一起看书、运动，一起学习一项新的技能，参加户外活动。这样，父母就会稳稳地成为孩子的陪伴者，手机也就没有那么大的魅力了。

（二）补救性措施

注意控制自己的情绪。当孩子离不开手机时，除了要解决孩子的手机沉迷问题，父母也要关注自己的情绪。现在见诸报端的手机恶性事件，有时候并不是玩手机本身导致的，而是因为玩手机被父母斥责、抢夺造成的愤怒，导致了孩子的行为失控。孩子产生极端愤怒的原因可能是父母的焦虑爆发。当孩子玩手机、不听话的时候，父母情绪失控，对孩子大嚷大叫甚至动手，也点燃了孩子的负面情绪。有的时候，我们对孩子厉声指责，确实能够起到立竿见影的效果。但久而久之，当孩子长大了、不怕的时候，以愤怒控制孩子手机使用的方法就会失效。所以，遇到孩子玩手机、不听话，父母首先要冷静下来，然后才能想到更恰当的办法加以解决。越是着急，问题往往得不到有效的解决。

和孩子签订"合约"。家长可以和孩子一起签订手机使用的"合约"，分别规定周一至周五、周末孩子玩手机的时间。如果违背规则，就要付出一定的代价，如，一段时间不能玩手机。在订立"合约"时，可以加上一些父母和孩子都遵守的规定，如：吃饭时全家都不能玩手机；晚上10点后断网，父母也不能玩手机。尽可能地增加"合约"的平等性，以便孩子更好地执行。

让孩子意识到玩手机的危害，增加自控能力。意识决定行为。有的孩子从来不觉得玩手机有什么危害，他们会放大使用手机的好处，忽视过度手机使用的危害。这时，父母要想办法和孩子沟通，引导孩子体会自己过度使用手机之后的一些变化，如视力减弱、没有耐心、和好朋友面对面交往减少、体重增加等。以明显的例证，让孩子们感受到过度玩手机的危害，促使其提高使用手机的自控力。

孩子玩手机的时候，父母试着参与和陪伴。当孩子玩手机，父母说话已经完全不听时，父母可以参与进去，或者看着孩子玩，去了解孩子在玩什么游戏，孩子的世界是怎样的，慢慢地与孩子找到共同语言。有时候，只有孩子的手机使用问题被接纳、被理解后，才有进一步解决的可能性。所以，作为家长，我们也不能一味地盯着孩子的手机问题，急于去解决。要与孩子建立包容和信任，让孩子感受到父母仍然是爱着自己的，慢慢地改变过度使用手机的习惯。

案例分析：触动心灵的教育才有效果

如何促进学生养成良好的习惯，如何促使学生自我意识的觉醒，这是我们教师天天都在思考的问题，也是让人头疼的问题，要想成功，需要让教育真正触动孩子的心灵。

范汝德老师班里的小柯是个游戏迷，周末在家总熬夜玩游戏，导致周一返校经常迟到。范老师制订了一些班规班法，强调要按时到校，迟到了要进行一定的惩罚。但小柯总是违反规定。实在没办法，范老师狠狠批评了他一顿，按照规定加倍进行处理，起到了一定作用，连续五个星期小柯每周一都准时到校。

但好景不长，第六个星期小柯又因熬夜玩游戏导致上学迟到。范老师找小柯谈话，一开始他倒也痛快，很干脆地问要怎么处理。范老师心平气和地说："你旷课逃学是错误的，但你有进步了，不是吗？以前你每星期都有旷课逃学，而现在整整坚持了五个星期，这不是你的进步又是什么呢？要做到这一点，你也是下过决心的，所以，我根本不想处分你，而是真切地希望你从内心深处认识问题，树立自信心，让自己变得更好。"

范老师这番出其不意的话激起了小柯心底的波澜，他低头含羞地说："范老师，每次我迟到，你都能原谅我并和我谈心，我知道你这是为我好，以后我会做得更好，不会再迟到了。"

"承诺不是说说就行的，而是要用实际行动做出来的。对于你这个爱玩游戏的性情中人，我不敢相信你。"范老师故意用激将法继续刺激他。

"老师您放心，作为男子汉既然保证了我就一定会做到，范老师你就看我以后表现吧。"小柯信誓旦旦地说。

自此之后，小柯确实有进步，非常配合范老师的工作。在此基础上，范老师与他商定了一个特殊的方法：如果出现了迟到现象，就把每次迟到的日期和想法，记在一本专门的笔记本上，然后自己看看间隔的时间是否有变化，原因是主观还是客观，靠自己的力量能不能克服缺点。事实证明，这个笔记本根本没用到。

还有一个故事，让老师对小柯的内心世界更加了解。周一返校需要交周末家庭作业，别的同学都把作业整整齐齐地交到课代表处，只有小柯装模作样地在书包里找。范老师试探性地问："我相信你是做了，一定是忘在家里了吧？用不用我给你爸打个电话让他送过来？"没料到，一提到他的爸爸，他就满脸通红，脸上露出了愤怒的表情。

范老师意识到小柯和他的父亲之间有嫌隙，于是他向小柯母亲了解了情况。果不其然，小柯父亲在外做生意很忙，很少和孩子见面，每次见面后和孩子谈话时也是脏话不断，甚至还对小柯动手打骂，因此小柯对父亲很有意见。了解了情况后，范老师约了小柯父亲进行教育问题的探讨，经过几个小时交谈，小柯父亲接受了老师的建议，从与孩子谈话的语言习惯改起，重新与孩子建立良好关系。

小柯得知此事后，对范老师说："范老师，真没想到老师既管我的学习又管调解家庭关系，什么都不说了，就冲您的这些做法，我也不能再犯浑了。"

对话结束后，范老师利用班主任批改周总结的便利工作条件，乘胜追击，继续从"心"开始做小柯的教育工作。小柯交上来的周总结写得不是很认真，范老师在本子里写下评语："小柯，你聪明，关心集体，乐于为集体做事。你给老师的印象一直不错，是个说到做到的男子汉。如果你能认真地做好每一件事，你的表现会更令老师满意！你一定不会让我失望的，对吗？"

下一周小柯交上的周总结，态度明显认真了很多。范老师在小柯的每篇周总结上都写下对他鼓励和表扬的评语，小柯也越写越认真，越写越好。小柯不但对语文作业态度认真了，对其他科的态度也认真了，经过半个学期的努力，他的成绩获得了飞跃性的进步。

老师的信任和关爱，合理而适度的要求，对学生全方位的关怀，才能真正打动学生的心灵，让学生从内心深处认识到自己的问题所在，才能唤醒学生的自我意识，这样的教育才是最有效的，教育效果也最长久。

三十、当学生商量好攻守同盟时怎么办？

处理学生问题时，尤其是在某种利益上学生出现了共享时，学生会出奇的"团结"，处理不当或让学生觉得几个人"团结"起来可以实现某种"私利"，班内将会形成非组织群体，继而形成团伙霸头，对班风建设和集体利益的破坏力极强。因此，班主任必须善于发现问题，并能够智慧地处理和解决问题。

宋梅老师当班主任时曾遇到过这样一件事情。一天早晨刚上班，宋老师还没走到办公室就听说了班内学生打架的事情。经了解，值班老师业已处理完此事，但学生的反映引起了宋老师的注意。原来，虽然经老师调解，打人者已向对方道歉，彼此宣布和解，但是就在准备熄灯就寝时，被打的同学发现自己的床被泼了水，无法睡觉。任凭值班老师如何询问就是没人承认，最后在老师的一再追问下，有两人自告奋勇承认了。宋老师的第一感觉就是此事是有计划、有预谋的，绝不可轻视！怎么解决？直接问相关的学生？显然不行，他们已经策划好了一切，连找人顶罪的办法都使出来了。

必须有一个合适的办法才行。于是，宋老师想起了《三国演义》第五十九回曹操用反间计破除韩遂、马超之兵的故事。于是，宋老师锁定几个重点人物，挨个找她们谈话，让她们讲述事发时间段的经历，讲她们看到和做过的事情细节。

正如宋老师所料，宋老师得到的答案是"不知道"或"没看见"。宋老师不管这些，装作什么都不知道，继续仔细询问。在基本把握了细节之后，宋老师改变了方式，不再和按顺序来谈话的学生谈这件事了。和其中一个，宋老师随便聊了10分钟，然后让她回班；又找另外一个有关的学生，宋老师请她坐下后便不再管她，宋老师随便看了一会儿书，她坐了5分钟，也让她回班了。紧接着宋老师叫来了那位曾经承认泼水的学生，宋老师说："水不是你泼的，你想知道是谁泼的吗？"接下来，宋老师知道了所有的细节。至此，学生同盟军瓦解了，几个"主谋"彻底没了底气，自觉承担了后果。

案例分析：铲除他们心中的"魔"

几年前，张旭老师的大学好友在骑摩托时发生车祸去世了。这件事对他的触动很大，所以张老师在处理学生违法驾驶摩托车的问题上非常下功夫。在某些中学生群体中，偷偷驾驶摩托车已经成为一种不良的风气，对学生的成长和安全非常不利，必须加以遏制和解决。

张老师班里的小马是卫生委员，活泼开朗，干活卖力，是一个非常阳光的小伙子。一个普通的周一，他像往常一样来上学，一切看似都很正常，但张老师发现他的左腿好像有些蹒跚。

出于关心，张老师立刻带他去了医务室检查情况，校医老师拉开小马裤腿后，张老师惊呆了。在小马的右侧小腿上有一个巴掌大的伤口。一开始张老师觉得男孩子都淘气，摔一下、撞一下、受点伤都是在所难免的，但校医老师不这么认为，经过检查之后，她得出的结论是：这是一处二级烫伤，必须马上到医院处理，不然的话伤口容易出现感染，后果不堪设想。

瞬间大家都紧张起来，张老师赶紧联系家长带孩子去医院处理，家长赶到学校需要一个小时的时间。在此间隙，张老师和小马回到办公室，等待家长。张老师明显感觉到小马的神情有些紧张，头上出了很多汗，张老师发现了蹊跷。

还没等老师问，小马自己就说了："旭哥，这伤是周末我们一起出去玩，在一个小独木桥上蹭的，不信您可以问小杨和小秦。"这一看就是提前对好"证词"了，张老师把他们叫到办公室询问情况。果不其然，三人的话如出一辙，似乎天衣无缝。

张老师怎么想怎么不对，这么严重的烫伤，不像是他们所说的这么简单，张老师又叫来小杨和小秦，分别进行了谈话，希望得知更多的细节，张老师甚至想亲自去看看那个能烫伤人的独木桥。但他们一口咬定就是不小心蹭的。事情进入了僵局。

后来，张老师了解到小马的一个同学最近也没去学校，是因为骑摩托车摔了，大腿骨折，已经住院了。小马的伤会不会跟这件事有关呢？张老师再次找三个孩子谈话，三位同学头上全是汗，非常紧张。张老师单刀直入问他们："是不是骑摩托车出事了？"三人一听，知道老师已经掌握了情况，只好承认这次受伤与摩托车有关。

后来张老师了解了事情的原委。周末，小马、小杨、小秦、一位女生，四个人组成一个小摩托车队，在大马路上"自由"地驰骋。在一个转弯处，小马的车蹭到了那个女孩的车，导致两车全部摔倒，女孩大腿骨折，小马腿部被摩托车排气管烫伤。

小杨是班里的班长，小秦和小马平时在校的表现也不错，平时乖巧的孩子，却做出让人出乎意料疯狂的事。如果他们摔倒后，后面有大车呼啸而过，就会酿成几个家庭的悲剧，小马现在想起来都后怕。

对于这次摩托车事件，张老师决定一追到底。首先确定摩托车是哪儿来的，经过询问发现，他们的摩托车都是在某二手网站买来的。了解到具体情况后，张老师立刻联系几位家长，家长对此全然不知情。而这些孩子玩摩托车的钱都是偷偷在家里拿的，或者是从生活费里省出来的，为了摩托车，都魔怔了。

老师和家长带着这四个孩子，分别到海淀四季青、上庄、上地的几个停车场中，找到了这四辆摩托车。张老师租了货车将摩托车拉回了学校，并用铁链子锁在学校对面的车棚里，确保这些孩子不再动摩托车。

非法驾驶摩托车，在引起安全事故的同时，衍生出撒谎、拿家里钱、不良社会交往、导致他人受伤等一系列问题。在这个案例中，我们还看到几个孩子形成"攻守同盟"，一起欺骗老师的现象。这一切幸亏处理得及时，没有造成更严重的后果，没有让他们的人生留下遗憾。

以上即是我们转化学生中的30个"怎么办"以及部分配套的案例。在工读学校，像这样的"怎么办"还有很多，在老师的智慧奉献和群策群力下，一个个"怎么办"变成了"可以办"，一个个教育难题化作了白塔山下鲜活的教育故事。

后 记

搁笔之际,思绪纷飞。

回望全书的写作,出现频次较高的两个词是"工读学校"和"工读教育"。对于这两个词,现在很多人都很陌生,但对我而言,却是一生的追寻。30多年来,我的工作、生活都围绕着工读学校和工读教育来转,我为工读学校奉献了最好的年华,工读学校也给我带来了无尽的幸福和莫大的荣光,成为我人生的最佳注解。

正因为多年在工读教育战线奋斗、成长,工读学校和工读教育深深地印刻在我的脑海里,我总习惯于用工读学校和工读教育的表述,觉得说"工读",别人就更容易理解我们在做什么。

其实,从法律法规条文上讲,当前更准确的表述应该是"专门学校"和"专门教育"。

关于工读教育较早的具有代表性的文件是《关于办好工读学校的几点意见》(国办发〔1987〕38号)。而后,1991年通过的《中华人民共和国未成年人保护法》和1999年通过的《中华人民共和国预防未成年人犯罪法》以法律的形式明确了工读学校的职能与作用,当时这两部法律提的还是"工读"。2006年修订的《中华人民共和国未成年人保护法》,从表述上开始用"专门学校"替代"工读学校"。此后,《中华人民共和国未成年人保护法》和《中华人民共和国预防未成年人犯罪法》历次修订,使用的都是"专门学校"和"专门教育"的表述。

2019年，中办、国办印发的《关于加强"专门学校"建设和专门教育工作的意见》（厅字〔2019〕20号）指出，"专门学校是教育矫治有严重不良行为未成年人的有效场所。专门教育是国家教育体系中的组成部分，也是少年司法体系中具有'提前干预、以教代刑'特点的重要保护处分措施"。2020年12月新修订的《中华人民共和国预防未成年人犯罪法》也明确指出："国家加强专门学校建设，对有严重不良行为的未成年人进行专门教育。专门教育是国民教育体系的组成部分，是对有严重不良行为的未成年人进行教育和矫治的重要保护处分措施。""对有严重不良行为的未成年人，未成年人的父母或者其他监护人、所在学校无力管教或者管教无效的，可以向教育行政部门提出申请，经专门教育指导委员会评估同意后，由教育行政部门决定送入专门学校接受专门教育。"

当梳理相关制度与法律文件时，一方面，我发现专门学校和专门教育的概念已经逐步代替了工读学校和工读教育的概念，这一转变可以从一定程度上破除社会上对"工读"的污名化问题。另一方面，更重要的是，我能感受到随着近年来关于专门教育和专门学校的制度和法律法规的密集出台，社会对专门教育的关注度日益提高，这一领域只有"38号文件"为支撑的时代一去不复返了。在国家的高度重视下，专门教育和专门学校的职能定位更加明确，在未成年人保护和青少年违法犯罪预防工作中的作用更加凸显，未来，我们的事业将大有可为。

在这里，我还想解构一下书名——《适合的爱给特别的你》。"特别的你"指的就是我们的学生，在我们看来，他们不是"问题"孩子，而是具有不同特质、个性鲜明的生命个体。他们还处在思想、心理和行为的高可塑阶段，他们身上呈现出来的所谓"问题"大多是成长中的问题，通过我们的教育，可以在成长中得到改善。这是我们的学生观，也是我们能有效开展工作的前提。"没有爱心，就没有教育"，一切教育都要以爱为基础。基于我们孩子的特殊性，我们理解的爱与普通教育的爱有所不同，就像本书序言所提到的那样，需要更多的真心、耐心、细心、信心和恒心，也需要更多的适合我们孩子的特殊教育方法和智慧。正如我们的追求——"办适合我们学生的教育"，我们要给孩子们提供"适合的爱"，要在队伍建设、教育举措、课程供给等方面努力做到适合,才能促进学生的不良行为得到改善,社会适应能力得到发展,个体潜能得到发挥,才能培养明理守法、身心健康、有幸福能力的合格公民。

本书付梓之时,要感恩的人很多。感谢海淀教工委、教委"成长中的教育家平台"以及海淀教育党校陈岩校长和李继英副书记的指导和督促,否则就没有这本书的动议。感谢本书序言作者、我的好友李曜明先生,从本书的选题、框架确定、具体创作等方面,他都给予了具体、精心的指导和帮助。同样要把敬意致以学苑出版社社长、我的好友孟白先生,没有他的帮助,这本书不可能在规定的时间内出版。此外,学苑出版社总编室许力主任在文字编校等出版流程方面投入了大量的时间和精力。

还要特别感谢工读学校的前辈们、工读学校的教师团队以及我的学生们,我所做的工作都是沿着前辈的路走下来的,没有前辈的智慧就不可能有学校的今天;没有我们这支"爱生敬业、主动担当、团结协作、坚持奉献"的队伍,也不可能有学校不断向好向上的局面;而没有我们个性鲜明、永不言弃的学生,我们的教育生命也不可能如此精彩。

最后,我想引用工读教育先驱马卡连柯在《教育诗》中的一句话作为结尾:"人是可以教育好的,对人应该采取既严格要求,又充满乐观的态度,要发掘人身上的力量和美,使他认清前途和远景。"

肖建国

2021 年 4 月 10 日